国家出版基金项目
NATIONAL PUBLICATION FOUNDATION

"船舶智能制造关键共性技术"丛书

U0645245

船舶智能制造 海量数据传输与融合技术

甄希金 续爱民 张 然 马晓光 主 编

哈尔滨工程大学出版社
Harbin Engineering University Press

内容简介

本书主要针对船舶制造现场实时感知系统匮乏,工业互联网络不完善,中间产品、工艺文件、测量精度与计划等海量异构数据信息融合程度低、共享难等问题,通过基于三维模型的海量数据传输技术与制造过程的海量异构数据融合技术两大章节,详细介绍了船舶智能制造海量数据传输与融合技术,可为船舶制造场景下的信息互联互通提供技术支持,为从事船舶生产建造管理工作的人员提供一定参考。

图书在版编目(CIP)数据

船舶智能制造海量数据传输与融合技术/甄希金等主编. — 哈尔滨:哈尔滨工程大学出版社,2023.11
ISBN 978-7-5661-4033-3

Ⅰ.①船… Ⅱ.①甄… Ⅲ.①造船-智能制造系统-数据传输②造船-智能制造系统-数据融合 Ⅳ.①U671-39

中国国家版本馆 CIP 数据核字(2023)第 129289 号

船舶智能制造海量数据传输与融合技术
CHUANBO ZHINENG ZHIZAO HAILIANG SHUJU CHUANSHU YU RONGHE JISHU

选题策划	史大伟 雷 霞 汪 璇 周长江
责任编辑	丁月华 刘凯元
封面设计	李海波

出版发行	哈尔滨工程大学出版社
社　　址	哈尔滨市南岗区南通大街 145 号
邮政编码	150001
发行电话	0451-82519328
传　　真	0451-82519699
经　　销	新华书店
印　　刷	哈尔滨午阳印刷有限公司
开　　本	787 mm×1 092 mm　1/16
印　　张	16.5
字　　数	396 千字
版　　次	2023 年 11 月第 1 版
印　　次	2023 年 11 月第 1 次印刷
书　　号	ISBN 978-7-5661-4033-3
定　　价	88.00 元

http://www.hrbeupress.com
E-mail:heupress@ hrbeu.edu.cn

《船舶智能制造海量数据传输与融合技术》
编 委 会

主 编

甄希金　续爱民　张　然　马晓光

副主编

韦乃琨　骆晓萌　吕建军　侯　星　周　清

编写人员

蒋艳会	张　亮	孔　宁	郑菊艳	任　静	陈晓波
张致宁	李　季	储云泽	于　航	郗金波	姜　军
周文鑫	汪　璇	王　旭	牛延丹	周荣富	黄敏健
饶　靖	陈好楠	沈文轩	吴　韩	周同明	马秋杰
苏华德	马彦军	顾继安	潘冬伟	高　杰	习　猛
瞿雪刚	罗　金	万　莉	钱振华	伍英杰	宋建伟
张亚运	王素清	沈　伟	刘玉峰	唐诗渊	唐永生
李　迎	张　俭				

前　　言

随着全球新一轮科技革命和产业变革深入发展,新一代信息技术与先进制造技术加速融合,为制造业高端化、智能化、绿色化发展提供了历史机遇,世界造船强国纷纷规划建设智能船厂,以智能制造为抓手,力图抢占全球制造业新一轮竞争制高点。船舶制造是典型的离散型生产,具有船厂空间尺度大、船舶建造周期相对较长、工艺流程复杂、单件小批量生产、中间产品种类繁多、物理尺寸差异大、作业环境相对恶劣等行业特点,对智能制造技术提出了特殊要求。

近年来,在国家的关心指导、行业的不断努力下,我国船舶工业实现了跨越式发展,产业规模迅速扩大,国际市场份额大幅跃升,造船三大指标位居世界前列,船舶工业核心设施和技术能力大幅提升,形成了长三角、珠三角和环渤海湾三大造船基地;造船核心设施能力达到国际领先水平,骨干船厂建立起以中间产品组织生产为特征的现代总装造船模式,并不同程度地开展了智能化转型探索工作,取得了一定成效。但是我国船舶工业大而不强的问题依然存在,造船质量、效率与世界先进造船国家相比还存在一定差距,我国船舶制造业处于数字化制造起步阶段,各造船企业发展水平参差不齐,三维数字化工艺设计能力不足,关键工艺环节装备自动化水平不高,基础数据缺乏积累,互联互通能力薄弱,集成化水平低等问题亟待解决。未来的 10~20 年是我国由造船大国向造船强国迈进的关键时期,也是我国造船企业通过技术创新实现转型升级、由大到强的重要发展机遇期,风险更大,挑战更为激烈。

为贯彻落实海洋强国、造船强国国家战略,国家相关部委先后发布了《推进船舶总装建造智能化转型行动计划(2019—2021 年)》(工信部联装〔2018〕287 号)、《船舶总装建造智能化标准体系建设指南(2020 版)》(工信厅科〔2020〕36 号)等规划文件,旨在加快新一代信息通信技术与先进造船技术的深度融合,提高我国造船效率和质量,推进船舶总装建造数字化、智能化转型。2016 年 12 月 20 日,工业和信息化部、财政部批复"船舶智能制造关键共性技术专项"项目立项,专项以船舶智能车间为对象,研究突破船舶智能制造关键共性技术,形成船舶智能制造核心技术和系统集成能力,使我国船舶企业建造技术水平跃上一个新台阶,缩短与国际先进造船国家的差距。通过"船舶智能制造关键共性技术专项"四年的研究,形成了一批船舶智能制造关键技术研究成果。为更好地推广科研成果,实现行业共享,项目组将专项的主要研究成果编辑成一套"船舶智能制造关键共性技术"丛书,该丛书以船舶智能车间为对象,通过对面向智能制造的船舶设计技术、船舶智能制造集成技术应用以及互联互通的船舶智能制造车间基础平台开发的相关研究总结,形成船舶智能制造关键共性技术的知识文库,为我国造船企业推进智能制造提供方向指引和知识支撑,助推提升企业造船效率和质量水平,为进一步构建智能船厂,实现我国由造船大国向造船强国的转变打下坚实基础。

本丛书共十一分册,各分册主要内容如下:

第一分册《船舶智能制造数字化设计技术》主要介绍船舶智能制造的数据源头数字化设计技术,包括基于统一三维模型的详细设计及审图、设计与生产集成、三维工艺可视化作业指导以及面向智能制造的产品数据管理系统开发与应用等内容。

第二分册《船舶智能制造工艺设计》主要介绍船体构件加工成形、船体焊接、管子加工、船体结构件装配、分段舾装、涂装等关键工艺环节的工艺模型设计、工艺特征描述、工艺路线设计、工艺知识库构建。

第三分册《船舶智能制造模式》主要介绍造船企业智能化转型的目标图像,分析国内骨干造船企业智能制造技术总体水平与差异,构建以信息物理系统为核心的船舶智能制造系统架构,研究船舶智能制造的设计、管控生产模式,并给出实施路径与评估评价方法。

第四分册《船舶智能制造车间解决方案》主要介绍船舶智能车间通用模型、面向智能制造的船舶中间产品工艺路线制定,提出船体分段、管子加工与分段涂装智能车间解决方案。

第五分册《船舶中间产品智能生产线设计技术》主要介绍国内骨干船厂中间产品生产线的发展现状以及对自动化、智能化程度的需求,研究型材切割、条材切割、船体小组立、平面分段、管子加工等典型中间产品生产线的设计方案,设计开发智能控制系统并验证,支持各类中间产品智能生产线的应用。

第六分册《船舶智能制造的统一数据库集成平台》主要介绍数据库顶层设计、数据库设计规范、数据库标准接口和数据库集成开发技术。

第七分册《船厂大数据技术应用》主要介绍船厂大数据应用的顶层设计、大数据质量保证、大数据分析和应用使能工具等技术,并对基于大数据的派工管控协同优化、分段物流分析与智能优化、船厂能源管控优化进行应用研究。

第八分册《船舶车间智能制造感知技术》主要介绍船舶分段制造车间定位技术、船舶制造中间产品几何信息感知技术、车间资源状态信息采集技术、船舶焊接与涂装车间环境感知应用技术。

第九分册《船舶制造车间组网技术》主要介绍船舶制造车间复杂作业环境下的网络构建和覆盖、制造过程物联,构建基于物联网的可控、可管、可扩展和可信的船舶分段制造车间网络空间架构。

第十分册《船舶智能制造海量数据传输与融合技术》主要介绍基于三维模型的海量数据传输技术及海量异构数据融合、管理技术。

第十一分册《船舶分段车间数字化多工位协同制造技术》主要介绍船舶分段制造车间切割、焊接等多工位协同作业、协同机制分析技术与船舶制造现场多数据源协同集成技术。

本丛书是项目团队花费大量时间和精力研究、编写的成果，希望能够得到广大读者的认可和支持。同时，我们也期待着读者的宝贵意见和建议，以便我们不断改进和完善本丛书的内容，为读者提供更加优质的服务和产品。

最后，我们要感谢所有参与本丛书编写和出版的人员及单位，他们的付出和支持是本丛书能够顺利出版的重要保障；还要感谢所有关注和支持智能制造技术发展的人，让我们共同推动智能制造技术在船舶行业的广泛应用和发展，为实现船舶工业数字化、智能化转型而不懈努力！

编　者

2023 年 5 月

目　　录

第1章 基于三维模型的海量数据传输技术

1.1 概　　述

随着信息化技术的发展,基于三维模型的船舶设计技术得到了广泛的应用,各船厂使用了各种三维设计软件进行设计,并在此基础上进行了三维制造、三维装配。三维设计技术的应用提高了船厂生产设计能力,但因此带来了两个方面的问题:一方面,船舶工业使用的主流软件都使用自己特有的格式,且经过多年的发展,市场上模型表示碎片化严重,没有形成统一的表示标准,给互联互通造成障碍。另一方面,三维模型自身的复杂性造成相关设计文件、工艺文件数据量庞大,不仅传输过程中占用带宽,而且在终端渲染时对计算资源要求也比较高,在手持设备等资源有限的终端上甚至无法精确展现原始三维设计模型。

基于三维模型的海量数据传输技术主要包含三维模型轻量化技术、面向制造现场的数据流传输技术、事件触发的动态数据传输技术、海量数据定向分类传输技术、面向移动终端的海量数据传输技术、面向现场作业的消息推送技术。

1.2 三维模型的轻量化技术

1.2.1 技术简介

随着三维模型在船厂的推广,一些应用上的问题日益突出,因此有必要针对船舶制造过程中三维模型表达方式多样、数据量大、传递频繁、车间网络负载能力低、终端性能要求高等特点,基于三维模型几何信息轻量化技术、三维模型属性及工艺信息轻量化技术、三维模型传输及应用轻量化技术、三维数据模型轻量化接口开发,提出船舶三维模型轻量化设计方案,实现三维模型的异构存储和轻量化表示。

目前船舶三维模型轻量化技术存在以下需求。

1.2.1.1 轻量化、硬件要求低

传统三维设计软件生成的零件模型由造型历史、特征定义/参数等数据构成,零件模型是参数化的实体特征模型,而装配模型是由零件模型按照一定的组织结构和装配关系组装而成,装配模型结构非常复杂、数据量越来越大,难以在计算机中快速加载与显示。三角形网格模型是快速显示与加载的基础,因此需要删除造型历史、特征定义/参数等数据,将实体零件模型转换为三角形网格模型,提供模型的三角面片显示。

1.2.1.2 装配结构相同、配合关系完整

轻量化装配模型主要应用于装配序列规划和异构装配模型干涉检查。装配序列规划主要是生成零部件的装配顺序，为三维动画装配仿真作准备。要实现异构模型的干涉检查就必须将异构模型轻量化，统一模型数据格式。因此，轻量化模型与三维设计模型装配结构必须相同，模型零件间配合关系准确、零件的几何拓扑信息不发生错乱，同时删除装配文件中重复记录的相同零件几何信息。

1.2.1.3 非几何信息完整

能够正确显示尺寸标注信息、技术要求中英文字符、尺寸公差、形位公差、粗糙度、基准参照、剖面、草绘文本等完整的产品制造信息，并且轻量化模型视图方向与设计原模型完全一致。零组件名称、颜色、设计者、版本和修订历史等准确，可对模型进行注释标记，及时提醒设计人员更改模型。

1.2.1.4 三维模型传输及应用安全便捷

为了保证轻量化模型的快速浏览和便捷使用，三维模型必须有较快的显示速度，能够满足实时交互的需求，而且转换后的轻量化模型不能被编辑，且要具有保密性。因此，轻量化模型应该有合理的组织架构，又不能太过复杂，在保证显示速度的前提下可以适当牺牲压缩比等性能，同时还可采用一定的不依赖过高硬件支持的优化措施，从而减小轻量化模型文件的大小，既有利于通过网络传输模型，也可以节约内存，使三维模型在低性能终端也能进行数据演示。

1.2.2 船舶三维模型轻量化技术实现方法

1.2.2.1 船舶三维模型轻量化处理目标

目前船舶行业中存在的设计软件多种多样，而每种设计软件都使用自己特有的模型格式，导致市场上模型表示碎片化严重，并且随着三维设计技术的发展应用，三维模型已经逐渐成为设计信息的核心媒介，而三维模型自身的复杂性却造成了相关设计文件、工艺文件数据量极其庞大，严重影响数据传输、终端渲染，使得三维模型无法精确展示。

为了解决上述模型表示碎片化严重和传输处理问题，基于船舶三维模型数据结构和轻量化需求，人们提出船舶三维模型几何轻量化处理方案。将来自船舶设计、工艺设计、车间设计等的数据进行轻量化，包括几何信息、属性、配置、工艺等信息，消除不同设计软件在数据格式上的差异，建立统一的轻量化模型，来支持异构存储。通过数据块读写技术实现文件读写时的快速数据获取能力；通过渐进式显示不同分辨率的模型，从最初的线框模型显示，过渡到特征面、纹理材质等的显示，实现优良的用户感官体验。

1.2.2.2　船舶三维模型轻量化设计思想

1. 去特征处理

一般三维设计软件的三维模型都是基于特征的,基于特征的好处是实时控制参数完成模型驱动,缺点是其模型的更新和显示需要耗费大量的计算时间。因此,在整机装配模型中,去除各零件的特征树结构,只保留最终的边界模型结构,可以大幅提高三维模型的处理速度。

2. 装配层级的融合处理

大装配模型中,根据应用的不同,很多低层级的模型是无须做细分处理的,大部分的装配层级只有在特定的情况下才会用到,因此可以在某个层级的装配不用时对其做融合处理,这样能够大大节约模型所占空间。

3. 模型数据的压缩

针对轻量化模型应用的需求,去除原始的设计模型中用不到的信息,如特征、装配关系等,显著缩小三维模型的数据存储量。利用轻量化装配的方法,在完成产品模型零部件设计的情况下,自动生成零部件轻量模型,并以轻量化零部件为基础完成整机产品模型的轻量化装配。

4. 采用引用的方式减少冗余

在三维 CAD 产品模型中通常存在许多外形相同的零件,通过引用可以避免产生数据冗余,从而减小轻量化文件的体积,同时也能减少内存的使用量。

5. 以容器的形式管理数据

在轻量化文件中,所有的数据都被纳入不同的容器节点中,轻量化装配文件通过容器指向零件的几何数据文件,有利于数据的拓展和修改。

6. 用细节层次(levels of detail,LOD)技术

在几何数据中,加入零件的多分辨率表达,以零件的包围盒来支持零件的 LOD 模型,零件的包围盒对应粗糙模型,而实际零件模型则对应精确模型。牺牲显示质量,可以减少模型的绘制时间,便于用户进行三维模型的快速浏览和交互。

1.2.2.3　船舶三维模型轻量化相关技术简介

1. 船舶三维模型结构树提取

设计结构树是船舶产品设计模型组织的核心,装配体模型尤其是大型装配体的模型树具有明显的层次结构。轻量化三维数据模型仍然以设计结构树为中心进行三维模型和产品数据的组织,通过三维设计软件的数据接口从三维数据模型中抽取产品结构,在船舶三维模型轻量化处理软件中重新构造,从而实现已有设计结构树的重用。

2. 零部件轻量化

船舶生产制造尤其是大型装配一般具有明显层次结构,可将其分为多组零部件。在保证模型的外观、结构拓扑关系等与原文件相一致的前提下,通过抑制原始零部件的特征消除再生环节,以减少其数据量,从而降低相应的文件容量。

3. 轻量化模型装配

在模型由零部件装配成体的过程中,模型将直接以轻量化的形式完成装配,有效避免了以上复杂特征及特征再生等问题。首先提取原始模型信息,并由设计人员设定该模型的轻量化状态;其次获取设定的轻量化状态,据此对模型进行轻量化处理;最后把处理后的轻量化模型加入装配体。

4. 模型属性与工艺信息处理

通过访问各种主流三维设计软件、数据管理系统的预留接口,获取三维数据模型产品的属性与工艺信息,并对其进行数据解析。由于在船舶的制造、装配、质量检查过程中,不同工种对模型属性信息、工艺信息的需求不同,因此轻量化处理可以根据不同业务的实际需要,对产品信息数据进行定向性输出。

5. 轻量化几何模型数据存储

船舶三维轻量化模型采用行业内具有代表性的 3DXML 和 JT 两种轻量化存储格式保存,避免了不同格式在异构平台下不兼容的问题。3DXML 是一种完全开放的数据格式,不同于一般的 CAD 文件,3DXML 文件中不含有几何信息,只包含模型实体信息,同时含有装配信息。JT 模型文件是三维实体模型经过三角化处理之后得到的数据文件,它将实体表面离散化为大量的三角形面片,依靠这些三角形面片来逼近理想的三维实体模型。

6. 轻量化模型显示环境

船舶三维轻量化数据模型产品输出后,需要提供可交互操作的轻量化模型显示环境,支持对产品结构、产品数据和三维模型数据的关联查看,且具有高性能三维图形和大数据处理能力,可支持大规模三维设计数据的快速查看和查询。

1.2.2.4 船舶三维模型轻量化方案总体设计

船舶三维模型的轻量化是通过三维设计软件和数据管理系统的预留接口,对设计完成的三维数据模型信息进行访问的,软件读取和解析其中的几何信息、属性信息、装配信息以及工艺信息。三维模型轻量化分批处理模块分别实现零部件模型轻量化、装配结构获取、轻量化模型装配等;模型属性与工艺信息处理模块分别完成对原始模型属性、装配、工艺等信息的提取,针对各种业务的特别需要对数据进行定向分类,并通过特定的轻量化数据储存格式对其进行储存;轻量化模型数据传输与加载显示模块则是将处理完毕的轻量化三维模型数据传输到制造现场等下游单位,并为使用者提供可对轻量化三维模型数据进行快速浏览、交互的环境平台。船舶三维模型轻量化处理总体设计方案如图 1-1 所示。

1.2.2.5 船舶三维模型轻量化实现流程

船舶三维模型轻量化实现流程如图 1-2 所示。

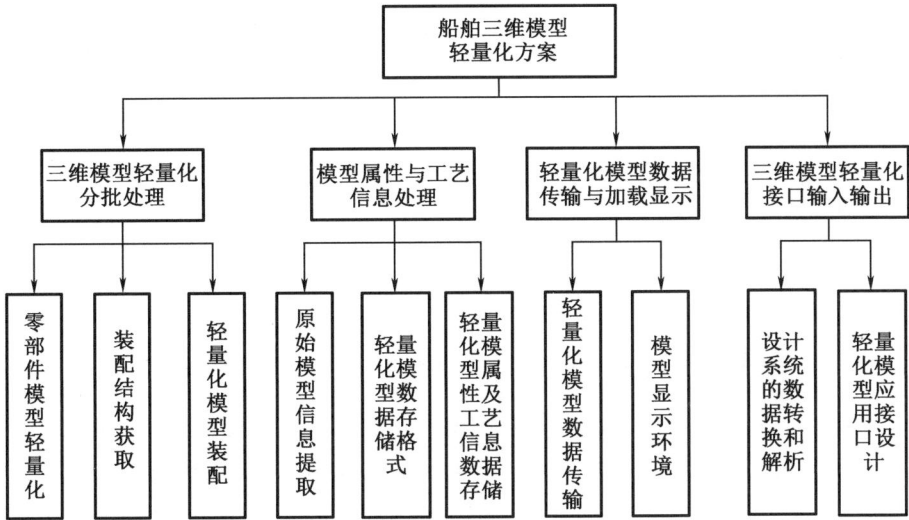

图1-1　船舶三维模型轻量化处理总体设计方案

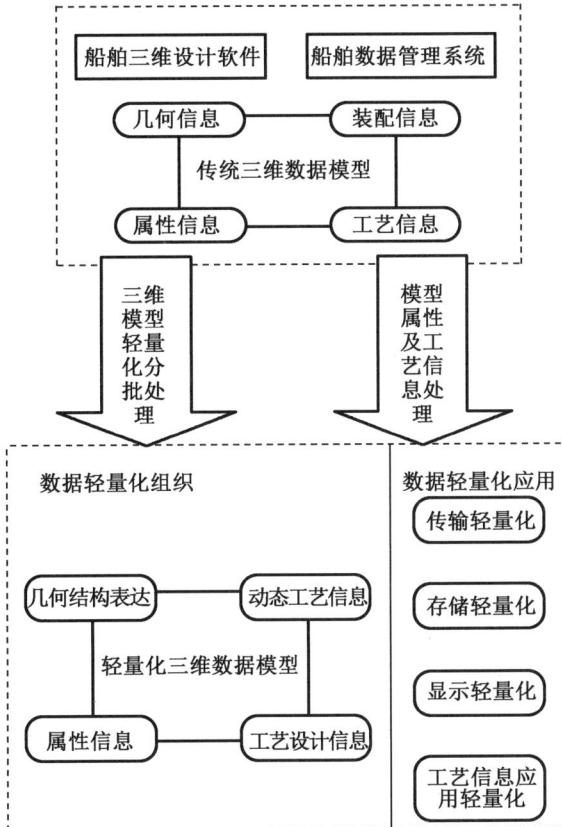

图1-2　船舶三维模型轻量化实现流程

1.2.3 三维模型轻量化技术应用方案

通过船舶三维模型轻量化处理的需求分析与实现方案总体设计,初步将轻量化处理方案分为三维模型轻量化分批处理模块、模型属性与工艺信息处理模块、轻量化模型数据传输与加载显示模块以及三维模型轻量化接口输入输出模块。本节将对四个模块展开详细设计,确保各模块能够合理正常地实现含有超量级的零件以及大型装配体的船舶三维模型轻量化。

1.2.3.1 三维模型轻量化分批处理模块

由 CATIA、Tribon、Aveva Marine 等主流船舶三维设计生产软件所建的船舶模型含有大量的复杂装配模型,从而导致浏览模型时占用很大内存,显示浏览非常缓慢或者无法打开。产生这些问题的主要原因有两个:第一,零件模型通过参数化表达(造型历史、特征定义/参数),不能实现快速加载和显示;第二,某些装配体中装配多个相同零件时,装配文件内部重复记录该零件几何信息。为了实现船舶三维模型快速显示与浏览,应将其中的零件模型进行三角化处理,使其变成三角形网格模型。网格模型也分为高精度显示和低精度显示,高精度显示的网格模型包含的三角面数量很大,随着零件数量的增加,装配模型的显示会越来越困难。因此本方案将零件模型设计为三种精度的网格模型,第一、二层次轻量化模型用于表达能看见的零件模型,第三层次轻量化模型描述内部不可见的零件模型。建立轻量化装配模型结构,将装配数据与零件数据分开描述。装配数据描述各零部件装配结构信息和配合关系信息、零部件引用信息;零件数据描述精确几何数据的边、面属性链表和非精确的三角化边、面、点等显示信息。通过控制三种不同精度轻量化模型的加载显示顺序,可实现大型邮轮三维装配模型的实时交互显示、浏览。船舶三维几何模型轻量化总体思路如图 1-3 所示。

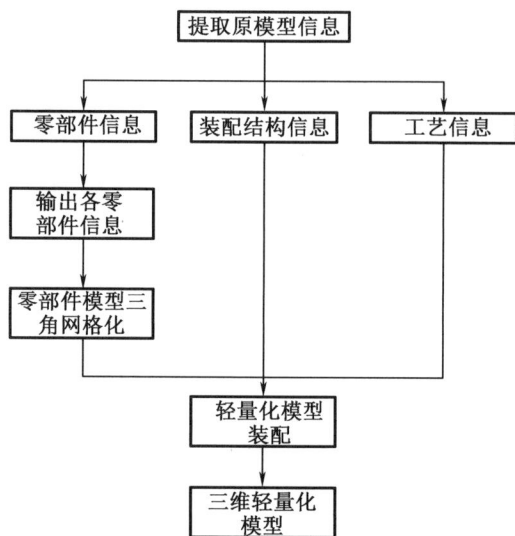

图 1-3 船舶三维几何模型轻量化总体思路

1. 零部件模型轻量化技术

三维零件模型包括模型几何信息和非几何信息。几何信息包括模型基准、模型坐标系、几何实体模型。几何实体模型由产品结构形状、造型历史、工程约束、特征定义/参数等组成。非几何信息分为产品制造信息和属性信息。产品制造信息包括线性尺寸标注、形位公差、尺寸公差、基准参照、粗糙度、注释要求、相关工艺信息。要实现模型的快速加载、显示,必须将模型转换为三角形网格模型。目前曲线、曲面三角化算法和网格模型简化算法已经很成熟,本方案利用已有的轻量化算法实现零部件模型轻量化,具体实现过程如下。

(1)剔除造型历史、特征定义/参数等信息

在三维模型中,造型历史、特征定义/参数等是导致零部件模型数据大的主要原因。过滤掉造型历史、特征定义/参数等并不影响产品模型浏览与批注,且三维模型数据大大降低,同时又保护了设计者的设计意图。

(2)参数化曲线、曲面三角化

通过三角化使三维参数化模型转化为离散化的三角形网格模型,用三角形网格模型近似地表达精确三维模型。模型参数化边、面数据三角化是为了加快模型显示速度、降低计算机使用内存。同时记录三角化的边、面与原始精确几何模型参数化边、面的匹配关联关系,实现模型快速显示时精确测量、批注圈阅。

(3)网格模型简化压缩

经过前两步处理,相比原始 CAD 模型三角化网格模型数据已经大大减少。为了能实现更大的压缩比,采用通用无损压缩编码算法压缩三角形网格模型、重构模型拓扑数据得到文件更小的轻量化模型。

零部件三维模型单层轻量化流程如图 1-4 所示。

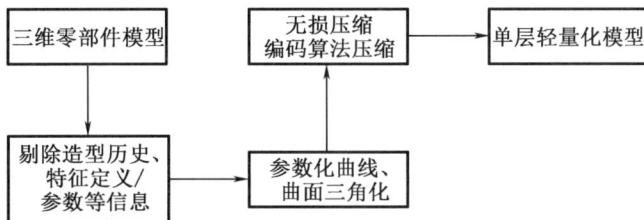

图 1-4　零部件三维模型单层轻量化流程

通过上述方法仅能够得到一种精度的轻量化表达模型,对于零件模型而言已完全能够轻量化浏览,但是对于装配体模型轻量化浏览还是很困难,随着加载零件模型数量的增大,装配模型中三角面片数量也逐渐增多,而计算机面片渲染能力是有限的。为满足大型复杂装配模型快速浏览、显示的需要,通过改变三角化误差,即在原有的参数化表达基础上增加多个分层细节轻量化表示,包括 LOD1~LODn 层共 n 个轻量化表示,其中 LOD1 层所表示的轻量化程度最高,而 LODn 表示最低。LOD1 是由参数曲面经分元直接获得的,且三角面片数量最多,LOD2~LODn 层分别在其上层细节基础上经三角网格化获得,面片数随层次增加而减少,即至 LODn 层,面片数最少。

模型轻量化表示时,每个零件由 n 个三角网格面片组构成,三角网格面片组由多个三角形面片组成,三角形面片包含三角化边和三角化顶点,且每个三角化面片组都有自己的属性,即面积、面片数量、总边数、颜色、图层、包围盒等。多层轻量化后零部件数据结构如图 1-5 所示。

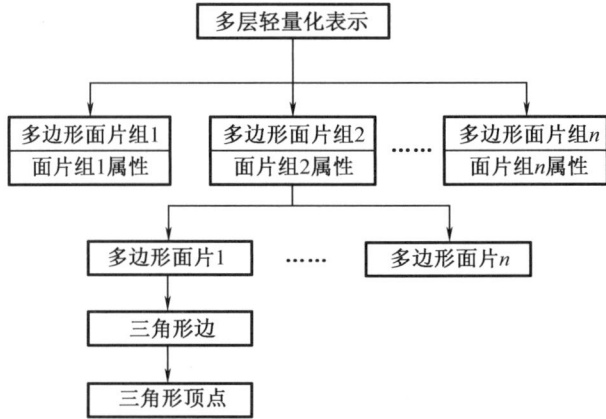

图 1-5 多层轻量化后零部件数据结构

以邮轮三维模型轻量化为例,用三层不同精度的轻量化来表达邮轮三维模型。零件模型的第一层轻量化表示通过将原始参数化曲面、曲线三角化分别获得三角形面片。第二、三层轻量化模型采用边折叠网格简化算法获得,在每次完成边折叠操作时,都要跟踪记录边折叠后的三角形面片数。三角化误差,即曲面上点到替代三角形面片间的最大距离,对小模型采用较小的三角化误差,对大模型采用较大的三角化误差。

2. 装配结构获取技术

在原始模型建模系统中可使用装配信息导出数据接口以及物资编码体系提取并分析船舶原始三维模型装配结构中所有零部件的产品结构、零部件的名称和属性信息,以及各个零部件相对于上级装配结构的变换矩阵等非几何信息。装配结构是一个明显的树状结构,在信息提取过程中,可以使用递归的方式来获得需要的信息,当模型的类型为装配体时提取信息并进行下一步的递归操作,若为零件则在信息提取完毕后退出递归。拥有了结构和属性信息才可以在脱离船舶三维设计生产系统的环境下进行轻量化模型的精确显示和属性查询,以及为轻量化模型装配提供完整依据。

3. 轻量化模型装配技术

船舶三维装配模型由零部件模型组成,但在装配模型多次装配某个相同零部件时,装配文件内部重复记录相同零部件几何信息,使得装配模型包含的数据量越来越大、结构越来越复杂,如船体结构模型、舾装模型等。在普通计算机上浏览这些复杂装配模型非常缓慢或者根本无法打开模型。为解决复杂装配模型数据量大、结构复杂的问题,本方案将装配数据信息与零件数据信息分开描述,装配数据信息记录各零部件树状层次结构信息和装配位置关系信息、零部件相对引用关系信息,零部件数据信息记录边和面的属性链表,三角化边,三角化面、点等数据。轻量化装配模型结构如图 1-6 所示。

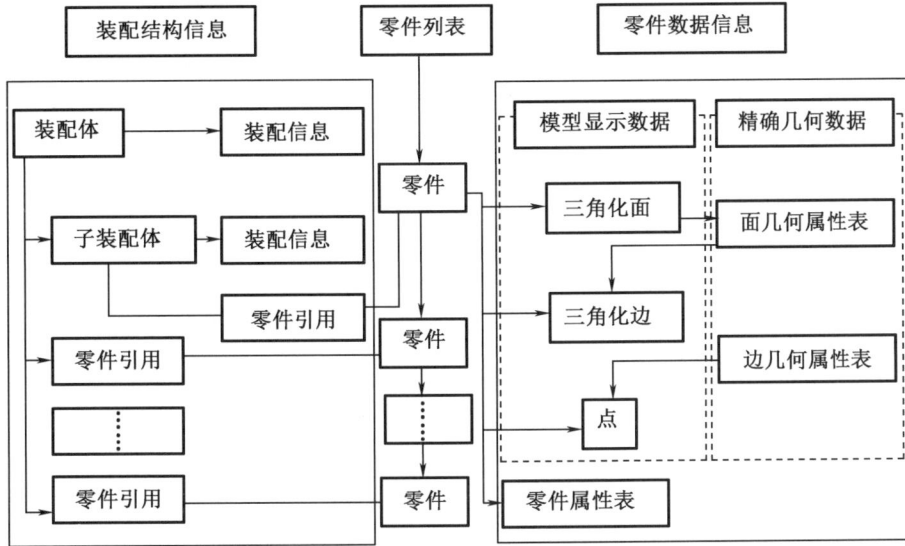

图1-6 轻量化装配模型结构

在装配数据信息中记录装配结构、零部件引用信息、装配关系等。装配结构为树状层次结构,产品可拆分成若干个零件模型和子装配模型,子装配模型又可分为多个零件。零部件引用信息包括引用相对路径,零部件名称、颜色、显隐状态,零部件坐标、空间变换矩阵。装配关系指模型中零件与零件之间或零件与子装配体间的几何边面接触约束关系,实质是点、线、面等基本元素的约束关系。模型显示时,装配体直接调用零部件相对引用路径进行模型表达,并不重复记录零件边、面等几何信息。零件列表包括组成整个装配体模型的所有零件名称,并且装配模型中重复零件名称只描述一次,零件列表中的零件不在装配模型中显示,只有零件被引用时,才根据装配模型中引用零件的相对路径和名称、变换矩阵正确显示零件。

零件数据包括三角化的非精确显示数据和用于测量、批注圈阅的精确几何数据。非精确的显示数据包括三角化面、三角化边和点信息。精确几何数据包括面几何属性链表、边几何属性链表。三角化面与边不包括零件几何信息,不能识别面的类型(平面、圆柱面、规则曲面、不规则曲面等)或线的类型(直线、圆弧、样条等),因此零件数据采用属性链表描述与三角化面、三角化线对应的几何信息。三角化线的几何信息包括线的类型,直线的起点和终点,圆弧线的圆心、起点、终点,参数曲线的类型和控制点坐标等;三角化面的几何信息包括面的类型,平面的法向矢量和定位点坐标,圆柱面的轴线、半径。面的几何信息中包含了构成面边界的三角化边的引用,边的几何信息中记录了边端点的引用,从而实现显示数据、精确几何数据一一对应。

1.2.3.2 模型属性与工艺信息处理模块

1.原始模型信息提取技术

三维设计软件系统的数据交换主要是通过数据接口实现的。目前主流的 CAD 接口有三类:标准接口、业界接口和专用接口。标准接口已经被国际标准化组织 ISO 或各国的标准化部门所采用,具有开放性、规范性和权威性,其中 IGES 标准和 STEP 标准最有代表性。业界接口是被行业公认的通用接口规范,具有很大的影响力,如 AutoCAD 公司的 DXF、Dassault Systemes 公司的 3DXML 和 Siemens 公司的 JT。一些 CAD 软件为了能够导入/导出其他 CAD 软件的模型也会开发专用接口,如 UG 软件的 CATIA V4/V5 和 Pro/E 接口能直接导入 CATIA 和 Pro/E 模型。

目前主流船舶设计生产软件主要有 Tribon M3、AVEVA Marine、SPD、CATIA V5/V6、Siemens PLM Software、Foran 等。为了满足造船企业的设计生产管理需要,这些三维船舶设计软件商以及造船企业均开发了一定的稳定数据导入与导出的接口,可实现三维设计软件平台 CAD、产品数据管理平台 PDM、产品生命周期管理平台 PLM 与企业资源管理平台 ERP 之间的数据交换。因此,轻量化处理的三维模型以及生产信息的导入可通过造船企业所使用的数据交换接口实现,获取相对完整的三维模型数据。

2. 轻量化模型数据存储格式分析

几乎所有的基于产品生命周期管理的软件公司都推出了自己的轻量化格式及可视化方案。此处列举具有代表性的轻量化文件保存格式,主要输出以下两种格式。

(1)3DXML

Dassault Systems 公司的 3DXML 格式是一种通用的、轻量化的、基于 XML 的格式。3DXML 高度压缩复杂数据,提供快速的文件传输和短暂加载时间,同时保留了交换图形的精确信息。3DXML 是一种完全开放的数据格式,不同于一般的 CAD 文件,3DXML 文件中不含有几何信息,只包含模型实体信息,同时含有装配信息。这使 3DXML 的文件尺寸远远小于一般的 CAD 文件,同时 3DXML 对文件进一步压缩,使其能够提供更快的文件传输速度和更短的储存时间。3DXML 完全遵循 XML 语法,使用任何的标准 XML 解析器都可以对其进行解析,提取需要的信息。3DXML 文件的基本构成如图 1-7 所示。3DXML 文件是一种多文档格式,并采用 ZIP 算法压缩成一个文件。Manifest 文件中的<Root>元素节点值为装配信息文件名,即扩展名为.3dxml 的文件。扩展名为.3drep 的文件保存图形数据及属性信息。

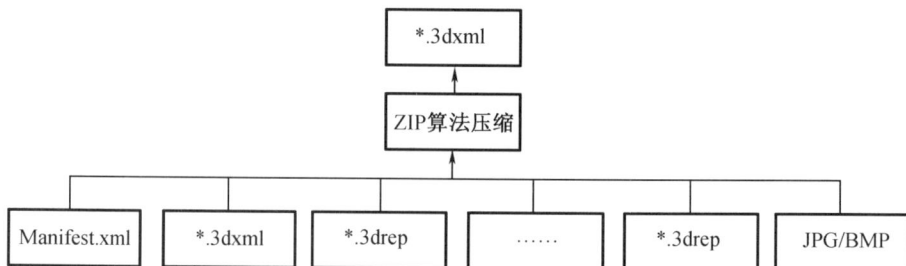

图 1-7　3DXML 文件的基本构成

(2)JT

JT 格式是一种高性能的、中性的、轻量化的可视化数据永久保存的容器,被广泛应用于汽车制造、航空航天等领域。JT 格式不仅能保存用于浏览的多面体信息,也可以保存用于产品设计的精确几何信息。JT格式不仅能保存产品设计信息,也可以保存产品制造和分析的信息。由于JT格式具有广泛的兼容性,因此其应用贯穿于产品的整个生命周期。目前JT格式已经成为ISO标准,被众多的CAD/CAM/CAE软件所支持。图1-8是JT文件基本结构,JT文件大体上分为三个部分:第一部分为文件头(File header),包含了JT文件的基本信息(如版本信息、TOC部分在文件中的位置等);第二部分为内容目录段(TOC segment),包含了识别和定位各种数据段(如JT文件的第三部分内容)的信息;第三部分为数据段(Data segment),包含了与产品有关的各种信息(如几何信息、制造信息等)。完整的JT文件数据段内容非常丰富,包含逻辑场景图(LSG)、形状细节层次段、JT边界表示段、XT边界表示段、线框段、元数据段、产品制造信息段、LUP段和LWPA段等。

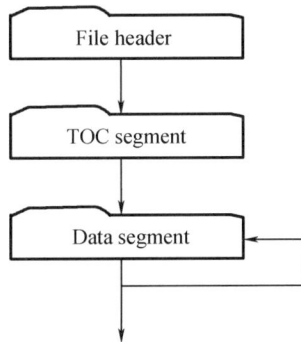

图1-8 JT文件基本结构

3. 轻量化模型属性与工艺信息数据存储

模型属性信息包括各专业相关的零件属性信息,如船体专业工艺属性信息包括船型数据定义(船体坐标系、坐标定位面、肋号定位、纵骨宽度和高度定位、甲板块定义等)、船体结构报表(船体结构属性等)、船体零件装配明细表、船体装配计划(装配树生成、修改、添加零件属性,修改、保存装配树,装配树的排序等);管子专业工艺属性信息包括基本数据(连接点、垫片材质等)、部件通用数据(来源代码、标准号、颜色、规格、材质、质量、技术规格等)、部件专业数据(壁厚等级、角度、连接形式等);风管专业工艺属性信息包括托盘管理、零件边界、零件处理及零件托盘等;电气专业工艺属性信息包括设备布置、设备属性、设备基座属性、通道参数、贯穿件参数、导架参数、电缆参数及托盘属性等;铁舾件专业工艺属性信息包括型材、零件、板件等属性信息。

在船舶设计生产中,模型可用于现场三维作业指导、虚拟仿真、强度校核、三维模型评审等,因此船舶三维轻量化模型的属性与工艺信息应根据该模型的作用流向对原始数据进行一定层次的筛选。从而,在轻量化处理方案中,可预先设计几种模型流向,根据流向制定一些典型的模型属性与工艺信息筛选器,确保轻量化模型中的属性与工艺信息满足生产需要。

1.2.3.3 轻量化模型数据传输与加载显示模块

1. 轻量化模型数据传输技术

面对有限的带宽和拥挤的拨号网络,实现窄带网络三维模型传输最好的解决方案就是采用流式传输的方式。通过流式方式进行传输,即使在网络拥挤或较差的拨号连接的条件下,也能提供清晰、不中断的信号给客户端。流式传输方式是将多媒体文件经过特殊的压缩方式分成一个个压缩包,由服务器向用户计算机连续、实时传送。在采用流式传输方式的系统中,只需经过几秒或几十秒的启动延时即可在用户的计算机上利用相应的播放器或其他的硬件、软件对压缩的多媒体文件解压后进行播放和观看,多媒体文件的剩余部分将在后台的服务器内继续传输。

2. 模型显示环境

市场上主流的移动智能操作系统有 Android、iOS 和 Windows Phone,PC 端操作系统有 Windows、macOS、Linux,因此本方案需要选择可跨系统下实现轻量化模型的可视化。轻量化三维浏览器是在 OSG(Open Scene Graph)图形渲染引擎的基础上,利用 NDK(Native Developer Kit)工具集开发实现的。

OSG 是一款高性能、跨平台的开源三维图形引擎,采用基于场景图的概念,对 Open GL 图形编程库进行了封装,不仅为开发人员提供高质量的模型显示、高级渲染、动画、粒子系统与阴影、各种文件格式的支持等,还涵盖了大规模场景的分页支持、多线程渲染、场景挑选、细节层次等技术,为开发人员提供了一个高效的场景绘制应用程序框架。OSG 具有跨平台性,可以运行于 Windows、macOS 和大多数的 UNIX 和 Linux 操作系统,但将 OSG 移植到各平台系统中还需要对应的 NDK 开发工具的帮助。

3. 加载显示体系结构构建

为了使各个平台上的邮轮三维轻量化模型的浏览体验满足使用者的要求,不仅需要在数据表达层面进行优化,还需要在应用程序的设计开发中合理利用各种优化手段,包括 VBO(Vertex Buffer Object,顶点缓存对象)、可见性裁减等加快图形渲染速度。其中,船舶三维轻量化模型加载显示体系结构如图 1-9 所示。

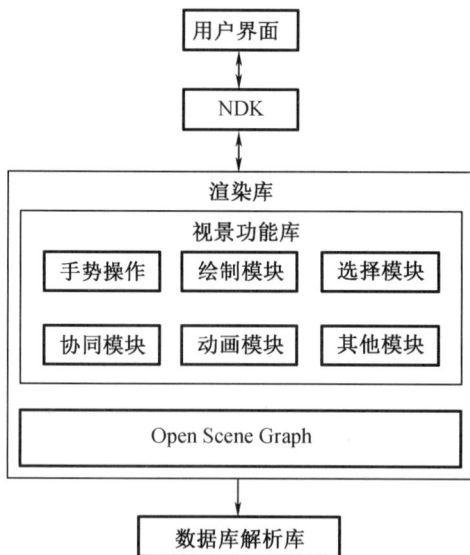

图 1-9　船舶三维轻量化模型加载显示体系结构

　　用户界面负责提供操作接口给使用者,包括显示轻量化模型的文件列表、设置浏览背景色、选择视图方向、解析平台、设备上的触控手势操作,以及将零件属性反馈给用户等功能。

　　视景功能库建立在 OSG 的基础上,提供了各平台开发部分所需的 API(Application Programming Interface)。视景功能库中的绘制模块负责组织经过数据解析库解析的模型显示数据、实现三维场景的渲染等;手势操作模块负责对手势操作(缩放、平移、旋转)进行反馈;选择模块用于处理拾取操作、反馈被拾取零件的属性信息,以及改变被拾取零件的可见性等;协同模块负责对用户的批注信息进行管理;动画模块负责以动画的形式从不同的视图展示三维模型。

　　数据解析库负责解析轻量化模型文件,该模块主要由两部分组成:一部分负责解析装配文件;另一部分负责解析零件文件。装配文件采用 SAX 方式顺序解析,当遇到文档开头、文档结束、元素开始、元素结束等时,会触发一个事件,在其回调事件中可根据节点名称和类型来获取数据并构建相应的数据结构。零件库负责对显示数据进行解析,并将三角网格信息提供给视景功能库。

　　船舶三维轻量化模型加载显示流程如图 1-10 所示。

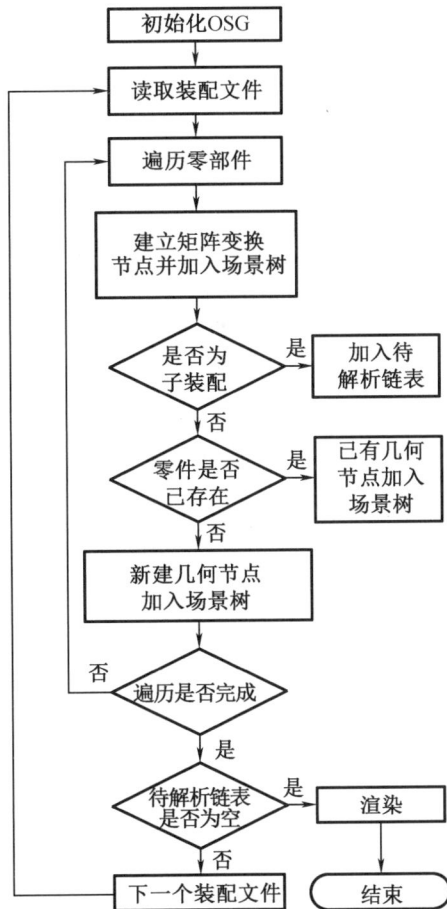

图 1-10　船舶三维轻量化模型加载显示流程

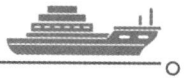

1.2.3.4 三维模型轻量化接口输入输出模块

1. 设计系统的数据转换和解析技术

对于比较成熟的船舶三维设计系统,有专门的章节详细阐述如何提取船舶模型数据。本节主要针对所有的船舶设计系统,提出一套具有一定通性的模型和工艺数据转换与解析方案。

国际标准 STEP 是对产品数据信息的描述以及产品数据信息的共享与交换,它是一种中性交换机制,能够独立于各具体系统,描述的是产品从设计开发到生命结束的数据信息,而且能保持数据的一致性和完整性。通过分析各个船舶 CAD 系统所导出的 STEP 文件及其语法结构,可对 STEP 中性交换文件所描述的三维几何特征信息进行解析提取,再依据船舶三维模型轻量化处理输入要求,归类整理存储。

对于具体的模型属性以及工艺信息,应根据船舶三维设计系统对该类型信息的存储方式进行数据转换与解析。例如数据库驱动型的三维设计系统,可从其数据库中根据船舶零件以及装配结构获取;具有完整的产品生命周期管理的三维设计系统,可根据其模型以及工艺信息存储格式利用该系统的二次开发和数据导出工具获取。同时,相对先进的造船企业,其船舶三维设计系统可与产品数据管理系统实现无缝对接,因此本方案中的模型属性与工艺信息也可从产品数据管理系统中提取。

典型的船舶三维模型轻量化设计系统的数据转换与解析实现路径如图1-11所示。

2. 轻量化模型应用接口设计

为了使经过轻量化处理的船舶三维模型能够更好地为下游软件以及模型展示服务,模型轻量化处理方案中还需要设计一定的应用接口,方便与其他三维软件进行数据共享。经过分析,船舶轻量化模型主要应用于船舶三维设计、制造、装配以及质量管理,如三维设计评审、三维作业指导、制造工艺仿真、现场问题反馈等。因此,轻量化处理软件中的应用接口应根据当前三维轻量化模型的流向设计接口。在该接口中应包含三个功能,分别是模型选择功能、模型属性与工艺信息选择功能、模型属性与工艺信息传输或存储功能。

模型选择功能即在模型处理过程中,可根据下游软件或用户的需求选择船舶部分模型或整船模型导出,如选择某个分段、某个托盘等;而属性与工艺信息选择功能是与模型选择功能配套的,即选择了什么样的模型后为了所需选择一定的模型属性与工艺信息;传输与存储功能,是为了将已选择的模型属性与工艺信息打包成第三方下游软件可识别的存储格式以确保轻量化模型能正常使用。

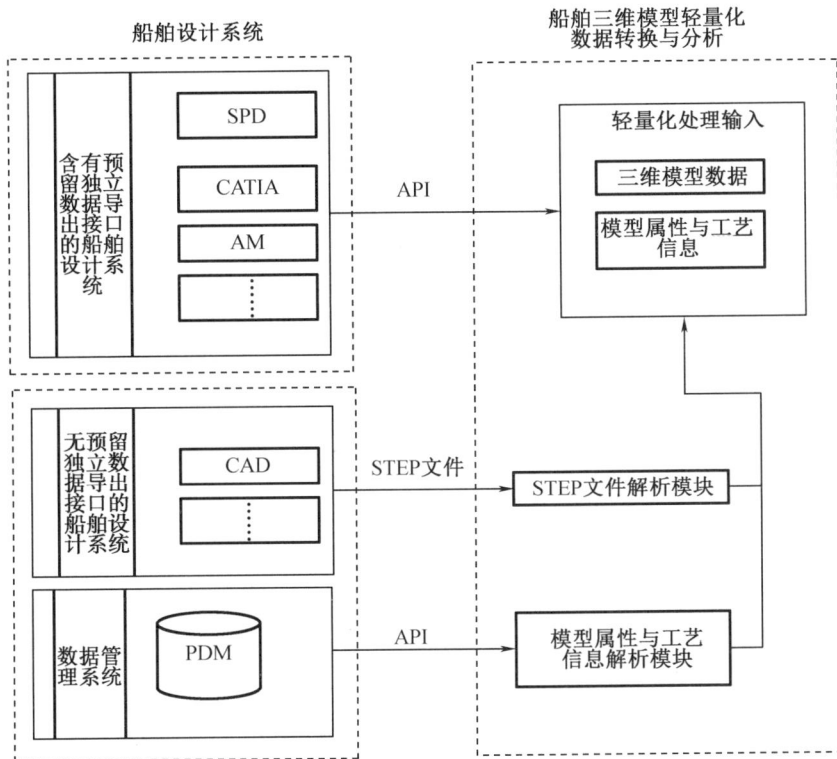

图1-11 船舶三维模型轻量化设计系统的数据转换与解析实现路径

1.3 面向制造现场的数据流传输技术

1.3.1 技术简介

1.3.1.1 技术背景

　　船舶制造属于典型的大型装备制造行业,代表一个国家的综合经济实力和技术实力。在船舶分段制造车间现场,与生产有关的各种数据,包括三维模型、文本、视频、图像、结构化数据等,会按照时间顺序在不同位置流动,形成制造现场数据流。根据数据流的方向不同,可将数据划分为流向生产现场的数据和现场反馈的数据。两类数据的流动,实现了船舶生产制造的闭环管理。

　　例如,按照生产作业计划,一个船舶分段在制造车间的生产过程包括预处理、画线、切割、成形、焊接、舾装、涂装等,与该分段相关的三维设计模型、工艺设计文件、制造资源清单、物料信息、现场作业指导等数据将按照生产计划的安排,随时间进展而在不同加工区域、不同工位、不同系统之间流动;同时,该分段在生产过程当中产生的生产进度信息、产品质量信息、绩效信息、资源使用信息、视频监控信息等,随流程的进展从不同加工区域、不同工位反馈回来,形成闭环数据流。这种船舶制造现场数据的流动,一方面因其数据传输过程而产生网络传输压力;另一方面需要对数据传输过程进行有效的控制与管理,才能保障整个数据流的均衡、有序、高效。

船厂与生产相关的系统主要有 SPD/PDM、物资物流管理系统、质量管理系统、生产计划系统、生产管理系统和工时管理系统。当前船厂信息化建设的一个重要问题就是这些系统之间并未进行集成,使得各个部门经常做重复性的工作,而且数据有可能不统一。例如,生产管理系统与生产计划系统没有进行集成,生产中日程计划以 Excel 的形式下发,生产的实际进度也无法反馈到生产计划系统中;生产管理系统与设计系统没有集成,设计系统产生的图表册是以纸质的形式发放给生产部门的;生产管理系统与物资物流管理系统之间未进行集成,生产部门和物资部门之间领料配送等交互不能通过系统进行;生产管理系统与质量管理系统未进行集成,报验计划不能在生产管理系统中提交,报验结果也不能从质量管理系统反馈到生产管理系统中;生产管理系统与工时管理系统未进行集成,工时的统计需要 Excel 等传统工具和大量的人工。

1.3.1.2 主要技术方向

针对现场数据在生产计划、生产节拍的驱动下按照工艺流程有序流动形成的现场数据流,需要对数据流传输过程进行有效控制,并通过数据压缩缓解流量压力。面向船舶制造现场的数据流传输技术主要包括基于时间标签的数据流传输技术、数据流传输过程中的数据压缩技术、数据流传输校验技术等,用以控制数据按照计划、节拍进行流动,并减轻传输过程中的流量压力,保障船舶分段制造车间现场数据流的传输准确性与及时性。

1. 基于时间标签的船舶现场数据流传输技术

对按照生产计划节拍进行流动传输的数据加入时间标签后,一方面可以按照计划时间判断数据的下一步流向,另一方面可以按照实际执行时间对现场执行情况进行评价,发现异常后及时发出事件报警。

针对采用时间标签对数据流向进行控制及评价的要求,结合在验证船厂分段加工车间的实地调研,基于船舶制造现场各工艺环节(预处理、切割、装配等)对时间标签的设置要求,包括作业起始与终止时间精度要求、时间余量的设置要求等,采用时间标签在应用系统中的存储及获取,根据时间标签确定数据下一步流向,达到按照计划时序对数据流的传输过程进行有效控制的目的。

2. 船舶现场数据流传输过程中的无损数据压缩技术

针对船舶制造过程中数据传输的无损压缩要求,根据目前常用的无损压缩算法(包括 RLE、LZ77、LZ78、LZW 等)的技术特征,基于其对船舶制造过程典型数据类型(工艺文件、图纸、作业指导、现场数据等)的压缩效率(包括空间效率和时间效率)、解码要求,通过适合船舶分段制造现场数据流传输实际情况的无损数据压缩算法选择标准,达到通过无损压缩减少传输过程中带宽占用、加快传输速度的目的。

3. 船舶现场数据流传输过程中的有损数据压缩技术

针对船舶制造过程中数据传输的有损压缩要求,根据目前常用的有损压缩算法和多媒体封装格式(JPEG、JPEG2000、JBig2、MPEG2、MPEG4、H.264、WMA、OGG 等)的技术特征,基于其对船舶制造过程允许损失的典型数据类型(现场照片、现场视频、现场录音、模拟动画视频等)的压缩效率(包括空间效率和时间效率)、解码计算环境要求、解码器普及情况等,通过选择适合船舶分段制造现场数据流传输实际情况的有损数据压缩算法选择标准,达到在不影响视觉效果的情况下高效传输的目的。

4.船舶制造现场数据流传输校验技术

针对数据传输完整性的要求,根据常用的标准数据校验算法(CRC16、CRC32、MD5、SHA-1、SHA-256等)的技术特征,包括算法适用的数据类型、计算环境,及算法的时空效率、安全性等,并基于不同数据校验算法对船舶生产过程中不同类型数据传输的适用情况,同时通过选择适合船舶分段制造现场各种数据流传输实际情况的数据校验算法选择标准,达到保证传输过程中数据完整的目的。

1.3.1.3 技术路线

针对船舶制造过程中对数据进行压缩以节约带宽的要求,对不允许损失的数据(工艺文件、图纸、作业指导、现场数据等)采用无损压缩算法,对允许损失的数据(现场照片、现场视频、现场录音、模拟动画视频等)采用有损压缩算法,并对目前常用的压缩算法的适用范围、技术特征进行分析与总结,尤其是对算法的时空效率、计算环境的要求与适应性进行重点分析,提出适用于现场环境的压缩数据传输方案。

现场数据传输除要求带宽占用尽量少之外,还要求能够对数据完整性进行校验。为此,我们要对常用的数据校验算法的技术特征、适用的数据类型、时空效率、安全性等进行分析总结,提出适合船舶分段制造现场各种数据流传输实际情况的数据校验算法选择标准,达到保证传输过程中数据完整的目的。

具体的面向制造现场的数据流传输技术路线如图1-12所示。

1.3.2 面向制造现场的数据流传输技术实现方法

1.3.2.1 面向制造现场的数据流传输技术需求分析

国内骨干造船企业的船舶制造车间数据流传输如图1-13所示,其主要需求有以下几点。

1.船厂部门内部及部门间协作数据交互需求

对于国内典型造船企业,其组织结构包括设计部门、工艺部门、生产调度部门、生产作业部门、采购部门、质量管理部门。各部门内部及部门之间都存在数据的流动,值得说明的是,不同的造船企业内部组织结构从功能上囊括以上部门,但部门名称可能存在差异。

(1)设计部门内部分工协作,包括获取船东需求、设计输入参数、生产计划等数据,完成钢板和管件选材、船体零件设计、舾装零件设计、小组立设计、中组立设计、分段设计、总段设计、刚度及强度校核等设计工作,对外输出特定格式的三维模型、二维图纸等设计数据。

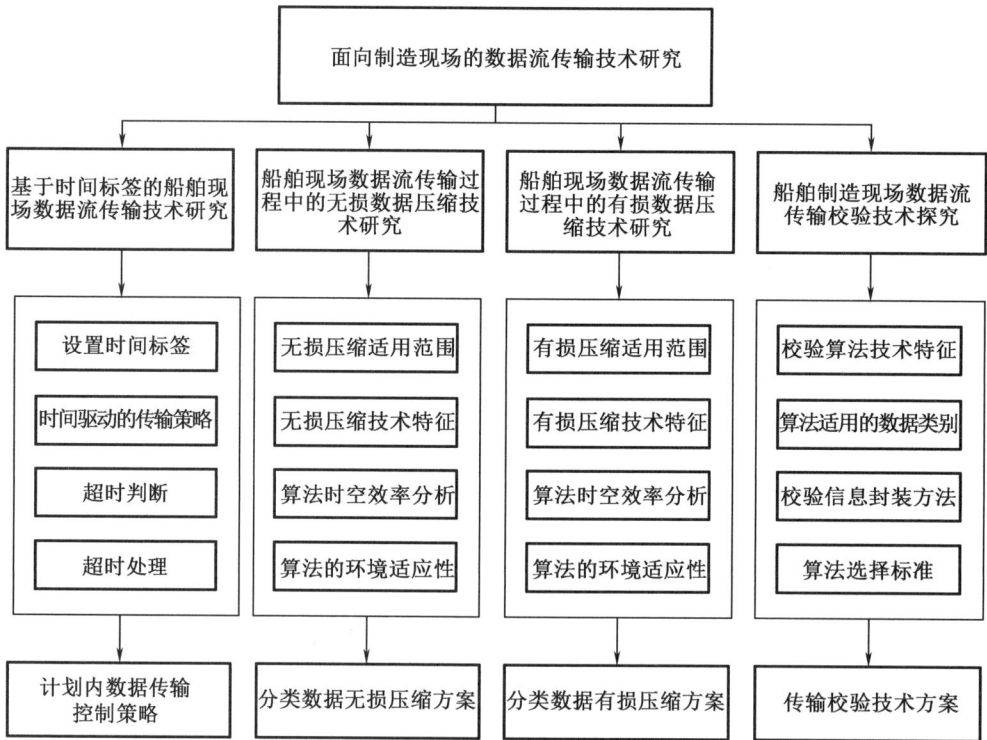

图 1-12　面向制造现场的数据流传输技术路线

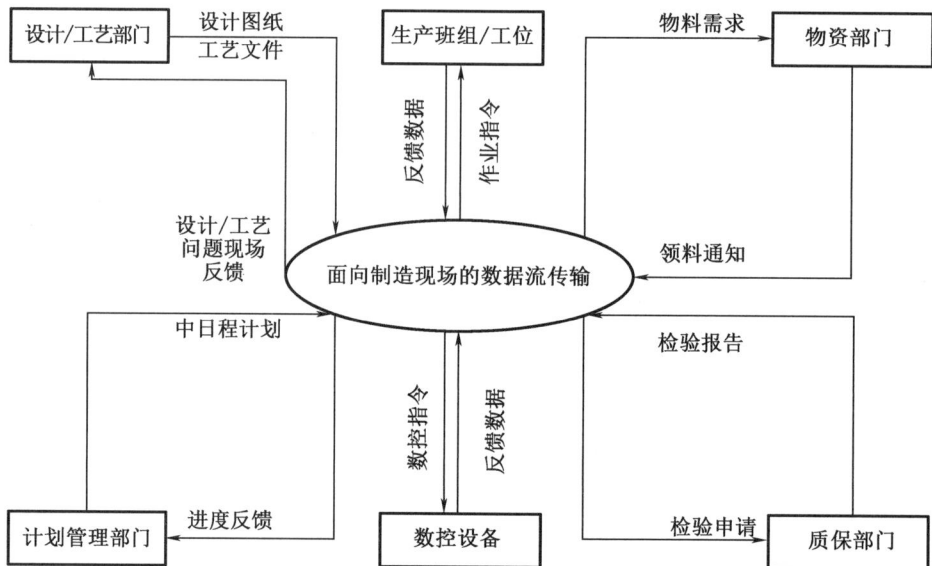

图 1-13　船厂各部门数据流传输

（2）工艺部门内部分工协作,包括获取设计、物资、生产计划等数据,完成板材套料、管材套料、实托盘划分、虚托盘划分、切割工艺规范制定、焊接工艺规范制定、装配工艺规范制定、涂装工艺制定、BOM 表制定等工作,对外输出多种工艺文件相关数据。

（3）生产调度部门内部分工协作，包括获取公司订单、产能等数据，完成生产计划制订、物流计划制订、生产进度跟踪、物流配送情况跟踪、资源调配等生产调度工作，对外输出生产计划、生产统计等数据。

（4）生产作业部门内部分工协作，包括获取生产计划、设计、工艺等数据，完成壳装（预处理、切割、加工、装配、焊接等）、舾装、涂装、物料配送等具体生产制造工作，对外输出生产进度、生产资源耗损等数据。

（5）采购部门内部分工协作，包括获取物料需求、生产计划等数据，完成钢板、管材、涂料、焊料等物资的采购，对外输出物资库存及到货计划等数据。

（6）质量管理部门内部分工协作，包括获取设计、工艺、现场环境、原材料缺陷、产品缺陷等数据，完成产品检验、绩效考核等工作，对外输出产品质量等数据。

2. 船舶生产制造相关多类型数据传输需求

造船企业内部部门间信息沟通手段落后，数字化水平不高，文件传递方式不统一。船舶生产制造产生多类型数据，船东需求一般采用文档和二维图纸等形式传递；设计信息一般采用三维模型文件、二维图纸文件等形式传递，不同的设计软件产生的文件格式不同；工艺信息一般采用表格文件、文档文件、二维图纸等形式传递；生产调度、物资信息一般采用表格文件等形式传递；作业信息一般采用表格文件、视频文件、图片文件、音频文件等形式传递；质量信息一般采用文档文件、表格文件、视频文件、图片文件等形式传递。

经分析，船舶生产制造相关数据类型包括三维模型、二维图纸、文档文件、表格文件、视频文件、图片文件、音频文件等。

3. 数据按生产节拍有序传输的需求

船舶生产制造，以造船计划为驱动，造船企业内部各部门协同工作，需求数据流按生产节拍在各部门间有序传输。为数据流添加时间标签，使数据流依照生产计划进行传输，可促进车间整体信息化的集成。可使决策者、生产管理者、设备维护者经过权限认证以后了解现场生产状态信息并对其进行全程的管理。可使控制层的各种信息向管理层及时反馈，以支持决策者和管理者产生指导性意见。所有数据采集点的数据发布方式应尽量简单明了，使用户能够方便快捷地观察、使用和共享这些数据。

4. 船舶生产相关数据传输效率提高需求

一方面，不同的船东要求不同，船厂根据船东的需求进行定制化设计，订单一般为小批量；另一方面，船舶设计制造工程量巨大，加工工艺复杂，零部件多，管装复杂，强度、刚度、浮力等校核结果可能因结构的小变更产生变化。因此，船舶生产活动会产生大量的三维模型、二维图纸、工艺文件、视频文件、音频文件、图片文件等多类型数据。为了实现全车间数据流的传输，尤其是传输速度偏慢的大文件等，仅靠传统且单一的数据流传输方式远远不够，需针对不同类型的数据采用不同种类的数据压缩、解压技术，以提高面向制造现场的数据流传输效率。

5. 数据传输可靠性需求

一方面，船舶制造车间内部的生产设备、物料、人员、中间产品、运输车辆等生产要素及相关的数据流传输相互间可能造成干扰；另一方面，船厂占地面积大，环境复杂，网络条件相对较差。因此,船舶生产制造相关数据传输需要具有一定的抗干扰性,需针对不同类型的数据采用不同种类的数据校验技术,确保数据传输的可靠性。

1.3.2.2 基于时间标签的船舶现场数据流传输技术

时间标签可以明确规定船舶建造主要工艺过程的关键时间节点和建造总周期,具体包括所建船舶的开工、分段建造、总段搭载、下坞、出坞、试航、交船等工艺过程的生产计划时间节点和生产进度时间节点。船舶建造时间标签涉及的工艺过程节点如图1-14所示。

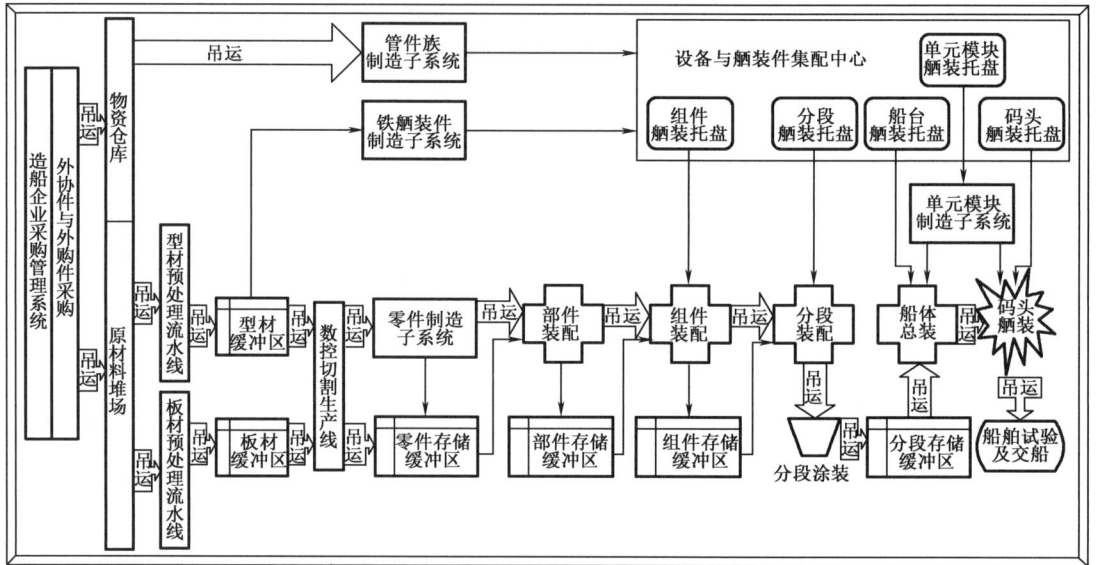

图1-14 船舶建造时间标签涉及的工艺过程节点

时间标签能够使生产管理人员对船舶分段建造、船坞总装及码头舾装等的周期有清晰的了解,它对车间的生产计划排产有着显著的指导作用。通过时间标签,生产管理人员可以对船舶制造生产进行整体规划及对生产进度进行记录,便于车间及时跟进以及调整生产活动。

按照生产计划节拍进行流动传输的数据需加入时间标签,一方面可以按照计划时间判断数据的下一步流向;另一方面可以按照实际执行时间对现场执行情况进行评价,发现异常后及时产生事件报警。在整个生产过程中会出现大量不确定因素影响生产的正常运行。不确定性与生产资源和生产操作有很大的关联,不确定性对生产过程的影响巨大。若作业按时完成,则需按生产计划进行下一阶段作业的数据流传输;若作业超时,则需要进行调整,保证各阶段作业正常衔接。

1. 船舶制造现场的时间标签

时间标签能够对船舶制造现场数据流的传输时间进行规划。在网络中,数据传输时间被划分成多个时间槽,网络中每个等待传输的数据包获得一个或多个时间槽,并在其获得的时间槽内由源节点发送到目的节点。在船舶制造现场的数据流中正确设置时间标签,能够影响到网络数据流传输的运行效率和服务质量。

在对按照生产计划节拍进行流动传输的数据加入时间标签后,对于数据流传输来说,主要是对数据传输的实际过程实施有效的时间控制。面向制造现场的数据流传输时间标签涉及生产计划时间、生产进度时间、数据发送端发送数据时间、数据接收端传输完成时间四个时间节点,四个时间节点间的关系,即时间标签对数据流传输的影响如图 1-15 所示。

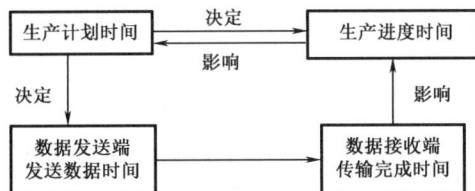

图 1-15 时间标签对数据流传输的影响

时间标签的制定需要根据具体生产和订单来确定产出速度、产出时间等,并对这些任务进行考虑和安排,从而获得满意的收益。高效率的时间标签制定能够降低库存的水平,缩短生产前置时间,提高关键资源的利用率。

制造车间检查其生产计划执行情况的重要基础是时间标签信息,同时它也是滚动制订生产计划过程中调整原有计划和制订新计划的重要依据。时间标签在制造车间中是共同分享的,它存在以下意义。

(1)通过时间标签可以了解制造现场各工艺环节(切割、装配等)生产进度。借助无线网络技术,生产车间能够将当前的生产进度信息及时共享。同时通过网络和通用的软件,控制端能够了解各生产部门的实际生产情况,并实现及时调配。这样,控制端可以灵活主动地安排生产和调度物资。

(2)车间进行生产的先决条件之一是零部件及原材料的供应,上游生产车间在调整原来计划的时候必须考虑到下游的生产情况。在制造车间中,可以获取上游的生产进展,然后通过适当调整生产计划,紧密地连接各个生产环节是非常有必要的。这样就可以有效消除供求脱节的现象,从而使得生产链上的整体利益得到保证。

时间标签是船舶建造日程安排的总纲领,时间标签制定正确与否直接影响到后续的大、中、小日程计划的正确性,因此必须根据船厂的任务状况、资源状况、技术水平,以及所造船舶的工作量和施工工时,反复论证时间标签的科学性和正确性。

例如,在船舶建造系统中,钢板切割作业对缩短整个建造周期以及降低建造成本有着重要影响,因此制定钢板切割时间标签和提高原材料利用率对现代造船业具有重要意义。在船舶建造过程中,钢板切割前需要进行预处理,切割分离后要对其进行加工以便装配和焊接。由于受上下游工序的约束,分段零件有其允许切割的时间窗,即最早开始切割时间和最晚完工时间。同时受零件材质和板厚的限制,需要在不同规格钢板上进行切割,船用切割机只能切割其允许的若干种规格钢板。故设置时间标签目标为:在切割周期内,确定在特定功能切割机下进行切割的不同类型零件集合及其最佳切割能力和所有零件的计划切割时间,同时最大化单位时间内各类型钢板利用率。

2. 时间驱动的数据传输策略

船舶生产全过程的数据传输都需要有生产计划的支撑,生产计划又以时间为基础进行编制,所以生产过程中的各类信息传输也需要以时间为驱动,这就形成了时间驱动的传输策略。比如,在即将到达计划钢材预处理的时间节点时,生产管控系统会在计划时间节点之前将预处理的派工信息及相关文件传输到钢材预处理现场,进而保证预处理过程的顺利进行;预处理完成后进入切割加工阶段时,生产管控系统又需要在计划时间节点之前将切割加工的派工信息及相关文件传输到切割加工现场,保证切割加工工作顺利进行。

(1)船舶制造生产计划分析

由于时间标签驱动生产计划制订,数据流根据船舶制造生产计划及时传输至数据所需工位,所以,时间驱动的数据传输策略,需要对船舶生产计划进行分析。

船舶制造就是原材料、外购件、外协件等物料经过加工、装配,形态逐次发生变化,直至最后形成船舶的过程。因此可以说,船舶制造过程就是物料到船舶的变化过程。物料的变化过程,必须按照生产计划,伴随工艺流程,有序地发生变化。造船企业物料变化过程如图1-16所示。

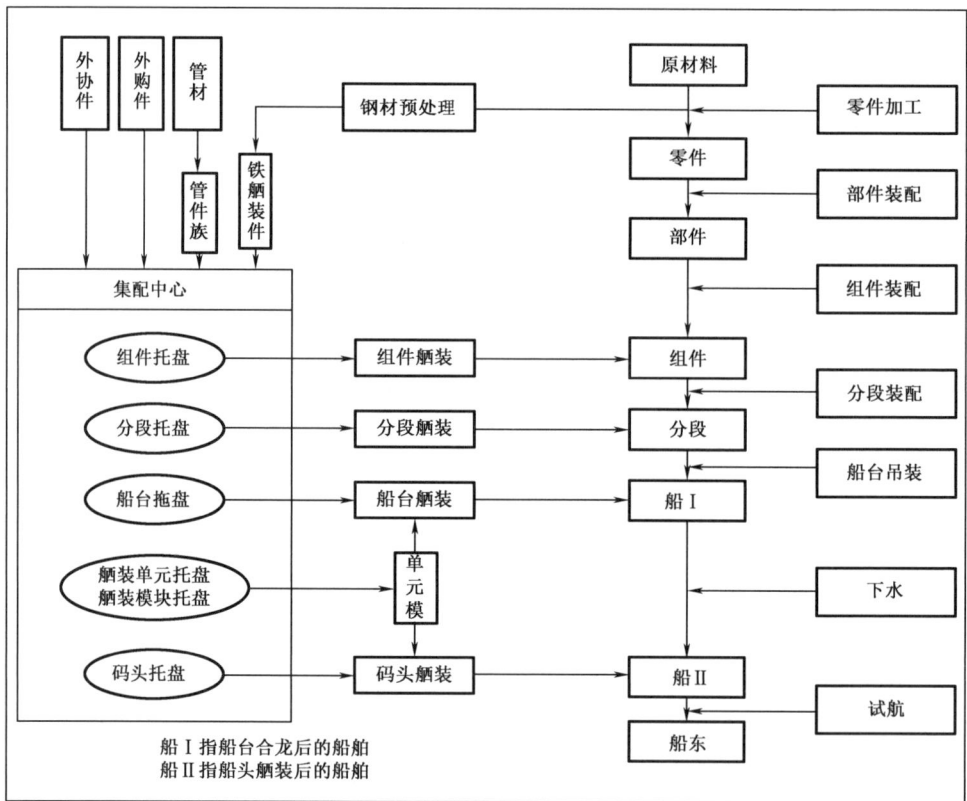

图1-16 造船企业物料变化过程

船舶生产计划用于驱动船舶生产制造,具体包括以下几类。

①线表计划

所要建造船舶的五大生产节点计划,在符合经营目标和生产负荷的前提下根据需要对线表计划进行合理的调整。

②主计划

主计划包括设计图纸的出图计划、关键物资的采购计划、生产建造大节点计划等的编制。根据标准周期、参考天数等数据计算主计划的开始、结束时间。

③搭载网络计划

根据定位分段搭载日期、分段搭载顺序、标准周期生成搭载计划以及推算出关键路径,可灵活调整计划周期,更改串联搭载顺序;依据场地设备信息、负荷分析调整搭载计划。

④先行中日程计划

依据分段制造过程中各工序的先后顺序、标准工期和各工艺间的缓冲时间、搭载网络计划中分段的搭载日期等,生成先行中日程计划。

⑤后行中日程计划

后行中日程计划编制包括搭载作业计划、后行舾装件安装计划、后行涂装、设备安装调试计划以及系统调试计划等。

⑥制作中日程计划

依据舾装件制作过程中各工序的先后顺序、标准工期和各工艺间的缓冲时间、先行中日程计划和后行中日程计划中舾装件的安装开始日期,生成制作中日程计划。

⑦工作包计划

依据中日程计划内容生成工作包计划,工作包计划包含以下信息:船号、项目划分、项目编码、作业类型、作业阶段、工作包编码、工作包描述、预估物量、物量单位、计划工时、执行部门、作业区、计划开始、计划结束、工期、外包、外包记录、图纸编号/托盘编号等信息。

⑧部门月度/周度计划

根据工作包计划日期,形成部门月度/周度计划。

(2)数据传输策略的实现

船舶生产计划决定数据的流动时间。若某工位当前时间不需要数据,数据流提前流向该工位,可能会导致同一时刻数据流量过大,产生网络拥塞;若数据迟于生产计划节点流向所需工位,则会严重影响船舶建造进度,造成生产资源的空置浪费。数据流动需以时间为驱动,严格根据船舶生产计划节点流动,该过程可通过 Quartz 技术框架结合平台提供的依赖包完成,具体可以选择以下两项策略实现数据的传输。

①船厂设计、工艺、采购、质量、调度、制造等部门在计划节点到来前指定一段时间,将工作输出的多种类型的数据文件存入指定文件夹;通过 Quartz 技术定时扫描文件夹,当文件夹有文件时,将文件按要求发送至指定工位/部门。

②船厂设计、工艺、采购、质量、调度、制造等部门完成工作时,将工作输出的多种类型的数据文件存入指定文件夹;在计划节点到来前指定一段时间,调用 Quartz 框架中的各项数据传输任务,将文件按要求发送至指定工位/部门。

Quartz 是 OpenSymphony 开源组织在 Job scheduling 领域的一个开源项目,它可以与

J2EE、J2SE 应用程序相结合也可以单独使用。Quartz 可以用来创建简单的或可运行十个、百个甚至几万个 Jobs 这样复杂的程序。Jobs 可以做成标准的 Java 组件或 EJBs。Quartz 的最新版本为 Quartz 2.3.2。

Quartz 是一个完全由 Java 编写的开源作业调度框架,创建一个实现 org. quartz. Job 接口的 Java 类。Job 接口包含唯一的方法: public void execute (JobExecutionContext context) throws JobExecutionException;在 Job 接口实现类里面,添加一些逻辑到 execute( )方法。

一旦配置好 Job 实现类并设定好调度时间表,Quartz 将密切注意剩余时间。当调度程序确定应该是通知作业的时候,Quartz 框架将调用 Job 实现类(作业类)上的 execute( )方法并允许它做该做的事情。无须报告任何东西给调度器或调用任何特定的东西,仅仅执行任务和结束任务即可。如果配置作业在随后再次被调用,Quartz 框架将在恰当的时间再次调用它。Quartz 主要由以下几部分构成。

①内部架构

在规模方面,Quartz 跟大多数开源框架类似,大约有 300 个 Java 类和接口,并被组织到 12 个包中,这可以和 Apache Struts 把大约 325 个类和接口组织到 11 个包中相比。尽管规模几乎不会用作衡量框架质量的一个特性,但这里的关键是 Quartz 内含很多功能,这些功能和特性集是否成为,或者应该成为评判一个开源或非开源框架质量的因素。

②调度器

Quartz 框架的核心是调度器。调度器负责管理 Quartz 应用运行时的环境。调度器不是靠自己做所有的工作,而是依赖框架内一些非常重要的部件。Quartz 不仅仅是线程和线程管理。为确保可伸缩性,Quartz 采用了基于多线程的架构。启动时,框架初始化一套 worker 线程,这套线程被调度器用来执行预定的作业。这就是 Quartz 怎样能并发运行多个作业的原理。Quartz 依赖一套松耦合的线程池管理部件来管理线程环境。Quartz 里面的每个对象是可配置的或者是可定制的。

③监听器和插件

监听是创建的 Java 类,当关键事件发生时会收到框架的回调。例如,当一个作业被调度、没有调度或触发器终止和不再触发时,这些都可以通过设置来通知监听器。Quartz 框架包含了调度器监听、作业和触发器监听,可以配置作业和触发器监听为全局监听或者是特定的对于作业和触发器的监听。

一旦一个具体监听被调用,就能使用这个技术来做一些你想要在监听类里面做的事情。例如,如果想要在每次作业完成时发送一个工单完工反馈,可以将这个逻辑写进作业里面,也可以写进 JobListener 里面。写进 JobListener 的方式强制使用松耦合有利于设计上做到更好。

Quartz 插件是一个新的功能特性,无须修改 Quartz 源码便可被创建和添加进 Quartz 框架。它为想要扩展 Quartz 框架又没有时间提交给 Quartz 开发团队和等待新版本的开发人员而设计。

④集群 Quartz 应用

Quartz 应用能被集群,是水平集群还是垂直集群取决于自己的需要。集群提供伸缩性、高可用性及负载均衡。

3. 作业超时判断与处理方法

基于时间标签的船舶现场数据流传输作业超时涉及生产管理问题和数据传输条件问题。生产管理问题指当时间标签节点已到，但船厂相关部门没有完成相关工作，无法输出相关文件数据。此种情况，需通过加强管理和引进新技术解决。通过规范管理，提高船舶生产计划的可行性，加强生产的执行力；通过引进新技术，推进两化融合，提高各部门的信息交互效率，革新生产管理的技术手段。数据传输条件问题指因网络条件限制，例如数据流量过大、发生网络拥塞时，无法确保船舶生产相关数据流的正常传输。此种情况需通过完善船厂网络硬件条件来改善。

(1) 作业超时判断

船坞搭载时，需要前一阶段提供船坞搭载所需的总段、分段、部件和零件等材料，总段建造时又要求其前一阶段提供所需的分段、部件和零件等材料，分段建造时又要求其前一阶段提供所需的部件和零件等材料，部件制造同样要求其前一阶段提供所需的零件。

船舶生产过程包括钢材预处理阶段、钢板切割阶段、零件加工阶段、部件装配阶段、组件装配阶段、管子加工阶段、单元舾装阶段、分段装配阶段、船体总装阶段等，在各阶段开始时间节点之前进行派工及文件传输，保证各阶段的生产顺利进行；在阶段工作完成时，生产现场的智能终端设备发送完工信息及将相关文件资料上传，将这一时间与生产计划中该阶段的结束时间节点进行比较，判断该阶段工作是否按时完成，即生产管理作业超时判断。

通过定期或不定期对船舶建造实际进度信息进行收集、统计，掌握车间建造实际进度的完成情况。将进度跟踪得到的实际进度信息与计划进度进行对比分析，就能够得知实际进度与计划的偏离程度，完成进度超时的判别。

进度跟踪及进度超时判别是船舶建造进度控制的关键，实际进度反馈信息的正确与否以及进度超时判别的正确与否都直接决定了进度控制的成效，基于反馈的实际进度信息及识别的进度偏差信息才能决定下一步进度调整的策略和措施。

(2) 作业超时处理

若作业按时完成，则按生产计划进行下一阶段作业的派工及数据流传输；若作业超时，则需要控制端进行生产计划调整，保证各阶段作业正常衔接。作业超时需要进行记录，并进一步分析确定超时原因，总结经验，制定优化作业的方法，以保证今后作业按时完成。对于阶段作业超过计划时间节点的时间，则需要在后续的生产计划安排中尽可能地弥补，从而尽量保证船舶生产顺利按时完成，交付使用。

船舶建造的过程十分复杂，不同中间产品的生产面临的具体情况都不一样，管理者需要将所掌握的知识(包括经验、教训等)灵活运用在具体问题的处理过程中，正确分析超时原因，制定适当的进度调整策略和措施。

除此之外，事后控制也是船舶建造进度控制重要的一部分。事后控制是指单船建造完工后，对船舶建造进度控制相关的资料进行整理、分析，形成文档，并总结经验与教训的过程。对造船厂而言，每次船舶建造完工之后都要进行相应的总结工作，为日后船舶建造积累经验与教训。

船舶建造进度调整过程中,单船建造进度超时调整的措施如下。

①管理措施,比如加强部门间的信息沟通、强化部门间的协作、中间产品外包、调整建造策略、调整进度管理的方法等。

②技术措施,比如组织技术培训,向外实体学习新技术、新方法,引进新的设备或工具,技术研发,专家咨询等。

③经济措施,比如追加资金投入等。

④组织措施,比如作业任务划分的优化、项目组织结构的调整、工作流程的优化、项目组织成员的调整等。

⑤其他相关措施,比如对供应商供货不及时导致的进度偏差,应强化合同管理;对自然原因导致的进度偏差,应及时与船东协商,同时积极调整船舶建造策略等。

1.3.2.3 船舶现场数据流传输过程中的无损数据压缩技术

船舶生产规模庞大,过程复杂,生产车间工艺繁杂,物料使用量大,随之产生的数据也非常庞大,甚至超出了硬件设备可以存储和处理的范围,例如,一幅未经压缩的图片可能高达数十兆,一部一小时的原始视频可能需要十几张光盘才能存储下。如果将这些数据直接传输和存储,不仅会大量占用带宽降低传输效率,而且占用大量存储空间,这无疑给存储器、通信信道以及计算机的运行都增加了沉重的负担,也会为后续的数据处理带来困难。因此,将无损数据压缩技术引入船舶生产现场是十分必要的。船舶制造现场数据流就是通过数据传输而形成的数据流动,其流量就是网络传输流量。因此在传输前进行压缩,收到后再进行解压,将大大减少传输过程中的带宽占用,缓解网络传输压力。

数据压缩是一个减少数据和去除过多冗余信息的过程,是指在不丢失信息的前提下,缩减数据量以节约存储空间,提高其传输、存储和处理效率的一种技术方法,或按照一定的算法对数据进行重新组织,减少数据的冗余和存储的空间。

将无损数据压缩技术引入船舶生产现场,主要从两个角度考虑:

(1)节省存储空间;

(2)有效增加数据文件存储容量、提升数据访问安全性。

1. 无损数据压缩适用范围

无损数据压缩指数据经过压缩后信息不受损失,解压缩后可以完全恢复为原始文件,而不会丢失数据。对于船舶生产现场数据流中的工艺文件、图纸、作业指导、现场质量反馈数据等,解压后的数据必须与压缩前的数据完全一致,不能出现变形,因此只能采用无损压缩技术。

无损数据压缩算法工作的基本原则是:任何非随机的文件都包含重复的信息,采用统计建模的方式,确定一个字符或短语出现的概率,然后可以使用这些统计模型计算的字符发生概率来压缩文件,最常见的数据、特定的字符或短语分配最短代码。无损压缩的基本原理是去除或者减少原始数据中的冗余度。而数据中存在的冗余度有以下几种常见类型。

(1)字符分布在常见的数据类型中,我们经常发现不同的信源符号出现的概率不同。

(2)字符重复。这里提到的并非上面所说的不同概率,而是指字符重复出现而形成的符号串。

（3）高使用率模式。在很多文件中，总会有很多字符串会以很高的频率出现，比如在本文中，"数据压缩""无损"等字符串出现的概率将会明显大于其他字符串出现的概率。

（4）位置冗余。若某些字符总是在各数据块中可以预见的位置上出现，那么这些字符至少是部分冗余的。

了解文件中所含冗余度的不同类型，能够有助于我们针对这些冗余度提出不同的编码方式，有利于提高使用的压缩算法的性能。

2. 无损数据压缩技术特征

（1）基于统计模型的无损数据压缩算法

基于统计模型的无损数据压缩算法的本质就是做一个简单的线性变换，对于一个待压缩的数据流，假如其中某个较长的比特串重复出现，我们将这个较长的比特串重新编码成一个较短的比特串，只要不出现二义性，那么数据就被压缩了。

显然，这类算法的第一步通常是遍历整个数据流，以获取数据流中冗余串的分布情况，因而称为基于统计模型的压缩技术。

① 哈夫曼编码

哈夫曼编码是哈夫曼于1952年提出的一种基于统计模型的无损编码方式，是另一种变形的熵编码算法，它利用变长的码使数据冗余量达到最小。哈夫曼编码的整个过程实际就是构造一个哈夫曼树的过程。哈夫曼编码通过一个二叉树来编码，常出现的字符用较短的码代表，不常出现的字符用较长的码代表。

带权路径长度最小的二叉树称为哈夫曼树或最优二叉树。其构造过程如图 1-17 所示。

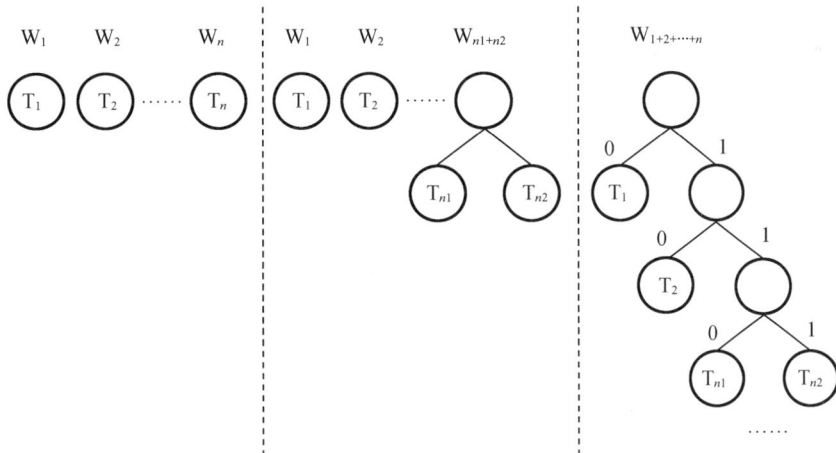

图 1-17 哈夫曼树构造过程

以监测数据中某参数数值数据"102.22201"为例，编码结果为：10111011000011110，编码长度为 17 位。下面根据公式中熵的定义来计算出信息所需的理论表示位数，与哈夫曼编码计算出的位数进行比较：

$$E_0 = E_1 = -\log_2\left(\frac{2}{9}\right) = 2.170 \quad E_2 = -\log_2\left(\frac{4}{9}\right) = 1.170 \quad E = -\log_2\left(\frac{1}{9}\right) = 3.170$$

信息的熵为：$E = 2E_0 + 2E_1 + 4E_2 + E = 16.53$

根据信息熵的定义可以得出，表示这段信息所需的编码位数为 16.53 位，通过哈夫曼编码压缩后该段信息表示的编码位数为 17 位，与熵值较为接近。哈夫曼算法实现流程如图 1-18 所示。

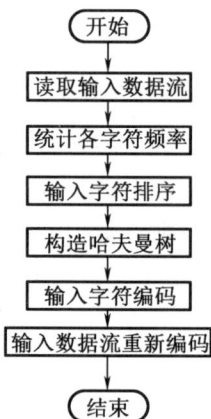

图 1-18　哈夫曼算法实现流程

哈夫曼编码的优缺点显而易见，第一，它从本质上来说是一种变长的编码方式，数据源中的每一个字符所对应的编码长度都不一样，这样可以达到获得最小平均编码长度的效果，使得压缩比有所提升；第二，编码后每种字符的编码与该字符是一一对应的关系，不存在字符编码与字符对应关系混乱的可能。

但哈夫曼编码对数据源进行处理需要有两次扫描，同时，如果一个数据源无法获得每种字符出现的概率，那么原始的哈夫曼编码对该种数据源无能为力。

②算术编码

算术编码可以说是目前最优化的熵编码技术，如果压缩数据合适，算术编码通常能达到比哈夫曼编码更好的压缩比。但是相对于其他的编码技术也更加的复杂。使用哈夫曼编码效果不佳的原因是代码仅能为整数长度，如果摆脱这种约束，可以使编码结果更接近最佳。算术编码的方法提供了这样的解决方案。算术编码的特点在于对整条信息的输出仅仅是一个数，而且是一个介于 0 和 1 之间的二进制小数。

算术编码的核心思想是将整个输入信息作为一个满足 $0.0 \leqslant n \leqslant 1.0$ 的小数 n。它不是将单个符号映射成一个码字，而是将整个需要处理的信息序列通过 0，1 这个区间表示，再在这个小区间上选择一个有代表性的二进制数作为输出，从而达到编码的高效。

假设需要处理的信息中包含 X、Y、Z 三个字符信息，而需要处理的字符串为"YZZY"。暂时认为它们的概率相同，即 X 从 0.0000 到 0.3333，Y 从 0.3333 到 0.6667，Z 从 0.6667 到 1.0000。下面依次输入 Y、Z、Z、Y，每次输入后概率进行重新划分，过程如图 1-19 所示。

最后输入 Y，由于 Y 是最后一个字符，不再进行划分，因此得到 Y 的空间为 0.6390～0.6501，选取一个容易变为二进制数据的十进制小数来计算：0.64，将它变为二进制数，就是 0.101 000 111,算术编码处理后的输出为 101000111,这样就完成了一次简单的算术编码压缩过程。

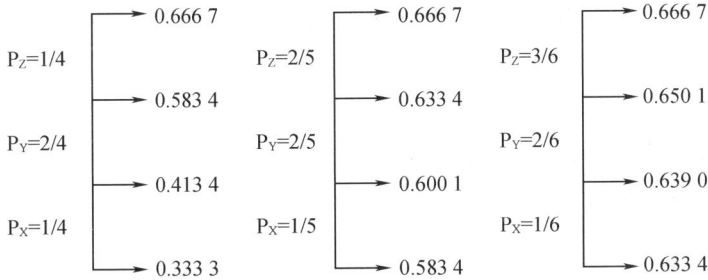

$P_Z=1/4$ → 0.666 7 → 0.583 4	$P_Z=2/5$ → 0.666 7 → 0.633 4	$P_Z=3/6$ → 0.666 7 → 0.650 1
$P_Y=2/4$ → 0.413 4	$P_Y=2/5$ → 0.600 1	$P_Y=2/6$ → 0.639 0
$P_X=1/4$ → 0.333 3	$P_X=1/5$ → 0.583 4	$P_X=1/6$ → 0.633 4

图 1-19 字符 Y、Z、Z 输入后概率分布

相比于哈夫曼编码,算术编码是从整条数据源出发,不需要统计数据源中每种字符出现的次数,同时能够在很小的误差情况下较为精确地输出所有信息,很好地接近信息熵值。

算术编码是一种压缩率极高的编码方法,但在每次输入后信息概率要重新分布,导致运算复杂、计算量大、速度比较慢,在实用性方面与 LZ 系列算法相差较大。算术编码主要应用在处理概率分布较近的数据源上。

③PPM 编码

PPM(Prediction by Partial Mathching)算法是基于统计模型的自适应算术编码的实现。它是在输入字符串中利用多个有固定字母顺序和个数的上下文模型来预测下一个字符,计算出在输入字符串中每一个上下文预测下一个字符的总数 ,得出其预测概率。这个概率随着输入字符串的改变而改变。如果有一个字符在这个预测概率统计模型下出现,则用算术编码对该字符进行编码。

具体来说,它首先根据输入字符串中一定长度的上下文后面字符出现的次数,得出每个上下文的预测概率,然后利用多个上下文模型来得出输入字符出现的概率,根据该概率用算术编码对该字符进行编码。PPM 数据压缩算法在 1984 年由 Cleary 和 Witten 提出,由于该压缩算法性能优于其他的压缩算法,具有很高的压缩率,已经成了无损数据压缩的性能标准。PPM 的中心思想是:利用已输入流里面的最后几个字符来预测即将输入的下一个字符。

如何选择恰当的上下文模型是 PPM 算法的主要问题 ,解决这个问题的最好方法是采用确定性上下文模型。所谓确定性上下文模型就是在该上下文中只预测一个字符,即在输入字符串中找出所有的确定性上下文模型,这样就带来一个问题,随着 K 值的增加,在建模时需要的内存和时间会急剧增加。解决此问题的一个很好的办法就是建立上下文树,把上下文模型保存下来,并且能够通过指针回溯找到以前的上下文模型。

(2)基于字典模型的数据压缩算法

基于字典模型的数据压缩算法思路相对简单,日常生活中就常常使用这种压缩算法。日常常说的"UDP""Olympic""Oracle"之类的词汇,说者和听者都能明白它们所指代的含义,即"用户数据报协议""奥林匹克""甲骨文",这实际上就是信息的压缩。

人们能够很自然地理解这些词汇的含义而不产生语义上的误解,主要的原因是在听者和说者之间都有一个事先定义好的缩略语的字典,对已知的信息进行压缩与解压缩,实际上是对字典进行查询的操作。基于字典模型的数据压缩算法实际上就是基于这样的一种思路进行的。基于字典模型的典型压缩算法是 LZ 系列算法。下面分别介绍 LZ 系列算法中具有代表性的几种算法。

①LZ77 算法

字典压缩算法中最基础的压缩算法是 LZ77,其根本思想是消除最近出现的重复字符串,一般称之为数据局部冗余度,其中通常有一个大小为 4 096 B 的滑动窗口以及与之相邻的大小为 4 096 B 的匹配窗口,滑动窗口可以理解为 LZ77 压缩算法的动态字典,每当在匹配窗口中找到一个与滑动窗口中的字符匹配的字符串,则使用偏移距离、字符串重复长度或新字符来表示字典中已经匹配的串。偏移距离是指要编码的字符到滑动窗口内的相同字符的距离;字符串重复长度是指要编码的字符与滑动窗口内字符最长的相同字符长度;新字符即下一个要编码的字符。所以 LZ77 算法有时也被称作滑动窗口压缩算法。显然这样做存在的问题是,滑动窗口大小决定字典的大小,当字典不够大时,原本重复的字符串无法被编码而导致压缩比不高。

由于(偏移距离、字符串重复长度、新字符)这一对信息小于被替换的内容,所以文件得到了压缩。

LZ77 算法使用固定大小窗口进行术语匹配,而不是在所有已经编码的信息中匹配,是因为匹配算法的时间消耗往往很多,必须限制字典的大小才能保证算法的效率。随着压缩的进程滑动字典窗口,使其中总包含最近编码过的信息,是因为对大多数信息而言,要编码的字符串往往在最近的上下文中更容易找到匹配串。

LZ77 解压缩的过程也十分简单,只要我们像压缩时那样维护好滑动窗口,随着三元组的不断输入,我们在窗口中找到相应的匹配串,缀上后继字符 c 输出(如果 off 和 len 都为 0,则只输出后继字符)即可还原原始数据。

LZ77 压缩时需要做大量的匹配工作,其匹配的工作量取决于滑动窗口的大小(即字典的规模),字典规模越大压缩效果越好,匹配工作量也就越大;字典规模越小,匹配工作量便越小,但压缩效果差。

②LZ78 算法

LZ78 算法是基于字典模型的另一种典型算法,基于一个保存先前出现过的字符串的字典。LZ78 算法不使用搜索缓存器、前向缓存器和滑动窗口,取而代之的是一个保存先前出现过的字符串的字典。这个字典开始是空的,其大小仅受限于可用的存储空间。算法在输出时较 LZ77 有了改进,只输出两个标识位,分别为指向字典的指针以及需编码字符串的后缀字符。标识中不含匹配串长度,因其隐含在字典中。每个标识对应一个输入字符串,当标识被写进压缩流中后,该字符串就被添加到字典中。在算法初始化时,可初始化字典的大小。

LZ78 算法的执行过程为首先输入字符 C 进行匹配判断;判断上一个字符 P 与 C 构成的字符串是否在字典中,如果存在用 C 拓展 P,置 P 为 P+C,如果不存在则输出 C 与前缀 P 对应的编码值,并把 P+C 添加到字典中,置 P 等于 0;判断字符流是否结束,如果结束,若当前字符 P 不为空,输出其对应的编码值,如果没有结束,则重复执行编码过程。

LZ78 算法输出的是二元匹配组,压缩过程与 LZ77 算法类似。如果查找到匹配长度最长的字符串,则输出(index,c),其中的 index 为字典中字符串相匹配的短语的指针,c 为待压缩数据的下一个字符;如果没有查找到任何与下一个待压缩字符相匹配的短语,则输出(0,c),同时将下一个待压缩字符加入字典中。

LZ78 解码器的实现采用与编码器相同的方法建立和维护字典,因而比 LZ77 解码器更复杂。

③LZW 编码

LZW 是 LZ78 的一个变形,主要特点是去掉了标识的第二字段,即 LZW 的输出只包含一个指向字典的指针。LZW 算法的核心目的是尽可能减少重复指令的出现次数,在计算的过程中会建立并维护一个 LZW 编码表。在算法的初始阶段,构造一个空的编码表。编码表中用来记录已知的原子指令或指令序列,所有被添加到编码表中的原子指令或指令序列都被认为是已知序列。首先,将代码片段中的原子指令添加到编码表中,然后依次将最短的未知序列添加到编码表中,用在编码表中的序号代替该序列。LZW 算法适用于原始数据串最好有大量的子串多次重复出现的情况,重复越多,压缩效果越好。

LZW 首先把字母表中的所有字符初始化到字典中,常见的是用 8 位字符,则在输入任何数据前先占用了字典的前 256 项。因为字典初始化过,因此下一个输入字符总能在字典中查到。LZW 编码的字典规模通常为 4 096 个,将每个输入字符串编码固定为 12 bit。其中默认 0~255 代表 256 个单字符,剩下 3 840 个位置取决于出现的字符串。当字典未满时,一旦遇到未出现的字符串则加入字典,当字典满时,若遇到字典中未出现的字符串则先清空字典,再将新字符串录入。LZW 字典中的字符串具有前缀性。

LZW 编码能有效利用字符出现频率冗余度进行压缩,且字典是自适应生成的,但通常不能有效地利用位置冗余度。LZW 编码对特定比特串有较好的压缩效果,但也对某些串在压缩速度和比率方面有非常差的效果,例如当连续 4 096 个双字节串都不相同时,不但字典长期更新得不到匹配,且数据基本无压缩。

数据量较大时,无论是在压缩比、复杂度还是在实时性方面,LZW 算法都有一定的优势,可以适用于任何数据的场合,尤其是全局或者局部相关性较好的数据。目前主流的压缩软件核心算法都是在 LZW 压缩算法的基础上衍生的,如图 1-20 所示。

(3)RLE 编码

RLE(Run Length Encoding)压缩算法主要通过利用空间冗余度进行压缩,基本原理较为简单,即:统计数据源中每个单一数据出现的次数,将统计出来的单一数据次数作为编码条件,用该段数据中单一数据的长度与数据本身结合替换原数据段。

以监测数据中质量码数据片段"0000011111"为例,经过 RLE 的编码后编码结果为5051。RLE 编码的缺点显而易见,如果单一字符出现连续重复次数较少,压缩效果会出现较为极端的情况。如果上述数据信息变为"0101010101",通过 RLE 编码进行压缩,压缩后为"10111011101110111011",好坏一目了然。

RLE 算法在应用中是较为简单的,其压缩和解压的时间非常短,实时性较好,但同时可以发现,RLE 算法的内在特点使其相对呆板、适应性差、拓展性不高。

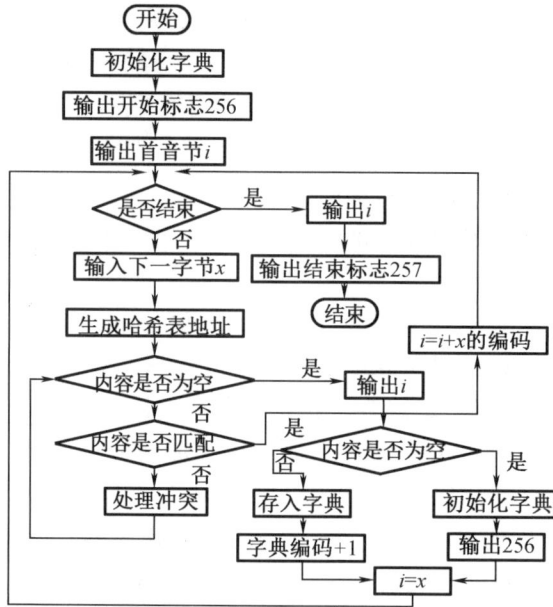

图1-20 LZW算法压缩流程

RLE算法主要应用在复杂程度不高的原始点阵图像这种分段连续相同数据的特殊类型的数据源上,经常与别的算法混合使用。RLE压缩算法在图像压缩中应用较为广泛,但是对于文本压缩,只有特定的数据才会产生好的压缩效果。

(4)BWT算法

众多的字典压缩格式都用到了BWT(Burrows-Wheeler Transform)变换,在这里简要介绍一下BWT变换。BWT变换是1994年由Michael Burrows和David Wheeler在位于加利福尼亚州帕洛阿尔托的DEC系统研究中心发明的。它的前身是Wheeler在1983年发明的一种没有公开的转换方法。Burrows和Wheeler设计的BWT算法本质上说并不是压缩算法,而是数据的一种变换,类似于傅里叶变换,经过BWT变换后数据会呈现出原来不具备的特性。现有比较著名的压缩算法都是处理数据流模型的,一次读取一个或多个字节,BWT变换使得处理成块的数据成为可能。BWT变换的基本原理是通过对字符串的循环移位后得到的字符串组进行字典排序,然后取每个字符串的最后一个字符作为输出,使得到的新的字符串显现一种内聚现象,例如字符串"abaceab",经过BWT变换后,将会得到"ebbaaac",BWT变换本身对数据并不进行压缩,但经过BWT变换后的数据用其他的压缩算法(Huffman编码、LZ算法、PPM算法等)进行压缩就能得到更好的压缩比。

3. 算法时空效率分析及其环境适应性

哈夫曼编码的优点是简单实用,编码译码具有唯一性。缺点是过于受被压缩文件大小的影响,速度比较慢。哈夫曼编码对数据源进行处理需要有两次扫描,同时,如果一个数据源无法获得每种字符出现的概率,那么原始的哈夫曼编码对该种数据源无能为力。

相比于哈夫曼编码,算术编码是从整条数据源出发,不需要统计数据源中每种字符出现的次数,同时能够在很小的误差情况下较为精确地输出所有信息,很好地接近信息熵值。算术编码是一种压缩率极高的编码方法,但在每次输入后,信息概率要重新分布,导致运算复杂、计算量大、速度比较慢,在实用性方面与 LZ 系列算法相差较大,主要适用于信源概率比较接近的数据。

LZ77 压缩时需要做大量的匹配工作,其匹配的工作量取决于滑动窗口的大小(即字典的规模),字典规模越大压缩效果越好,匹配工作量也就越大;字典规模越小,匹配工作量便越小,但压缩效果差。

LZW 编码能有效利用字符出现频率冗余度进行压缩,且字典是自适应生成的,但通常不能有效地利用位置冗余度。LZW 编码是 LZ77 算法的一种改进,对特定比特串有较好的压缩效果,但对某些串压缩速度和比率都非常不理想,例如当连续 4 096 个双字节串都不相同时,不但字典长期更新却得不到匹配,且数据基本无压缩。数据量较大时,LZW 算法无论是在压缩比、复杂度还是在实时性方面都有一定的优势,可以适用于任何数据的场合,尤其是全局或者局部相关性较好的数据。

RLE 算法在应用中是较为简单的,其压缩和解压的时间非常短,实时性较好,但同时可以发现,RLE 算法的内在特点,使其相对呆板、适应性差、拓展性不高。RLE 算法主要应用在复杂程度不高的原始点阵图像这种分段连续相同数据的特殊类型的数据源上,经常与别的算法混合使用。

无损数据压缩技术对比分析见表 1-1。

表 1-1 无损数据压缩技术对比分析

	压缩比	压缩时间	适用范围	说明
哈夫曼算法	1.79	O(nlogn)	文件压缩	速度慢、不实用
算数编码	2	压缩耗时长	不利于实际应用	高阶算数编码压缩比高,但计算复杂度高、耗时长、速度慢
PPM	与参数有关	耗时长	文件无损压缩	编码效率一般、占用内存大
LZ77	字典规模越大压缩效果越好	耗时较长	文件压缩	耗时低于 LZ78
LZ78	与字典规模有关	耗时低于 LZ77	文件压缩	无
LZW	1.86	耗时较少	能够适应输入数据,根据不同压缩内容建立字典	自适应、压缩率高、花费时间少、解压时字典无须与压缩代码同时传送
RLE	压缩比主要取决于图像本身的特点。图像中具有相同颜色的图像块越大,图像块数目越少,获得的压缩比就越高;反之,压缩比就越低	不同格式压缩时间波动大	复杂度不高的原始点阵图像	适应性差,打开这种压缩文件要花费更多时间,此外,一些兼容性不太好的应用程序可能会打不开

1.3.2.4 船舶现场数据流传输过程中的有损数据压缩技术

船舶生产现场数据种类繁多,与文字信息不同,图像信息需要较大的存储容量和较宽的传输信道,尤其是在需要实现大规模图像数据库或传输高分辨率实时图像信息的场合,即使以现在的通信技术,仍然难以满足原始数字图像的存储和传输的需要。

未经压缩的图像数据量之大是十分惊人的,例如,一幅 2 032×1 524 大小的彩色 BMP 格式数码相机图像文件大小为 2 032×1 524×3+54=9 290 358 bit,一块容量为 100 MB 的硬盘可以存储同样大小的相片 90 张。船舶生产现场需要传输的数据种类繁多,比如照片、监控视频、装配工位的三维作业指导视频,这对数据存储和传输提出了很高的要求,而且一般的网络传输速率已无法满足实时的应用要求。基于此,对图像视频数据的压缩就成了技术进步的迫切需求。

1. 有损压缩适用范围

有损压缩算法的通常方法是:通过除去小的细节来减少文件的大小,而在需要完全保真的地方存储大量的数据。在有损压缩中,由于除去了基本数据,所以是不可能完全恢复成原始文件的。最常用的有损压缩算法应用于存储图像和音频以及视频数据中。如果视频收件者是一个人,那么在压缩过程中引入的一些小的像素颜色变化,人眼可能是感觉不到的,所以在可以接受一些数据扭曲的情况下,这些方法都是可以使用的。通常有损压缩算法比无损压缩算法有更好的压缩比。

对于船舶生产现场的照片、视频、录音、模拟动画视频等数据,如装配工位的三维作业指导视频,解压后的数据没有必要与压缩前的数据完全一致,只要"视觉无损"即可,因此可以采用压缩比更高的有损压缩技术,提高数据传输效率,减少存储空间的占用。

2. 有损压缩技术特征

(1)JPEG

JPEG(Joint Photographic Experts Group)是国际标准化组织(ISO)于 20 世纪 80 年代末 90 年代初制定的第一个面向静止图像压缩的国际标准。JPEG 定义的基于离散余弦变换(DCT)的有损压缩算法,适用于灰度和彩色静止图像,对连续色调图像压缩也有较好的效果。

JPEG 有损压缩标准采用了 DCT 技术,具有去相关性能好、运算复杂度低等优点。首先将图像分割成 8×8 互不重叠的数据块,对每个块分别做 DCT,然后对变换系数进行量化,并以 zig-zag 扫描方式重新组织数据,最后采用游程编码或 Huffman 编码对数据进行有损压缩。

JPEG 图像压缩标准充分利用了人眼的视觉特性,具有算法复杂度低、压缩性能好的优势,被广泛应用于计算机互联网图像压缩领域。但是,JPEG 有损压缩系统在大压缩比下会出现方块效应。为了取得更好的压缩效果,人们对图像压缩技术提出了更高的要求。

(2)JPEG2000

JPEG2000 同样是由 JPEG 组织创建和维护的,正式名称叫作"ISO15444"。与 JPEG 相比,它是具备更高压缩率以及更多新功能的新一代静态影像压缩技术。JPEG2000 作为 JPEG 的升级版,其压缩率比 JPEG 高约 30%。

①JPEG2000 的主要特征

JPEG2000 标准提供了一套新的特征,对于一些新产品和应用这些是非常重要的。它 把 JPEG 的四种模式(顺序模式、渐进模式、有损模式和分层模式)集成在一个标准之中。在 编码端以最好的压缩质量和最大的图像分辨率压缩图像,在解码端可以从码流中以任意的 图像质量和分辨率解压图像,最大可达到编码时的图像质量和分辨率。JPEG2000 应用的 领域包括互联网、传真、打印、扫描、数字摄像、遥感、移动通信、医疗图像和电子商务等。它 的主要特征如下。

A. 高压缩率:由于在离散子波变换算法中,图像可以转换成一系列能够更加有效存储 像素模块的"子波",因此,JPEG2000 格式的图片压缩比可在现在的 JPEG 基础上再提高 10%~30%,而且压缩后的图像显得更加细腻平滑。

B. 兼容有损与无损压缩方式:JPEG2000 提供有损压缩方式,同时 JPEG2000 提供的是 嵌入式码流,允许从有损到无损的渐进解压。

C. 渐进传输:采用 JPEG2000 格式的图像支持渐进传输,即先传输图像轮廓数据,然后 再逐步传输其他数据来不断提高图像质量。

D. 感兴趣区域压缩:可以指定图片上感兴趣区域,然后在压缩时对这些区域指定压缩 质量,或在恢复时指定某些区域的解压缩要求。

E. 码流的随机访问和处理。

F. 容错性。

G. 开放的框架结构。

H. 基于内容的描述图像文档、图像索引和搜索在图像处理中是一个重要的领域,基于 内容的描述在 JPEG2000 中是压缩系统的特性之一。

②JPEG2000 的基本框架

JPEG2000 编码器的结构框图如图 1-21(a)所示,首先对源图像进行编码前处理,接着 进行成分间变换(颜色空间变换),下面是小波变换,然后对小波系数进行量化和熵编码,最 后形成输出码流。解码器是编码器的逆过程,如图 1-21(b)所示。

JPEG2000 的处理对象不是整幅图像,而是把图像分成若干图像片,对每一个图像片进 行独立的编解码操作。术语"图像片"是指原始图像被分成互不重叠的矩形块,对每一个图 像片进行独立的编解码处理。编码器的最后使用了 MQ 算术编码器,它在本质上与 JPEG 的 QM 编码器很相似。

③JPEG2000 的编码过程

JPEG2000 的编码过程主要分为三大过程:图像预处理、核心处理和码流组织,其中核 心处理包括离散小波变换、量化和熵编码。解码和编码的过程完全相反,解码器依据压缩 码流中的数据参数,对编码器的各部分都进行逆向操作,即进行熵解码、反量化、离散小波 逆变换、图像后处理,进而恢复原图像数据。

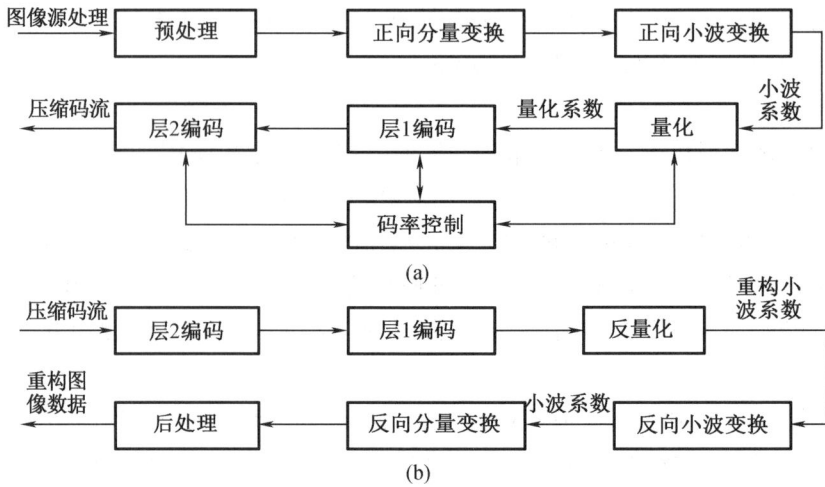

图 1-21　JPEG2000 编码器和解码器结构框图

JPEG2000 编解码的整体框图如图 1-22 所示。

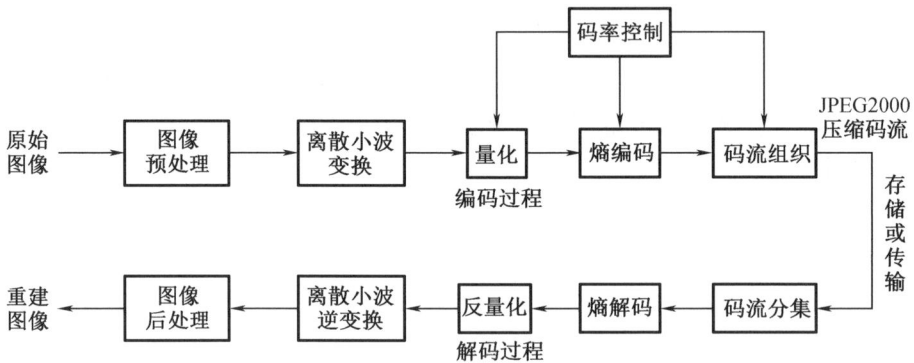

图 1-22　JPEG2000 编解码的整体框图

（3）JBIG2

①JBIG2 简介

联合二值图像专家小组（Joint Bi-level Image experts Group，JBIG）在 1999 年 7 月制定了 JBIB2。JBIG2 支持有损编码，其设计目标是：有损压缩在取得比无损压缩更高的压缩比的情况下，具有几乎不可见的质量下降。

制定 JBIG2 标准的主要目的是替代 CCITTG3 和 G4 中的低效压缩算法。对于扫描的文本或线条图形，JBIG2 的压缩效率比 G4 高 10%~50%，而对于计算机生成的文本图像则要高 500%，对于由半色调或抖动生成的灰度图像则要高 2~30 倍。

在处理 2~5 像素的图像时，JBIG 可以比 JPEG 产生更好的效果；对于 6~8 像素的图像，二者有相同的效果。

JBIG 对噪声敏感，其压缩比会随着图像中的噪声增大而减小。

A. JBIG 标准具有如下特色。

a. 支持质量渐进编码和内容渐进编码。

b. 典型的 JBIG2 编码器可以根据内容不同将输入图像分解为几个不同的区域,并对每个区域分别用不同的方法进行编码。这种基于内容的分解在交互式多媒体应用中尤为重要。

c. JBIG2 可处理一系列图像(多文档),即可以将多个图像压缩到一个 JBIG2 文件中。

d. JBIG2 标准只规定了输出数据流(压缩文件的格式)和解码器的工作流程,而没有明确定义一个标准的编码器,它为高明的编码器设计者提供了灵活施展的空间。

B. JBIG2 的应用。

a 对位流数据的实时压缩与解压缩,如传真图像压缩、无线数据传输等。

b. Internet 应用,如 www 中的图像编码、远程会议等。

c. 文档图像化,如对纸张文档的扫描、存储和管理。

d. 假脱机打印。

需要注意的是 JBIG1 和 JBIG2 是二值静态图像的压缩标准,如果要处理多种颜色或动态图像,则需使用其他标准,例如 JPEG2000、MPEG2 等。

②JBIG2 文件格式

JBIG2 标准规定了输出的比特流(即压缩文件)格式。从逻辑上讲,JBIG2 文件由页构成,每个页又分为若干段;从物理存储结构看,JBIG2 文件由文件头、段头和段数据构成,页结构并不显示。JBIG2 文件有两种独立的文件组织形式和一种非独立形式。JBIG2 标准推荐压缩文件的后缀名". jbig2"或". jb2"。

JBIG2 中每个段都有特定的类型。每个类型指定了与段相关的数据的类型,也严格限制了该段所能引用的段以及引用该段的段类型,段类型包括 21 种,如一般区域段、页信息段、页结束段、文件结束段等。

(4)MPEG-2

MPEG-2 是 MPEG(Moving Picture Experts Group,运动图像专家组)组织制定的视频和音频有损压缩标准之一,它的正式名称为"基于数字存储媒体运动图像和语音的压缩标准",于 1994 年 11 月正式推出。

MPEG-2 包括系统、视频、音频、测试等几部分内容,与 MPEG-1 后向兼容。MPEG-2 的视频编码部分码率为 4~10 Mbit/s,图像质量接近演播室质量。MPEG-2 在技术、功能、语法结构、选择项、可分级性和应用范围等方面比 MPEG-1、H. 261 有重大改进和发展。因此成为一种从多媒体计算机到家用消费数字音像电子产品,从宽带数字通信到数字视频广播(DVB-S、DVB-C、DVB-T)以及 HDTV 的"通用"共性关键技术。

MPEG-2 从技术上促进了计算机、广播电视、数字通信三大领域的交汇融合,并正在发挥巨大作用。

(5)MPEG-4

MPEG-4 代表了基于模型/对象的第二代压缩编码技术,它充分利用了人眼视觉特性,抓住了图像信息传输的本质,从轮廓、纹理思路出发,支持基于视觉内容的交互功能,这适应了多媒体信息的应用由播放型转向基于内容的访问、检索及操作的发展趋势。

MPEG-4 为支持基于内容编码而提出了 AV(Audio Visual)对象的概念,在 MPEG-4 中所见的视音频已不再是过去 MPEG-1,MPEG-2 中图像帧的概念,而是一个个视听场景(AV 场景)。不同的 AV 场景由不同的 AV 对象组成,AV 对象是听觉、视觉或视听内容的表示单元,其基本单位是原始 AV 对象,它可以是自然的或合成的声音、图像。原始 AV 对象具有高效编码、高效存储与传输以及可交互操作的特性,它还可进一步组成复合 AV 对象。

因此,MPEG-4 标准的基本内容就是对 AV 对象进行高效编织、组织、存储与传输。MPEG-4 不仅可提供高压缩率,同时也可实现更好的多媒体内容互动性及全方位的存取性,它采用开放的编码系统,可随时加入新的编码算法模块,同时也可根据不同应用需求现场配置解码器,以支持多种多媒体应用。

MPEG-4 的目标是交互式的多媒体应用,其特点有如下几种。

A. 基于内容的交互性:基于内容的多媒体数据访问,基于内容的码流操作和编辑。

B. 高效的压缩算法。

C. 自然的与合成的图像编码及其混合编码。

D. 通用的可接入性:包括恶劣环境下强大的抗差错能力,基于内容的可分级性。

(6)H.264

①H.264 的档次和应用

新一代视频压缩编码标准 H.264 与先前的视频编码标准相比,有了明显的改进。在相同视觉感知质量上编码效率比 MPEG-2 提高了 50%左右,并且有更好的网络友好性。虽然 ITU-T 在发展和制定 H.264 的前身 H.26L 时,主要的目标是为甚低比特率编码提供一种高性能的编码国际标准,但随着 MPEG 的加入以及更多新编码技术的采纳,H.264 以其卓越的压缩性能在高清晰度数字电视、视频实时通信、网络视频流媒体传递及多媒体存储等方面都得到了广泛的应用,显示出了巨大的技术潜力。

MPEG-4 技术的重点是灵活,而 H.264 着重于解决压缩的高效率和传输的高可靠性,因而其应用面十分广泛。具体说来,H.264 规定了三种档次,每个档次又分为若干个级别:1～5 级,每个档次能支持的级别是不一样的;每个档次支持一组特定的编码功能,并支持一类特定的应用。

A. 基本档次:利用 I 片和 P 片支持帧内与帧间编码,支持利用基于上下文的自适应的变长编码进行的熵编码。主要用于可视电话、会议电视、无线通信等实时视频通信。

B. 主要档次:支持隔行视频,采用 B 片的帧间编码和采用加权预测的帧内编码;支持利用基于上下文的自适应的算术编码。主要用于数字广播电视与数字视频存储等。

C. 扩展档次:支持码流之间有效的切换、改进误码性能(数据分割),但不支持隔行视频和 CABAC,主要应用于流媒体中。

如果利用 MPEG-2 压缩一路高清晰度电视(high definition television,HDTV),约需要 20 Mbit/s 的带宽,有人做过初步试验,如果利用 H.264 进行一路高清晰度电视的压缩,大概只需要 5 Mbit/s 的带宽,可见 H.264 的压缩技术是非常诱人的。如果仅以传输费用而言,采用 H.264 压缩技术,将使传输费用降低为原来的 1/4,所以研究该视频编码标准有着非常重要的现实意义。

②H.264 编码器的特点

H.264 并不明确规定一个编码的视频比特流的句法和该比特流的解码方法,各个厂商的编码器和解码器在此框架下应能够互通,在实现上具有较大的灵活性,而且有利于相互竞争。

H.264 功能块的组成和以前的多数标准并没有很大区别,它仍采用基于波形的预测编码和变换编码组合的混合编码方法,主要的不同在于各功能块的细节。视频传输的内容时刻在变化,视频传输的环境也时刻在变化(如互联网的流量、无线信道的多径衰落等),变化是永恒的主题,越优秀的算法就有越好的自适应性,H.264 正是利用实现的复杂性来获得压缩性能在不同环境下的明显改善。以下是 H.264 不同于以往标准的一些显著特点:

A. 分层设计;

B. 高精度、多模式运动估计;

C. 4×4 块的整数变换;

D. 场编码模式;

E. 熵编码;

F. 帧内预测;

G. 面向 IP 和无线环境。

H.264 标准中包含了用于差错消除的工具,便于压缩视频在误码、丢包多发的环境中传输,增强了在移动信道或 IP 信道中传输的健壮性。为了抵御传输差错,H.264 视频流中的时间同步可以通过采用帧内图像刷新来完成,空间同步由片结构编码来支持。

（7）WMA

WMA(Windows Media Audio)是 Microsoft(微软)公司推出的一种数字音频压缩格式,同 MP3 相比,能够在低码率传输的时候达到更高的压缩效率,同时又较少损失音频质量。

WMA 可以编码最高 48 KHz 采样率的 2 声道(立体声)音频信号。WMA9 在 MS 编码中引入了变比特率(VBR)和平均比特率(ABR)编码技术。

基本上,WMA 是基于改进型离散余弦变换(MDCT)的一种变换编码,类似于 AAC 和 Ogg Vorbis 等变换编码形式。WMA 的比特流可以被封装在 ASF 格式中,由多个超级帧(super frame)组成,每个超级帧由一个或者多个 2 048 个样本的帧构成。每帧又包含多个块(64、128、256、512、1 024 个样本),在 MDCT 后转换为频域信号,根据心理声学模型进行编码,并根据不同的感知程度进行量化,最后再进行哈夫曼编码。

与 AAC 和 Ogg Vorbis 类似,WMA 采用了 MDCT 的变换编码模式,但是与它们相比,WMA 更加宽泛,包括了更多的窗形和块的大小,这也是为什么它的 IMDCT 和加窗操作可以几乎不做改动地应用在 AAC 和 Ogg Vorbis 中的原因。AAC 和 MP3 只包含 2 种块大小,而 WMA 则有 64 到 1 024 的 5 种块大小。

如今,WMA 是一种非常流行的音乐格式,已经被广泛应用在各种设备中,包括手持音乐播放设备、机顶盒、DVD 播放器等。2005 年 Nokia 宣布支持 WMA 播放,同年,经过更新的支持 Play Station Portable(PSP)的 WMA 也首次被应用在了该设备上。

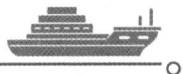

（8）Ogg

①Ogg Vorbis 编解码器介绍

Ogg Vorbis 主要是由美国 Xiph. Org Foundation 组织赞助开发，其目的是设计一个完全开放源码的多媒体系统。Ogg 代表的是开发一种有损的音频压缩技术的计划，Vorbis 是这种音频压缩机制的真正代称。

Ogg Vorbis 的最大特点是：源码完全公开、无专利限制，具有较大的编码灵活性。任何用户都可以下载其源代码，都可以免费使用相关的编解码器。正是这一点，促成了 Ogg 的飞速发展。Ogg Vorbis 采用一种有损音频压缩算法，在高质量（高比特率）级别（CD 或 DAT 立体声，16/24 bit 量化）时，与现行的 MPEG-2 和 MPEG-4 等音频算法相当，但解码过程相对简单，比较适合实时实现和网络广播。Ogg Vorbis 编码器在没有重新采样到低采样率时，就可将 CD 或 DAT 高质量立体声信号压缩到低于 48 kbps 比特率；在相对较低的数据速率下实现了比 MP3 更好的音质。它支持采样率为 8 kHz~192 kHz 的 16 位以上的 CD 音频或 PCM 数据，支持 30~90 kbps/channel 的可变码率模式（VBR），并且具有压缩率实时调节的技术，可以在压缩一个文件的过程中不用中断工作就可马上改变压缩率。Ogg Vorbis 支持单声道、立体声、5.1 声道，最高可支持 255 个独立声道。多声道音乐的兴起，给音乐欣赏带来了革命性的变化，尤其在欣赏交响乐时，会带来更多临场感。以上特点引起大家的注意，被很多人认为是 MP3 的有力替代者。目前，Winamp、foobar、CDex、GoldWave 等软件都已支持 Ogg Vorbis 编解码，一些公司也已设计和开发出编解码器的硬件产品。

②Ogg Vorbis 编解码流程

Vorbis 比特流由一系列包组成，并以 3 个头包开始：参数头包、注释头包和码书头包，参数头包里包含 Vorbis 版本号、简单的音频属性如采样率和声道数等信息；注释头包包括用户的文本信息和一个产生 Vorbis 比特流的应用程序/库的信息字符串；码书头包包含编码要用的完整的 VQ 和 Huffman 码书。此后为一系列包含压缩音频数据的分析包。

Ogg Vorbis 编码的基本流程：首先对输入音频 PCM 信号进行时频分析，决定 MDCT（Modified Discrete Cosine Transform，改进离散余弦变换）的长度，然后进行 MDCT 变换；同时对原始音频信号进行 FFT 分析。从 MDCT 系数中去掉频谱包络则得到白化的残差频谱（residue），由于残差频谱波动范围明显变小，从而降低量化误差。然后对白化的残差信号有效地以矢量量化表示，最后将要传输的各种信息数据按 Vorbis 定义的包格式组装，形成 Vorbis 压缩码流，如图 1-23 所示。

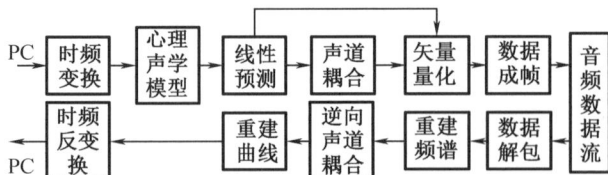

图 1-23　Ogg Vorbis 编解码流程框图

解码过程与编码过程正好相反，但是解码没有模型分析、基底曲线计算和信号特性分析等模块,仅利用码本将残差频谱重建出频域曲线,再利用 IMDCT 处理恢复原始的音频信号曲线。解码复杂度较编码大大下降,有利于硬件实时实现。

3. 算法时空效率分析及其环境适应性

JPEG 图像压缩标准充分利用了人眼的视觉特性,具有算法复杂度低,压缩性能好的优势,被广泛应用于计算机互联网图像压缩领域。JPEG 有损压缩系统在大压缩比下会出现方块效应。为了取得更好的压缩效果,人们对图像压缩技术提出了更高的要求,进一步发展出 JPEG2000 标准。

JPEG2000 标准应用在船舶制造现场的优点有如下几种。

(1)高压缩率:JPEG2000 格式的图片压缩比可在 JPEG 的基础上再提高 10%~30%,而且压缩后的图像显得更加细腻平滑。

(2)渐进传输:采用 JPEG2000 格式的图像支持渐进传输,即先传输图像轮廓数据,然后再逐步传输其他数据来不断提高图像质量。

(3)感兴趣区域压缩:可以指定图片上的感兴趣区域,然后在压缩时对这些区域指定压缩质量,或在恢复时指定某些区域的解压缩要求。

(4)码流的随机访问和处理。

(5)容错性:在码流中提供容错性有时是必要的,例如在船舶生产现场无线等传输误码很高的通信信道中传输图像时,没有容错性是不能接受的。

JBIG 标准具有如下特色。

(1)支持质量渐进编码和内容渐进编码。

(2)JBIG2 可处理一系列图像(多文档),即可以将多个图像压缩到一个 JBIG2 文件中。

MPEG-4 具有高压缩比、可扩展性、可交互性等优点,同时也能实现更好的多媒体内容互动性及全方位的存取性,可以支持多种多媒体应用,如互联网上的多媒体流服务、视频点播、可视游戏、视频手机、交互式多媒体应用、实时多媒体监控、数字电视等。MPEG-4 代表着未来多媒体数据压缩编码的发展趋势。

H.264 着重解决压缩的高效率和传输的高可靠性,因而其应用面十分广泛。H.264 的基本档次主要用于可视电话、会议电视、无线通信等实时视频通信。主要档次一般用于数字广播电视与数字视频存储等。扩展档次主要应用于流媒体中。

WMA 是一种数字音频压缩格式,同 MP3 相比,能够在低码率传输的时候达到更高的压缩效率,同时音频质量损失较少。

Ogg Vorbis 压缩过程与现行的 MPEG-2 和 MPEG-4 等音频算法相当,但解码过程相对简单,比较适合于实时实现和网络广播。Ogg Vorbis 编码器可以在相对较低的数据速率下实现比 MP3 更好的音质。它支持采样率为 8~192 kHz 的 16 位以上的 CD 音频或 PCM 数据,支持 30~90 kbps/channel 的可变码率模式(VBR)并且具有压缩率实时调节的技术,可以在压缩一个文件的过程中不用中断工作就马上改变压缩率。

有损压缩技术对比分析见表 1-2。

表 1-2　有损压缩技术对比分析

压缩格式	压缩比	压缩时间	适用范围	最高图像分辨率	说明
JPEG	10：1~40：1	较短	图像压缩,普遍应用于需要连续色调的图像		压缩比越大品质越低,只支持有损压缩
JPEG2000	比 JPEG 高 30%左右	短	彩色静态图像压缩		解决了 JPEG 压缩中马赛克失真的问题,压缩性能提升20%,同时支持无损和有损压缩
JBIG2	比 JBIG1 高 2~3 倍	一般	二值图像压缩		
MPEG-2	最高达 200：1	传输率在3~10 Mbps	图像、视频压缩	1 920×1 152	图像质量好、需要存储空间大
MPEG-4	压缩比高于MPEG-2	传输率在4.8~64 kbps	图像、视频压缩	720×576	节省空间、提高图像质量、节省网络传输带宽
H.264	压缩比高	时延少	视频压缩		优于其他标准、视频质量高、传输可靠,在保证可靠精度的前提下大幅降低复杂度
WMA	压缩比较高	低码率传输	音频压缩		数字音频压缩格式,同 MP3相比,能够在低码率传输的时候达到更高的压缩效率
Ogg	压缩比高	30~90 kbps	音频压缩		压缩率实时调节、可变码率模式(VBR)

1.3.2.5　船舶制造现场数据流传输校验技术

由于各种原因,我们的存储数据会损坏,比如光盘划痕会造成一连串的数据差错。同样,数据在传输过程中,也会由于各种原因而出错,比如噪声干扰所产生的随机错误、在通信过程中信号衰落而产生的突发错误,以及各种条件下的混合式的数据差错。对于通信中的传输数据,最重要的是保证其可靠性。因此,通过在逻辑上增加校验算法对出错的数据进行纠正甚至差错恢复等措施,将更进一步保证数据传输的可靠性。

船舶生产车间环境复杂,干扰数据传输的因素众多,网络传输环境的不稳定性和一些突发因素都有可能导致数据在传输过程中出现延时、丢失和误码。通常数据传输策略会影响到数据的传输效率,特别是文件数据较大时若采用常规的重传文件的方式,将会极大地影响数据的传输速度。因此除了升级硬件来改善物理信道的数据传输性能外,在软件角度可以通过高效的数据校验算法来大幅度地提高数据完整前提下的传输效率。

数据校验是为保证数据传输准确性与完整性所采取的一项重要手段,在发送端用指定的算法对发送的数据进行计算得到一个校验值,在接收端收到数据时用同样的算法再做一次相同的计算得出一个新的校验值。如果接收端计算得到的校验值与发送端随数据一起提供的校验值相同,则说明数据的传输准确、完整。常用的校验算法包括奇偶校验、CRC 校验等。

1. 校验算法技术特征

（1）奇偶校验

奇偶校验码编码的基本原理就是在信息位之前或之后额外增添一个冗余位,使得整个码字中"1"的个数恒为奇数或偶数,而增加一个冗余位可以使码距变为 2,这样就可以拥有检测一位错误的能力。奇偶校验应用时一般将一个字节作为最小校验单位。而一个 ASCII 字符恰好占用一个字节也就是 8 位,因此也可以说奇偶校验码以字符为最小单位来使用。而在现实的应用中,又可以将其细分为垂直奇偶校验、水平奇偶校验和水平垂直奇偶校验这三种来使用,三种码可分别应用于不同的信道。此种校验方法的实质其实就是确定一组被传输的二进制代码中"1"的个数的奇偶性。若最终确定信息码组中"1"的个数为奇数,则称其为奇校验,反之,则称为偶校验。

（2）CRC-16

①CRC-16 算法介绍

CRC(Cyclical Redundancy Check)即循环冗余校验,它利用除法及余数的原理来做错误侦测(error detecting)。在 CRC 校验实际应用的过程中,发送端先计算出 CRC 校验的值,把它附在待校验的数据后面一起发送给接收端。接收端重新计算 CRC,并把它与接收到的 CRC 相比较,如果两个值一样,则说明数据正确接收,如果两个值不一样,则说明出现错误。

CRC 之所以能够被广泛应用于通信等领域,主要是因为其简单易于硬件实施,再加上其比较强的检错能力。

②CRC-16 算法分析

假设我们需要传输的数据是 $Ttr=[a_{n-1},a_{n-2},\cdots,a_2,a_1,a_0]$,CRCtr 为在发送端计算的校验值,那么发送端发送的数据就是 Ttr&&CRCtr。接收端信息序列为 $Ttr=[a'_{n-1},a'_{n-2},\cdots,a'_2,a'_1,a'_0]$,CRCca1 是在接收端计算的校验值。那么接收端的信息格式为 Ttx&&CRCca1。

当接收端接收到的信息无误时,那么 CRCca1 应该等于 CRCtr,否则的话不相等。出错的位置有可能是在信息序列,也有可能是在校验序列。当我们需要校正错误时必须清楚出错比特的具体位置。根据前面给出的结论,接收端计算得到的校验码 CRCca1 仅仅与传输错误序列和生成多项式相关。将数据单比特误码时的 CRC 计算值总结见表 1-3。

表 1-3　数据单比特误码 CRC 计算值

数据单比特出错序号	CRC 计算值(二进制)	CRC 计算值(十六进制)
0	0001000000100001	1021
1	0010000001000010	2042
2	0100000010000100	4084

表 1-3（续）

数据单比特出错序号	CRC 计算值（二进制）	CRC 计算值（十六进制）
3	1000000100001000	8108
4	0001001000110001	1231
5	0010010001100010	2462
6	0100100011000100	48C4
7	1001000110001000	9188
8	0011001100110001	3331
9	0110011001100010	6662
10	1100110011000100	CCC4
11	1000100110101001	89A9
12	0000001101110011	D373
13	0000011000000000	D6E6
14	0100110111001100	DDCC
15	0001101110011000	1B98

同样当错误位出现在校验字的位置时,那么得到的校验字对应位置的比特值将与错误比特位置对应,同样经过计算机验证,CRC-16 检验字单比特错误见表 1-4。

表 1-4　CRC-16 检验字单比特错误表

数据单比特出错序号	CRC 计算值（二进制）	CRC 计算值（十六进制）
0	0000000000000001	0001
1	0000000000000010	0002
2	0000000000000100	0004
3	0000000000001000	0008
4	0000000000010000	0010
5	0000000000100000	0020
6	0000000001000000	0040
7	0000000010000000	0080
8	0000000100000000	0100
9	0000001000000000	0200
10	0000010000000000	0400
11	0000100000000000	0800
12	0001000000000000	1000
13	0010000000000000	2000

表 1-4（续）

数据单比特出错序号	CRC 计算值（二进制）	CRC 计算值（十六进制）
14	0100000000000000	4000
15	1000000000000000	8000

当错误比特位置与校验字一一对应，我们就能根据校验字来检索出发生反转的错误比特，将其逆转，以达到改错的目的。单比特错误数据的校验和错误位置是可纠错的。

（3）CRC-32

①CRC-32 算法验证

现行最常用的生成多项式序列为 IEEE802.3 标准下的多项式 0x04C11DB7。利用 C 语言得到测试结果，纠错程序设计经过程序测验，我们得到数据表 A1，CRC-32 的单比特错误的比特位置跟校验值一一对应。那么对于 CRC-32 的单比特的纠错我们完全可以利用查表法完成。算法与 CRC-16 位比特校验相似。只是生成多项式和表的内容不同而已。由于单比特错误位置简单，我们将出错比特的顺序和校验值对应起来放入表中，这样也就为我们的查表纠错带来便利。错误校验值对应的下标值即错误的比特位置。

②CRC-32 算法分析

32 位校验字的码字共长 64 bit，那么将产生 C_{64}^2 位数据，经过数据分析发现，共有 C_{64}^2 种错误位置，每个错误位置对应唯一的校验码字。

这么多数据没有冲突，每一个错误位置对应的校验值唯一确定。那么我们仍然可以根据查表法，进行 CRC-32 的双比特纠错。相比于前面纠错算法表的规模来说，这次的表数据多、规模比较大，但是仍然可以用一般的软件算法实现，而且速度效率比较高。CRC-32 码是一种检错纠错能力很强的校验码。当接收方检测到 CRC 码字出错，要求重发，即可能实现纠错。在检错方面，CRC 码被 $G(x)$ 整除，所得的余数与出错位之间有唯一的对应关系。根据这一关系便可立即确定错误的位置。

（4）MD5

①MD5 简介

MD5 的全称是 Message-Digest Algorithm 5（信息-摘要算法，也叫单向散列函数），MD5 是一种不可逆的算法，即对生成的密文求逆，对应着无穷个逆。它的作用是让大容量信息在用数字签名软件签署私人密钥前被"压缩"成一种保密的格式（就是把一个任意长度的字节串变换成一定长的大整数）。

MD5 在 MD4 的基础上增加了"安全-带子"（safety-belts）的概念。虽然 MD5 比 MD4 稍微慢一些，但却更为安全。这个算法很明显是由四个和 MD4 设计有少许不同的步骤组成。在 MD5 算法中，信息-摘要的大小和填充的必要条件与 MD4 完全相同。由于 MD5 算法的使用不需要支付任何版权费用，所以在一般情况下（应用在非绝密领域，但即便是应用在绝密领域内，MD5 也不失为一种非常优秀的中间技术），MD5 应该算得上是非常安全的了。

②MD5 的应用

MD5 的典型应用就是给文件产生"指纹"，以防止被篡改。通俗地讲就是文件校验。举

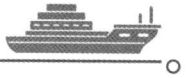

个例子,你把一段话写入 Readme.txt 的文件中,然后用 Readme.txt 文件通过 MD5 算法产生一个 MD5 值,之后你可以把这个文件发给接收方,中间如果有人修改了文件中的任何内容,那么接收方对这个文件重新计算 MD5 时,就会得到另外一个不同的 MD5 值,而如果文件并未被修改的话,重新计算将会得到一个完全相同的 MD5 值,从而完成对文件的校验。

可以看到,MD5 非常复杂。Rivest 的意图是在 MD5 算法中增加更大的复杂度和随机性,使 MD5 不会对两个不同消息产生相同的消息摘要。MD5 的一个属性是,消息摘要中的每一位都是输入的每一位的某个函数。使用 MD5 时,两个消息产生相同的消息摘要概率为 264 次操作的数量级。给定一个消息摘要,要求原消息需要 2 128 次操作。

(5)SHA-1

①哈希函数概述

哈希算法也称信息摘要算法(message digest function)、单向散列算法或者杂凑算法,其具有单向性和抗碰撞性,能够根据不同长度的消息计算出固定长度的哈希值。哈希算法一般指 SHA(Secure Hash Algorithm)家族即安全散列算法,是一个密码散列函数家族。散列函数(Hash),是从一个空间映射到空间的单向不可逆映射,可将任意长度的输入消息反复迭代映射为一定长度的输出消息,具有一定的压缩特性,输出消息又称为消息摘要或散列值,广泛应用于数字签名、消息鉴别码、基于口令的身份识别等。

设 B^* 为输入消息集合,$h=H(x)$ 为 Hash 映射,对于任意 $x \in B^*$,将 h 称为 x 的 Hash 值,且 Hash 散列函数具有如下性质:

A. 输入消息为任意长度;

B. 输出消息为固定值;

C. 抗原像性,即对设定的 Hash 值不能计算出输入值;

D. 对任意设定的输入消息,得出 Hash 值的方式简单。

②SHA-1 算法概述

SHA-1 是散列函数家族中的一种,SHA-1 算法是由美国国家标准技术研究院(NIST)发布的,用来与 DSS(数字签名标准)一起使用的。当输入长度小于 2^{64} 位的消息时,SHA 产生一个成为消息摘要的 160 位输出,然后将该摘要输入用于计算该消息的签名算法(DSA)中。

(6)SHA-256

SHA-256 由 NIST 在 2002 年发布,用于校验敏感资料。算法 SHA-256 比 SHA-1 更安全、更复杂,到目前为止,还没有发现任何有效的方式能够在有限的时间内成功攻击 SHA-256。SHA-256 算法输入消息的最大长度不超过 264 bit,输入按 512 bit 分组进行处理,产生的输出是一个 256 bit 的消息摘要。该算法处理包括以下几步。

①消息填充

对消息进行填充,使得其比特长与 448 模 512 同余(即长度=448mod512),一次填充位数为 1~512。填充方式是固定的,即第一位为 1,其余各位皆为 0。

②附加消息长度

在消息后附加 64 位,将其看作 64 位无符号整数(最高有效位在前),它表示了消息填充前的长度。填充后的消息被解析成 n 个 512 bit 的分组。

③初始化缓存

在开始计算 SHA-256 以前,必须先设定初始值。它包含 8 个长度为 32 位的字,该初始缓存为:

$A = 0x6A09E667, B = 0xBB67AE85, C = 0x3C6EF372,$

$D = 0xA54FF53A, E = 0x510E527F, F = 0x9B05688C,$

$G = 0x1F83D9AB, H = 0x5BE0CD19。$

④ 迭代压缩

SHA-256 算法使用了六种逻辑函数,由 64 步迭代运算组成。每步都以 256 位缓存值 ABCDEFGH 为输入内容,然后更新缓存内容用于下次迭代运算。每步使用一个 32 位的 W 和一个 32 位的常数值 K。其中每一个都是针对长度为 32 位的字(x, y, z)的操作,其结果是得到一个新的长度为 32 位的字。六个逻辑函数的描述如下:

$$ch(x,y,z) = (x \wedge y) \oplus (x \wedge z)$$

$$Maj(x,y,z) = (x \wedge y) \oplus (x \wedge z) \oplus (y \wedge z)$$

$$\sum\nolimits_0 (x) = ROTR^{28}(x) \oplus ROTR^{34}(x) \oplus ROTR^{39}(x)$$

$$\sum\nolimits_1 (x) = ROTR^{14}(x) \oplus ROTR^{18}(x) \oplus ROTR^{41}(x)$$

$$\sigma_0(x) = ROTR^1(x) \oplus ROTR^8(x) \oplus SHR^7(x)$$

$$\sigma_1(x) = ROTR^{19}(x) \oplus ROTR^{61}(x) \oplus SHR^6(x)$$

其中 $\oplus$ 为比特异或, $\wedge$ 为比特与, RTOR 为右移, SHR 为循环右移。Wt 是由当前的输入分组(512 bit 长)导出的 32 bit 长的数。

在所有的 512 bit 长的分组处理完毕之后,SHA-256 算法的最后一个分组产生的输出为 256 bit 的报文摘要。输入数据为预处理过程产生的 512 bit 数据块 $M^{(i)}$,一个 512 bit 块产生一个 Hash 摘要的结果值。

2. 校验算法适用的范围

CRC 属于现行纠错码,同时是一种检错能力很强的数据校验码。主要用于计算机网络、同步通信,以及磁表面存储器、数据存储设备等场合,以检测原始数据由噪声等所导致的数据损坏,即数据错误。特别是在通信领域,由于其简单,易于硬件实现和数学分析,在检测通信信道中由噪声造成的数据错误十分有效。

奇偶校验和 CRC 校验,并没有抗数据篡改的能力,它们在一定程度上能检测并纠正数据传输中的信道误码,但却不能防止对数据的恶意破坏。

MD5 Hash 算法的"数字指纹"特性,使它成为目前应用最广泛的一种文件完整性校验和(checksum)算法,不少 Unix 系统有提供计算 MD5 checksum 的命令。MD5 算法可用于船厂员工注册信息的校验,对其登录智能终端平台的密码进行加密,保证船厂生产信息的安全。MD5 算法还可应用于文件系统完整性保护中,利用它的构造完整性校验程序,对文件系统的完整性进行分析和检查,监视文件系统的非授权或不期望的改变,检测和通知系统管理员改变、增加和删除的文件,保证文件管理系统的安全。

SHA-1 和 SHA-256 都是国际上使用最为广泛、较为安全的校验算法之一。可以用于

实现数据保密、防止数据更改和身份验证等功能。

数据校验技术对比分析见表1-5。

表1-5 数据校验技术对比分析

校验算法	适用范围	说明
奇偶校验	用于数据通信中保障数据的有效性	拥有检测一位错误的能力、没有抗数据篡改的能力
CRC-16	广泛应用于通信等领域	简单,易于硬件实施,有比较强的检错能力,没有抗数据篡改的能力
CRC-32	广泛应用于数据存储、数据通信、计算机网络、同步通信以及磁表面存储器等领域	速度效率比较高,是一种检错纠错能力很强的校验码
MD5	适用于公开密钥认证、数字签名等领域	一种文件完整性校验算法
SHA-1	目前已有破解手段,不够安全,不推荐使用	安全的校验算法
SHA-256	应用于数据保密、防止数据更改和身份验证等领域	安全的校验算法,目前还没有发现任何有效的方式能够在有限的时间内成功攻击SHA-256

3. 校验信息封装方法

封装存储技术使得用户在存储数据时指定打开该数据所需要的软硬件配置环境,把数据与指定的软硬件环境配置信息绑定之后封装存储在一起,只有在满足存储数据所要求的配置环境下才能打开该数据。如果非法用户或病毒将此数据复制到其他计算机上,其他计算机会因软硬件配置不同而无法打开该数据;如果有入侵者或病毒非法更改了系统的软件程序或插入了恶意代码,那么受感染的系统因软硬件配置变化也无法读取此数据,这样便达到了对数据进行封装保护的目的。

可信计算规范所给出的封装存储的机制描述如下:当用户对一组数据封装存储时,首先选择该数据所要绑定的平台配置值,即选择某些PCR中的度量值作为绑定信息,所选择的PCR用PCR-Selection表示。然后对这些度量值进行杂凑运算,再把待封装数据与此杂凑值作为一个整体进行加密后存储(封装)。

目前的封装存储相关技术主要分为两类。一类是直接利用安全数据存储功能对共享资源进行封装存储,同时在访问数据时辅以访问控制机制,这种方案的实质是利用密钥树对共享数据进行加密后存储,机制简单,安全性较低,并且每次加密和解密都必须从存储根密钥开始搜索加密和解密密钥,效率不高。

另一类方案是将需要封装的数据和可信平台的平台配置寄存器PCR-Selection绑定后存储在一起,提高了安全性和执行效率,有效防止了软硬件配置被非法更改时数据被读取。

4. 校验算法选择标准

智能船厂感知层的嵌入式系统与数据采集设备之间、嵌入式系统内部之间,以及感知层与网络层之间通过各种接口传输数据时,被噪声影响的问题不可避免。为提高数据传输的可靠性,需要对传输过程进行差错控制。CRC 由于编、解码方法简单,检错与纠错能力强而被广泛应用。CRC-32 与 CRC-16 相比有更强的校验能力,因而选择 CRC-32 作为船厂数据采集、传输过程中的校验方法,以保证数据传输的完整性。

船厂生产数据、工艺文件、派工信息等都需要进行加密处理,以保证数据信息的安全。MD-5、SHA-1 是常用的加密、文件校验算法,但近些年的研究成果使 SHA-1 算法和 MD-5 等单向散列函数的安全性受到了质疑,因此船厂采用 SHA-256 算法用于实现文件校验、数据保密、防止数据更改和身份验证等功能。比如,员工在登录派工系统领取派工信息时,需要用户名及密码才能获取信息,用户名及密码等数据就需要利用 SHA-256 算法进行加密处理,从而保证信息安全。

1.3.2.6　船舶制造现场数据流传输技术设计

船厂各项数据存在于船舶制造现场各信息系统中,涵盖船舶设计、计划、生产、物资、成本、建造策划、生产实绩、作业区域、作业阶段等。船厂的各应用系统间及应用系统内部需要利用网络资源及服务器数据处理资源进行数据传输,数据传输涉及数据提供方和数据接收方,在数据提供方和数据接收方之间不加入任何数据缓冲方,即直接实现数据的点对点传输。

数据压缩、解压及校验功能就是将海量生产数据进行压缩并存储至本地磁盘或内存中,然后立刻向目的地传输。主要目的是通过数据压缩以及解压手段将信息数据以压缩形式进行存储和传输,解决海量数据的存储空间与传输速度的问题。

1. 数据压缩基本过程

数据压缩过程或系统无论采用什么具体结构和技术,从原理上讲只有三个基本环节:变换,量化,编码。如图 1-24 所示,这三个环节都有数据压缩的任务。首先对原始资料进行变换,然后对变换结果进行量化和编码。对变换器的要求是:有效地压缩数据,同时信息保真度要高。具体地讲应是高度去相关的,还要求是广义可逆的,可重建图像,重建均方差要小,以及方法简单、经济实用。对量化器的要求是:在一定的允许客观误差或主观察觉图像损伤的条件下,总的量化等级数要尽量少,同时也应便于实现。编码器的方法应和信号或符号的分布特性相适应,以求得较大的压缩比且抗扰性强。

原始数据 → 变换器（广义） → 变换后数据 → 量化器（数值） → 在量化集 → 编码器（符号） → 输出

图1-24　数据压缩的基本过程

为了使图像、视频等资源能够高质、高速和小容量地传输或存储,数据压缩的基本技术要求是:在无失真或允许一定失真的条件下,尽量用最少或较少的比特数来完成图像数据的传输,并且具有较强的抗干扰能力。

2. 数据压缩、解压及校验方案设计

(1)不允许损失的数据类型

针对船舶制造过程中对数据进行压缩以节约带宽的要求,对不允许损失的数据(工艺文件、图纸、作业指导、现场数据等 doc、txt 类型生产数据)采用无损数据压缩算法进行压缩。

游程编码对一般性的数据压缩效果并不好。哈夫曼编码和算术编码都是典型地依赖于信源统计模型的统计编码,要预先知道信源的概率分布非常麻烦,即采用自适应算法,不需要预先统计概率模型,这两种算法用硬件实现起来仍然比较复杂。相比较而言,LZW 编码简单,压缩/解压速度快,压缩效果比较好,适用广,易于软硬件实现,适合实时压缩。

LZW 算法相对其他无损数据压缩算法有明显的优势。首先,LZW 算法原理相对简单,比较适合用硬件实现。其次,LZW 算法通过对输入数据进行分析,这一过程主要利用了连续输入数据的码流之间的相关性,这种算法思想对于那种存在大量局部相关性的待压缩数据的压缩效果非常好。此外,LZW 算法是根据输入数据的不同即时建立字典,这一策略能够最大限度保证当前字典中的内容可以最有效地压缩当前输入数据,因此,LZW 算法与其他算法相比具有自适应的特点。此外,LZW 算法在解压的时候可以根据压缩文件中的内容重新实时建立与压缩时一模一样的字典,而不需要发送字典,这个过程减少了需要传送的数据内容。此外,字典对于存储器的容量要求也不高,一般为几 KB。

本技术对不允许压缩损失的数据压缩时自动选用 LZW 压缩算法进行压缩,数据压缩后进行网络传输,接收方完成数据接收后对相关压缩数据进行解压缩,并选择 CRC-32 作为船厂数据采集信息传输过程中的校验方法,以保证数据传输的完整性。因为船厂生产数据、工艺文件、派工信息等都需要进行加密处理,以保证数据信息的安全,所以本方案同时采用 SHA-256 算法以实现文件校验、数据保密、防止数据更改和身份验证等功能。

(2)现场图片类型

图像质量与压缩的类型有关。有损压缩要对原始图像做一些改变,这样压缩前后图像不完全相同,可是人眼难以察觉。对有损压缩结果的评价分为主观评分和客观尺度两种。主观评分建立在人眼对图像的视觉感观上,其分值为 1~5,见表 1-6。

表 1-6　图像尺度评分

评分	妨碍尺度	质量尺度
5	丝毫看不出图像质量变坏	优
4	能看出图像质量变坏,但不妨碍观看	良
3	清楚地看出图像质量变坏,对观看稍有妨碍	中
2	对观看有妨碍	差
1	非常严重地妨碍观看	劣

图像编码能够进行压缩的原因是允许图像编码有一定的失真。在许多的场合中,并不要求经压缩即复原以后的图像和原图像完全相同,可以允许有少量的失真,这就给压缩比的提高提供了十分有利的条件。这种失真的编码称为限失真编码。对于大部分图像来说,轻微损失保真度而换来压缩比的提高是经济的。

JPEG2000 标准的优点是:压缩率比 JPEG 高约 30%;支持有损压缩;能实现渐进传输,也就是我们对 GIF 格式图像常说的"渐现"特性,它先传输图像的轮廓,然后逐步传输数据,不断提高图像质量,让图像由朦胧到清晰显示。

一般对允许压缩损失的图像数据进行压缩时自动选用 JPEG2000 压缩算法进行压缩,数据压缩后进行网络传输,接收方完成数据接收后对相关压缩数据进行解压缩,并选择 CRC-32 作为船厂数据采集、传输过程中的校验方法,以保证数据传输的完整性。

(3)音频类型

音频压缩技术指的是对原始数字音频信号流(如 PCM 编码)运用适当的数字信号处理技术,在不损失有用信息,或所引入损失可忽略的条件下,降低(压缩)其码率,也称为压缩编码。它必须具有相应的逆变换,称为解压缩或解码。音频信号在通过一个编解码系统后可能引入大量的噪声和一定的失真。

在压缩技术上,Ogg Vorbis 的最主要特点是使用了 VBR(可变比特率)和 ABR(平均比特率)进行编码。与 MP3 的 CBR(固定比特率)相比可以达到更好的音质,且解码运算复杂度低于 MP3。Ogg Vorbis 其他技术特性还包括:支持类似于 MP3 的 ID3 信息,但比 MP3 要灵活而又完整得多,Vorbis 数据包可用于任何能够提供帧格式、同步、定位及错误保护的一个传输机制,如 Ogg(文件传输)或 RTP(网络传输)等,实际上可以填写随意多的注释信息。Vorbis 还具有比特率缩放功能,可以不用重新编码便可调节文件的比特率。文件大小方面,使用 Ogg 文件的显著好处是可以用更小的文件获得优越的声音质量。当前 Vorbis 是以 VBR 编码的,这使得 Ogg 的文件可以更小。

音频解码器对经过压缩的 Ogg Vorbis 音频比特流进行解压,并把 16 bit 或 20 bit 宽的数据提供给音频输出接口。音频输出接口从音频解码器的输出缓冲器中读取解码后的音频数据流,行数据流转变为串行的数据流传送给数模转换模块。

因此,对允许压缩损失的音频数据自动选用 Ogg Vorbis 压缩算法进行压缩,数据压缩后进行网络传输。同时,选择 CRC-32 作为船厂数据解压缩之后的校验方法,以保证数据传输的完整性。

(4)视频类型

削减视频信息中的冗余成分包括以下四个方面。

①空间冗余度的削减。

②时间冗余度的削减。

例如,可视电话等运动图像中,相邻帧的图像非常相似。先用某些方法估计出运动图像各部分的运动矢量,对其运动部分加以补偿后再进行帧间预测。

③心理视觉冗余度的削减。

④结构和知识冗余度的削减。

从"被摄物体本来是具有三维结构的实际物体,而图像是被摄物体在二维平面上的投影"这一观点出发,着眼于图像结构进行编码,以此来提升压缩冗余度的效果。

H.264 具有其他压缩编码标准不具备的各种特性,包括较好的容错性与图像质量、较低的编码率等,能够很好地应用于移动网络,其具备的几个优点如下。

①高效压缩。在某一特定的视频质量下,与采用任何其他视频标准相比,可以使比特率平均降低 50%。

②更强大的容错能力。能够纠正各种网络传输错误。

③低时延功能。能够在更高时延的情况下提供更高质量的图像。

④通过简单的句法规范简化实施。

⑤精确匹配解码。严格规定了编码器和解码器如何进行数值计算,以避免错误累积。

H.264 的帧内预测是通过图像的空间相关性,进行整幅图像的编码,支持 PSTN/DDN/LAN/WAN 等网络远程传输与控制。H.264 相较于 MPEG 等编码方式有编码效率高、图像处理质量高、抗误码能力强等优点,并且 H.264 在处理流媒体等方面有很好的实时性,因此随着视频通信的普及,H.264 的应用非常广泛。在利用 H.264 进行数据压缩的过程中,主要是希望在视频质量不变的情况下,提高解码速率,降低失真率,因此可以看出解码速率是判断解码器优化好坏的重要标准之一。H.264 视频编码在处理同等质量的图像时数据压缩率高、计算速度快。

将 H.264 应用于船舶制造车间允许损失的视频数据(现场视频、模拟动画视频等)的压缩以及解压,压缩后通常会以 TS 或者 TP 格式封装,移动设备上通常是 MP4 格式,以此来减少存储空间,节省管理成本,提高数据检索速率。同时选择 CRC-32 作为船厂视频数据解压缩之后的校验方法,以保证数据传输的完整性,如图 1-25 所示。

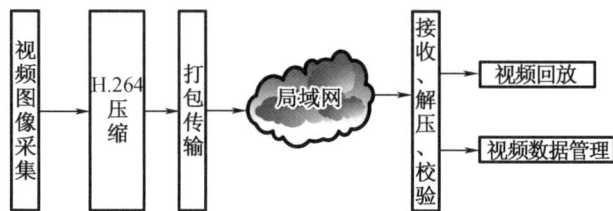

图 1-25　实现流程图

1.3.3　关键技术

船舶制造现场海量数据传输管理平台实现了多项关键技术突破,具体包括文档类文件无损压缩传输功能和视频/音频/图片等文件有损压缩传输功能,数据传输流程为:压缩、传输、解压、校验,且使平台支持多种压缩、解压、校验算法。对不允许损失的数据(工艺文件、图纸、作业指导、现场数据等)采用无损数据压缩算法进行压缩,对允许损失的数据(现场照片、现场视频、现场录音、模拟动画视频等)采用有损数据压缩算法进行压缩,数据压缩后进行网络传输,接收方完成数据接收后对相关压缩数据进行解压缩并进行完整性校验。

数据/文件传输起始终端与数据解压校验端在同一个网络内,在数据/文件传输起始终端安装数据压缩端程序,在数据/文件传输目的终端安装数据解压校验端程序,通过数据压缩端程序和数据解压校验端程序,实现数据/文件传输起始终端和目的终端的数据/文件传输。数据压缩端程序和数据解压校验端程序为一个整体应用程序,根据不同的业务场景称它为数据压缩端程序或数据解压校验端程序。表 1-7 给出了三维图形文件传输的过程。

表1-7 三维图形文件传输过程

步骤	操作位置	详细配置
1	船舶制造现场海量数据传输管理平台数据压缩端可视化界面	"文件压缩传输"功能选项卡 a)文件类型选择控件 "三维图形"。 b)文件后缀选择控件 c)文件路径选择控件 "事先准备好的三维模型格式文件路径"。 d)文件传输时间设置 "当前时间后2分钟"。 e)传输目的地ip设置控件 "船舶制造现场海量数据传输移动应用软件所在终端ip"。 f)压缩方法选择控件 "某无损压缩技术(待查)"。 g)传输开始控件 点击"开始"
2	船舶制造现场海量数据传输管理平台数据解压校验端可视化界面	"文件压缩传输展示"功能选项卡 a)分类展示选项卡 "三维图形文件列表"。 b)文件查看,选择"三维图形文件列表"展示选项卡,查看已接收的文件,以及"文件传输开始时间""文件传输完成时间";双击文件,调用该类别文件相应查看软件。 c)文件删除,选择指定类别展示选项卡,再选择指定文件,点击"删除",完成该文件的删除。 d)若文件删除,则将该删除消息直接反馈给平台压缩端
3	船舶制造现场海量数据传输管理平台数据压缩端可视化界面	"消息反馈记录展示"交互界面 接收"船舶制造现场海量数据传输管理平台数据解压校验端可视化界面"发送的删除消息,展示删除三维模型文件的名称、删除时间

1.3.4 技术创新点

1.3.4.1 技术发展与船舶行业发展深度分析

考虑各技术的当前水平以及可持续升级性,我们对现有有损检测、无损检测、数据校验技术进行深度分析,创新性地提出船舶制造行业数据流压缩、校验的技术选型思路,有助于减少船厂网络传输压力,提高船厂各部门间数据传输效率。

1.3.4.2 提出适用于船舶制造车间的时间标签

船舶制造过程就是物料到船舶的变化过程。物料的变化过程,必须按照生产计划,伴随工艺流程,有序地发生变化。时间标签是针对制造现场生产计划的整体时间规划。时间标签明确规定了船舶建造的主要关键节点和建造总周期,明确了所建船舶的开工、下坞、出坞、试航、交船等关键节点。在对按照生产计划节拍进行流动传输的数据加入时间标签后,对数据传输的实际过程实施有效的时间控制。

1.3.4.3 将改进的数据压缩、解压方案应用于船舶制造车间

针对船舶车间现场传输文件数量大及种类多样的应用背景,我们建议对不允许压缩损失的数据进行压缩时自动选用 LZW 压缩算法进行压缩,数据压缩后进行网络传输,接收方完成数据接收后对相关压缩数据进行解压缩。并选择 CRC-32 作为船厂数据采集、传输过程中的校验方法,以保证数据传输的完整性。因为船厂生产数据、工艺文件、派工信息等都需要进行加密处理,以保证数据信息的安全。故本方案同时采用 SHA-256 算法用于实现文件校验、数据保密、防止数据更改和身份验证等功能。对允许压缩损失的图像数据进行压缩时自动选用 JPEG2000 压缩算法进行压缩;对允许压缩损失的音频数据自动选用 Ogg Vorbis 压缩算法进行压缩,数据压缩后进行网络传输。将 H.264 应用于船舶制造车间允许损失的视频数据(现场视频、模拟动画视频等)的压缩以及解压,压缩后通常会以 TS 或者 TP 格式封装,移动设备上通常是 MP4 格式,以此来减少存储空间,节省管理成本,提高数据检索速率。

1.4 事件触发的动态数据传输技术

1.4.1 技术简介

事件触发的动态数据传输技术,是指在应对计划外事件的典型场景和处理机制时,有针对性地研究船舶制造车间计划外事件分类方法,构建车间感知数据与动态事件关联关系,建立计划外事件的触发机制。

基于计划外事件的触发机制,建立船舶制造车间计划外事件自动侦测模型,依据此模型定制需从车间海量实时感知数据中获取监测的数据信息,及对这些数据进行聚合、分析的方法,实现船舶制造车间计划外事件的自动侦测。

在侦测到动态发生的计划外事件后,构建基于影响度、发生频度、时效性、可预见性等多维度综合评价模型,依据模型评价该事件对生产、调度的影响程度,以辅助生产决策。

除对侦测到的意外事件进行评价外,更重要的是要及时对事件作出响应,即在事件发生时及时定位事件相关数据源,并对相关多源异构数据进行转化、合成、封装,为事件响应提供良好的数据基础。

事件触发的动态数据传输技术框架如图 1-26 所示。

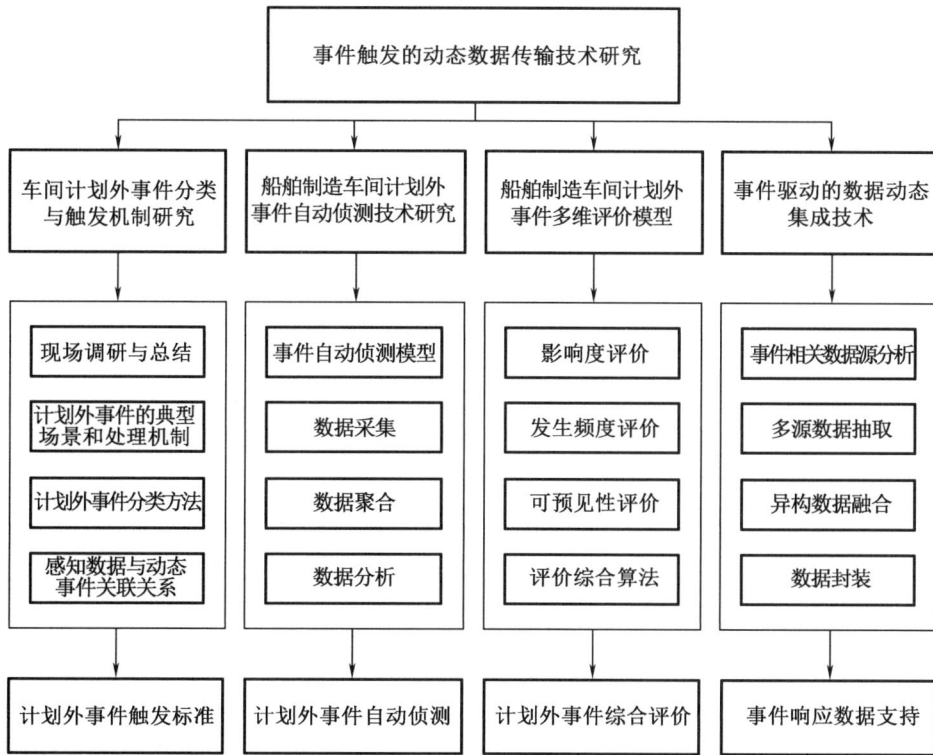

图 1-26 事件触发的动态数据传输技术框架

1.4.2 车间计划外事件分类与触发机制

1.4.2.1 车间计划外事件分类

针对在船舶制造过程中动态产生的计划外事件,可通过对目标船厂的调查、跟踪某项目生产建造全生命周期内的计划外事件样本、提取计划外事件产生的缘由以及对既定计划影响的方式进行归纳分类,如图 1-27 所示。

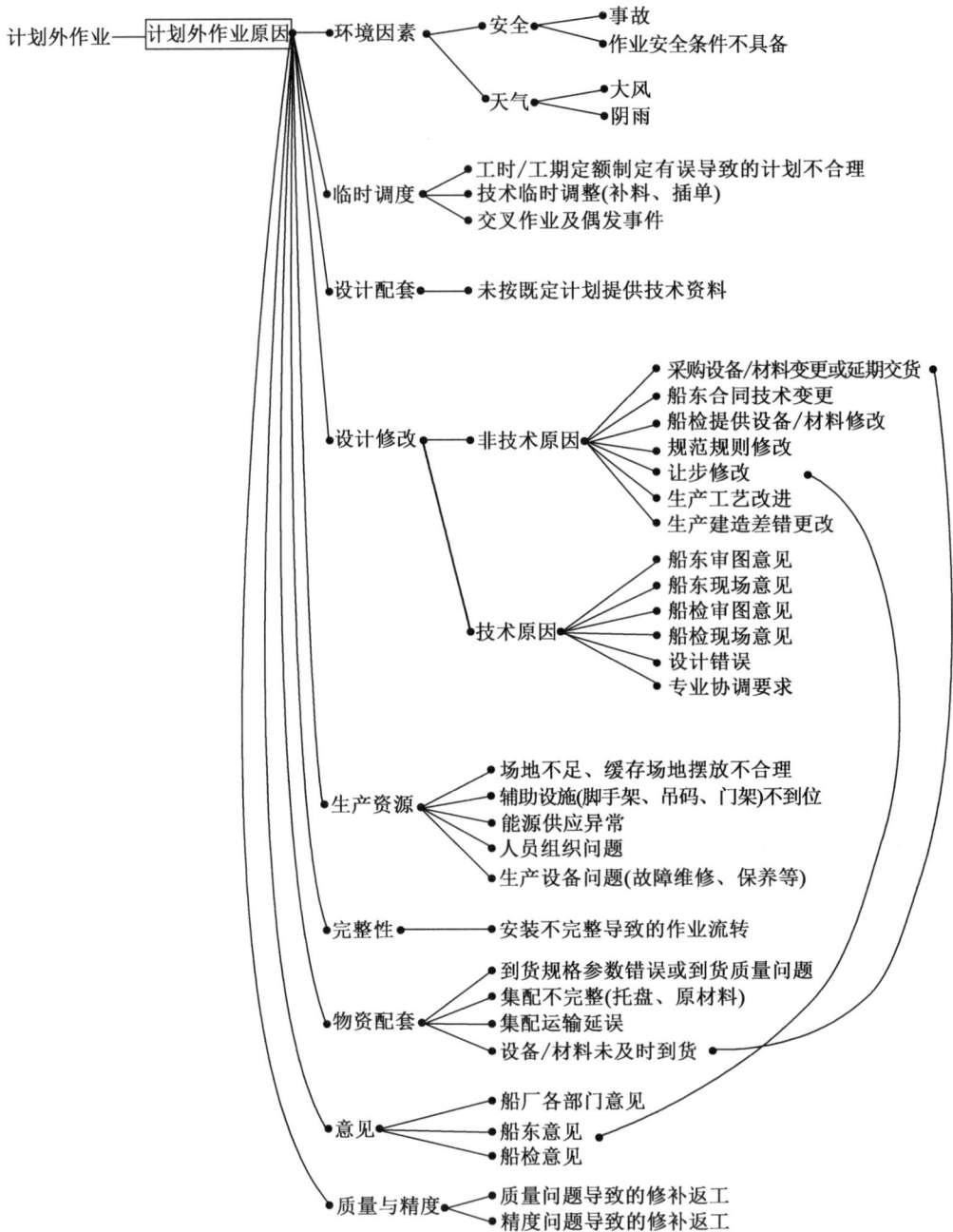

图 1-27 计划外事件成因及分类

1.4.2.2 车间计划外事件触发机制

车间计划外事件的触发机制总体上分为两类：一是基于车间感知数据自动触发的计划外事件，比如恶劣天气、环境异常等影响有序生产的计划外事件，可以通过车间环境传感器或通过公共数据及时获取,以便自动感知、自动触发;二是需要通过集成系统实时反馈而触发的计划外事件,这类事件与车间感知的动态数据间无法建立有效关联,因此只能基于集成系统平台,在计划外事件即将发生或发生后的第一时间,反馈相关数据进入系统,系统即时捕获,并触发此类计划外事件,比如分段制作过程中产生的某项船东意见,并不能通过车间感知数据自动触发,而是在该意见确认生成之后,通过在集成系统平台上输入意见,系统才能捕获到数据并触发该计划外事件。当然,有些计划外事件既可以基于车间感知数据触发,也可以基于集成系统的数据捕获而触发。图1-28为计划外事件触发机制分类。

图1-28 计划外事件触发机制分类

1.4.3 车间计划外事件自动侦测

为了达到计划外事件触发准确率>90%的技术指标,必须建立高效的计划外事件自动侦测模型。因此,要基于计划外事件成因及分类,区分车间感知数据自动触发的计划外事件与集成系统实时反馈而触发的计划外事件两种事件触发模式,建立计划外事件分类与事件描述信息之间的匹配关系,从而实现计划外事件的自动侦测与归集。同时,建立计划外事件处理模型,对于每一个计划外事件的触发及处理过程进行全过程管理,并加入事件处理预警、事件结果评价、事件过程追溯等管理机制,实现计划外事件的高效处理。图1-29为计划外事件自动侦测及处理模型。

1.4.4 车间计划外事件多维评价模型

车间计划外事件多维评价模型主要针对船舶制造车间动态发生的计划外事件,构建基于影响度、发生频度、时效性的多维度综合评价模型,衡量动态发生的计划外事件对生产、调度的影响程度,从而更精准地掌握生产状况,辅助生产决策。

影响度:基于计划外事件成因及分类,确定每类计划外事件对生产的影响程度,并建立定期维护机制,及时对各类事件的影响度进行更新。

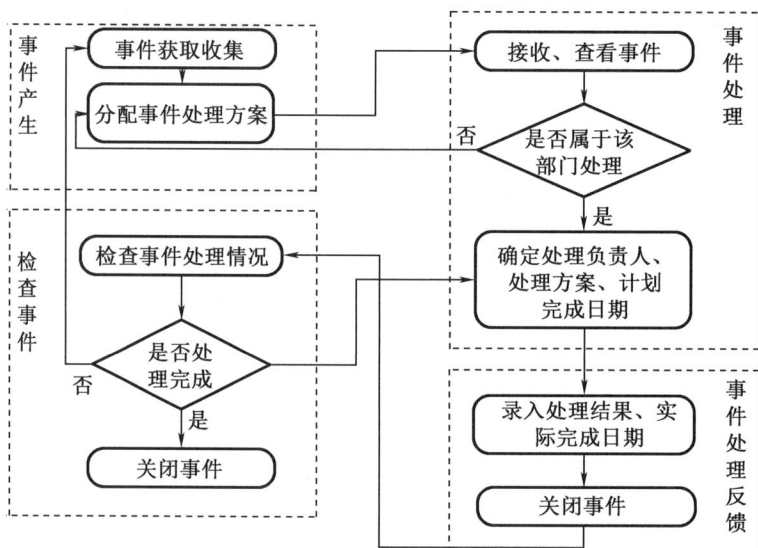

图 1-29　计划外事件自动侦测及处理模型

频度:基于已发生的计划外历史事件数量,确定每类计划外事件发生的频度,支持按事件发生的时间段进行选择,以便于按阶段分析各类事件的发生频度,及时进行纠正与跟踪。

时效性:基于计划外事件发生的时间以及事件处理的时间,分析每类计划外事件处理的响应程度,通过对事件处理的时效性分析,有效评价事件响应效率。

1.4.5　车间计划外事件触发数据传输测试平台

策划建立事件驱动的动态数据集成平台功能框架,系统分为 3 层:数据层、业务层和表现层。其中数据层通过建立与其他业务系统的接口,自动侦测、分类计划外事件;业务层是事件处理层,分为事件产生、事件处理、事件反馈及事件确认,系统通过业务层实现事件处理的闭环管理;表现层是事件的综合展现层,实现计划外事件的信息共享、分析决策与进程跟踪等。图 1-30 为事件触发的动态数据传输软件功能框架。

基于事件触发的动态数据传输软件功能框架,开发测试软件。计划外事件的获取来源于不同的业务系统,数据整合、转换的工作量较大,为了避免测试软件复杂程度过高,且使测试软件的应用效果更具可见性,需在实际开发过程中主要从典型的计划外事件入手,在设计、质量、设备、安全等多个业务板块集成流程配置引擎,通过事件的产生触发标准的计划外意见处理流程,实现计划外事件的全过程闭环管理。经初步测试,事件的触发准确率能够达到 95%(任务书指标要求>90%)。另外,在开发过程中,应用了与该专题相关的技术,实现了子专题之间的交叉互动,主要体现在:为提高计划外事件触发的高效性与实时性,探究基于移动终端(如手机企业微信端)的数据传输方式及消息推送方式;针对描述事件的多媒体数据类型,如图像、音频等,探究其数据输入、存储、压缩及定向传输标准与方式。图 1-31 为基于流程引擎的事件处理界面(意见产生)。

图 1-30 事件触发的动态数据传输软件功能框架

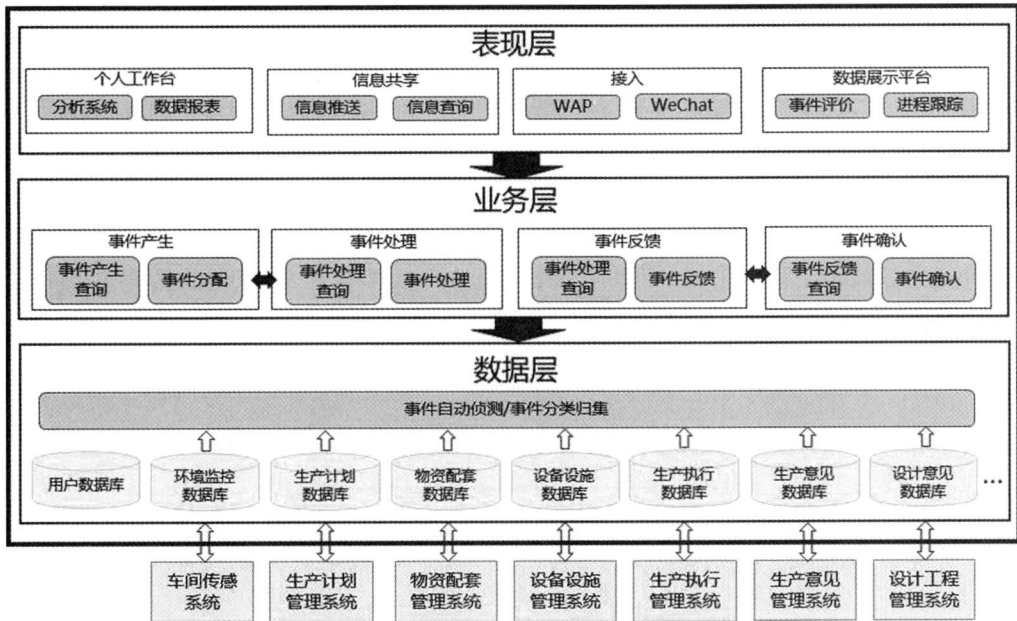

图 1-31 基于流程引擎的事件处理界面(意见产生)

1.5 海量数据定向分类传输技术

1.5.1 技术简介

海量数据定向分类传输技术指针对不同种类的船舶车间现场应用及不同类型数据的传输需求,开展不同数据传输过程中供需方数据特征分析研究,对分析结果进行聚类,应用建模技术建立数据供给模型、数据需求模型,达到用特征量集合描述数据供给方与数据需求方的数据特征的目的。

以供需分类模型为基准,针对模型中的特征量,利用特征匹配度评价算法、快速特征匹配算法、供方数据筛选算法,达到按照数据特征快速进行数据供需方分类匹配的目的。

在供需匹配成功后,根据船舶制造现场需要传输的不同类型的数据在典型场景中的分类传输特点,确认各类数据采用不同数据传输协议的效果及适用范围,给出数据分类传输技术方案。

根据分类标准进行消息的分类、数据的重构,建立消息与推送目标之间的关联,自适应选择消息推送策略,应用合理的消息压缩算法,将形成的标准消息准确推送给用户。图1-32为海量数据定向分类传输技术框架。

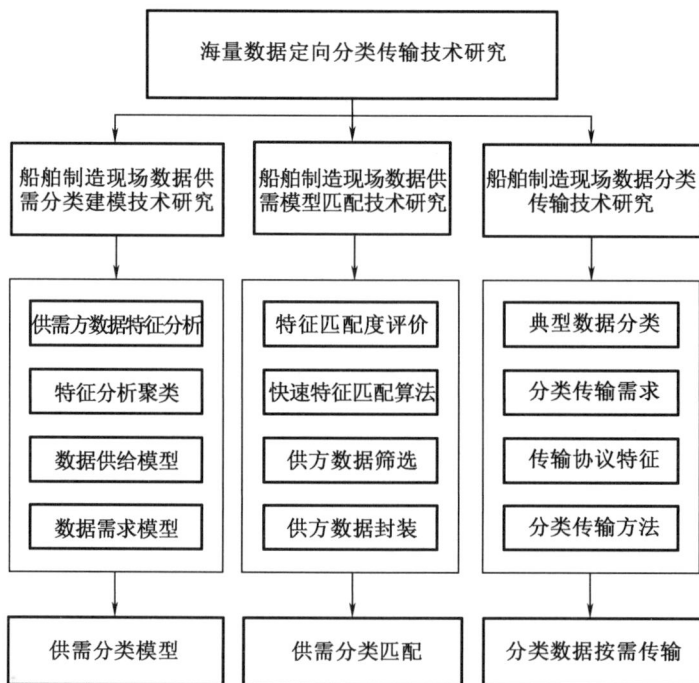

图 1-32 海量数据定向分类传输技术框架

海量数据定向分类传输的流程为:把数据根据类型分类,并根据需求信息进行数据匹配度计算,选择匹配度最高值对应数据的传输机制对该数据进行传输,具体流程如下。

(1)船舶制造企业和车间信息化系统包括企业资源计划系统(ERP)、仓储系统、产品数据管理系统(PLM)、制造执行系统(MES)、物联网数据采集系统等在内的数据供给方,首先通过数据传输接口和网络将第三方信息化系统感兴趣的数据、信息等传送给海量数据定向分类传输平台,平台通过数据接收端口接收相关数据和消息,然后将相关数据和消息存入数据接收队列,等待后续处理。

(2)对数据进行分类,并进行数据和消息标准化封装,最终存储到数据库中,其具体实现步骤为:①根据数据类型、主题、关联事件等特征对数据进行分析归类;②根据数据的相关特征对数据进行有效分类、存储。

(3)需求方提出请求,需求生成模块对请求进行需求信息分析、分类和汇集,并生成需求清单,根据需求清单,建立基于数据收集子系统数据库的海量数据多层次语义匹配模型。根据每层匹配度与设定阈值的比较进行匹配过滤,符合条件才能进入下一层匹配,经过多层过滤得到最优数据匹配结果,并以建立的数据库查询匹配度最高的数据进行传输。

(4)根据数据类型进行传输机制的选择,传输机制选择模块是本系统采用定向分类传输技术的核心部分,也是本系统能够避免拥塞的根本原因。根据不同数据类型选择不同的传输机制,供给方进行寻址,并与需求方建立连接,将数据快速传递给需求方,如图1-33所示。

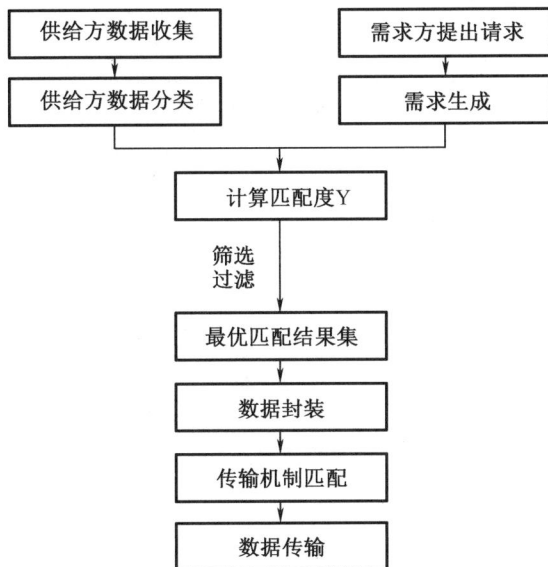

图1-33 发布/订阅模式

1.5.2 船舶制造现场数据供需分类建模

船舶产品制造属于典型的知识密集型复杂产品制造,在其制造过程中涉及船东、船级社、船厂、船舶制造所、船舶配套企业等多个组织机构,而且制造知识包括机械、电气以及电子系统等不同学科。面对多组织机构、多领域学科的船舶制造,如何提高多组织单位之间协作和数据获取效率、加强数据重用与共享以及数据定向分类传输是当前船舶制造领域需要面对的一个重要课题,研究数据定向分类传输,首先需对数据供求模型进行研究,如图1-34所示。

1.5.2.1 供需方数据特征分析

通过对车间管控系统、车间看板及物流管理系统等船舶制造信息化系统进行数据及业务分析,各系统数据及业务流程如图1-35所示,再结合发布订阅模型,我们对数据供需方的数据特征进行研究。

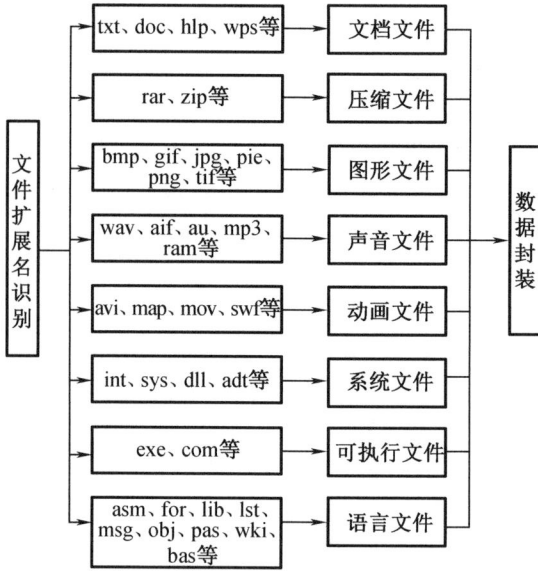

图 1-34　系统供需双方数据分类方式

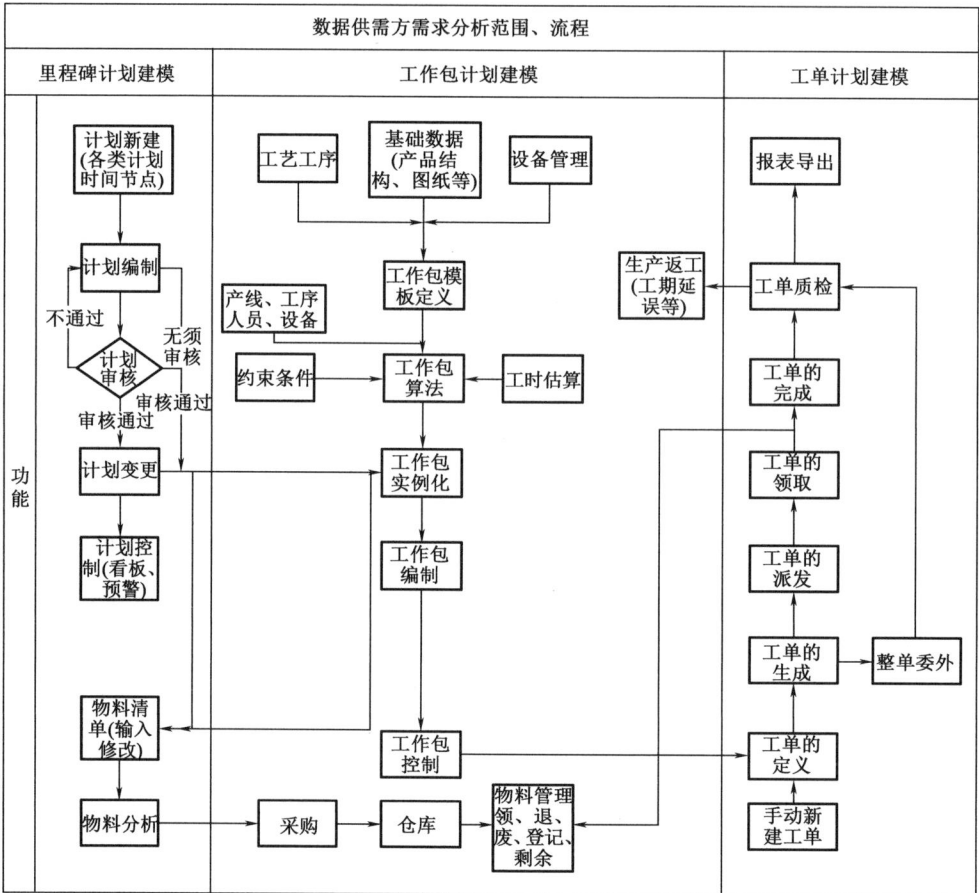

图 1-35　数据供需方业务流程

1. 车间管控系统数据特征分析

车间管控系统是在供需链及生产管理各子系统的基础上,为船舶制造提供指定生产任务、物流集配、工序计划与派工、质量检验,以及产品入库全过程监督与控制系统,帮助船厂提高业务管理效率与生产效率,减少车间在制品,降低损耗与成本,提高生产质量。车间管控系统对车间业务、管理数据进行采集统计,主要包括领料时间、作业量与时间、作业完工时间、车间物流相关数据等。通过看板系统显示相关派工信息,指导管理、生产等活动,依托 PAD 完成日常生产的派工、领工、完工等工作,实现船舶制造车间无纸化办公。

船舶制造是一项复杂的系统工程,包括复杂的制造工序,使得船舶制造车间传输数据量大、数据类型较多,主要包括大量数据、语音、视频等,可以从加工前、加工中以及加工后三个阶段对车间传输数据类型进行如下分析。

(1)在进行钢材加工前,首先需要将生产相关信息发送到各生产工序,比如,船舶建造三维模型需要在生产加工之前分发到各生产作业区人员的 PAD、看板等信息设备上;将大量的号料图、套料册以及明细表等信息在加工生产之前发送到各生产作业区信息接收设备上;将大量的数控代码发送到各数控设备上,如数控切割机、数控焊接机、机器人等,使工人可以进行数控操作,由数控设备完成准确的数控作业,从而降低残次品的生产概率。将这些生产相关信息发送到工人接收信息的设备上,使得工人可以根据相关信息精准、合理地进行加工作业。

(2)在加工过程中,需要对原材料、生产设备、终端设备(手持终端、PAD、看板等)、人员、运输工具等进行监控,对人员或者运输车辆进行视频监控,以保证其在安全区域进行作业;对于设备的监控主要包括对设备进行高频率的采样,获取点数,通过大量的数据分析,从而保证设备可以正常运行以及生产信息的及时获取;对于现场环境的监控,主要包括对现场的温度、风力、有害气体等的监控。

(3)完工后,需要对零部件、中间产品等进行质检,员工需要将工件的加工信息、图片或者视频等发送到生产管理系统中与工件要求的相关文件进行比对,从而进行质检等操作。

针对船舶制造车间复杂的生产环境,需要进行海量的数据、文本、音频、视频的传输,除了需要高宽带有线网络技术与无线网络技术外,进行数据分类传输是十分必要的,按照"供需关系"进行数据的定向传输,实现网络数据传输的可靠性,保障船舶制造车间的正常运行。图 1-36 为待传输三维模型。

2. 智能工位系统数据特征分析

船舶智能工位管理就是将工作任务分解为工作包、工作指令及派工单,分别对应到作业区、班组及工人。建立以加工物料数据为基础的工时数据库,通过作业区、班组的负荷平衡,每天由班组长将派工单事先派发给员工,并且由班组长每天反馈作业人员的生产实绩,从而实现派工到工人、评价到工人、考核到工人,提高了工人的生产积极性。在此基础上,通过对派工单反馈的生产实绩的统计分析,进一步优化作业标准,减少无效作业时间,并通过对异常数据的实时监控和分析,不断改善过程管理的质量,以强化各级管理者对生产现场的掌控。

根据船舶制造过程,计划当天或者当月生产任务,将计划导入生产管理系统中,根据工位、工人等信息进行派工,工人领工。同时,根据船舶三维模型,相应的大量的号料图、明细表、套料册以及数控代码等要求完成工作,在车间看板终端进行完工确认,与生产管理系统进行交互,并在完工后进行质检,对完工的零部件进行拍照或录制视频,并与要求的工件文件进行对照,查看是否有不合格品。

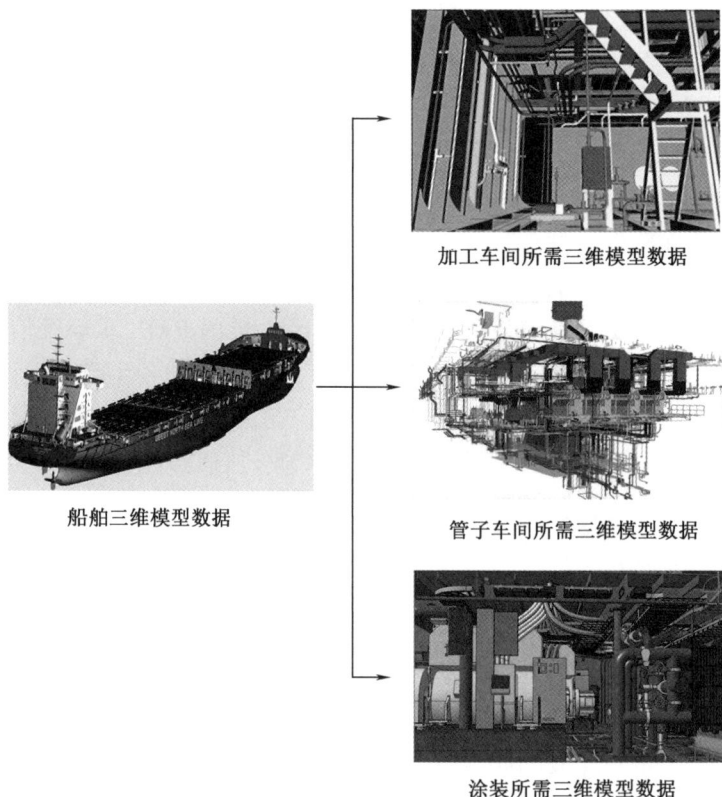

加工车间所需三维模型数据

船舶三维模型数据

管子车间所需三维模型数据

涂装所需三维模型数据

图1-36 待传输三维模型

利用车间多业务高带宽组网实现派工、领工、质检、完工等各个环节的数据、图片、语音或者视频的快速传输,通过数据分析(工人、工位之间的协同作业),及时发现生产过程瓶颈,从而做到及时发现问题、及时解决问题,如图1-37、图1-38所示。

3. 物流管理系统数据特征分析

现代造船企业应该是均衡有序地造船,即壳、舾、涂一体化造船,从物流的角度看,控制生产物流的均衡可以保证造船活动均衡有序。在生产物流控制阶段,有效组织、合理控制使均衡生产的物流计划得以实现,从而可以为造船生产的均衡化提供保障。通过合理有效的生产物流管理可以降低造船成本。本章给出造船企业生产物流的定义:船厂内部生产过程的所有物流活动,即依据船厂布局、产品特性、生产工艺等要求,原材料、设备件、中间产品等物料在船厂仓库与生产车间、车间与车间、工序与工序、车间与中间产品堆场之间的流转活动。船厂生产物流活动与整个生产工艺过程相伴而生、密切联系,是生产运作管理的重要组成部分。

工作包建模流程		
造船事业一部 生产管理部	制造部、军船部、民船部、配套部 等部门生产管理室	设计部门

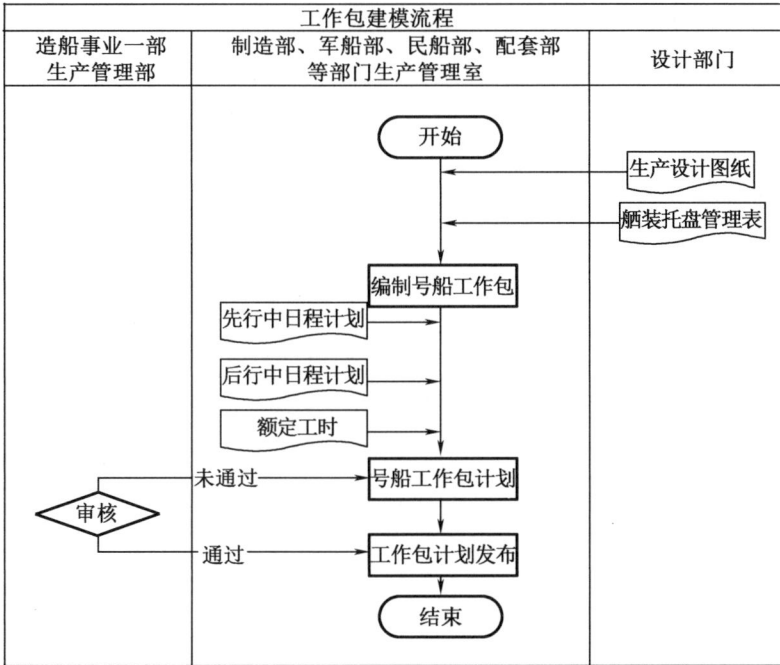

图 1-37 工作包建模流程

工单建模流程	
班组长	作业人员

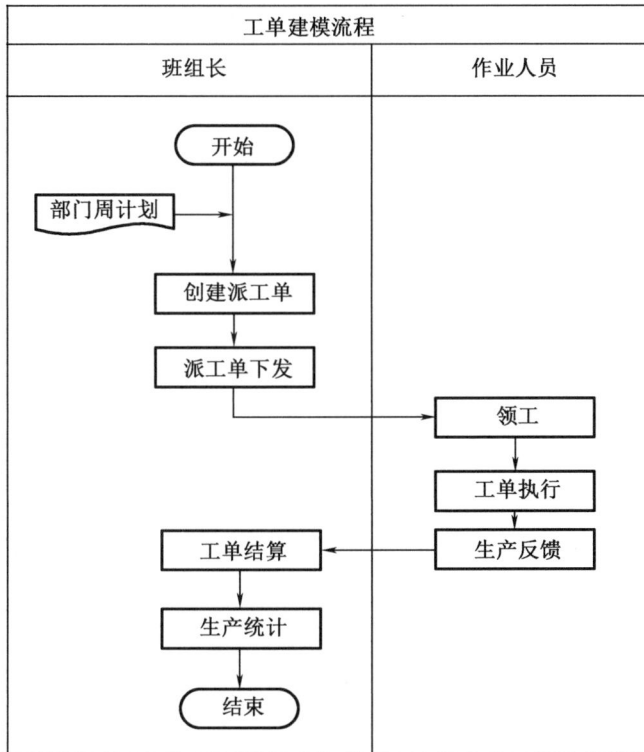

图 1-38 工单建模流程

在船舶生产过程中,托盘既是一个作业单位,又是一个供安装用的零部件及器材集配单位,作为用于仓储和运输货物的容器,托盘可以有效提高货物的存储效率和运输效率。以托盘为单位的物流,尽管其形式多样,但托盘的属性、流向、位置和状态将通过感知系统、网络系统进行确定,完成数据的传输和分析。

4. 基于发布订阅模式的数据供需方定义

发布订阅模式可以被看作以数据为中心消息分发的一种方式。在消息分发的过程中,发布者无须明确使用者的身份就可以完成消息的发布,而订阅者同样也无须知道数据拥有者的身份来使用消息。在这样的中间件方案中,消息被表示为一个在应用中可以被检测到的事件。这种架构基于主题–观察者的面向对象的设计模式,在该模式中一个被称作观察者的对象会自动通知并更新一个主体对象的状态。其他观察者必须通过订阅的方式获得相关通知主题和其感兴趣的事件。然后,如果该主题检测到与其相关事件的发生,那么它会调用自身的方法来通知观察者。这样的设计模式有以下几个优点:(1)达到系统中各个参与者之间去耦合的目的;(2)支持一对多的多播通信;(3)可以根据观察者自动过滤事件。如图1-39所示,该图定义了一个典型的发布订阅系统架构,描述了消息的发布过程。首先,发布者发布一个附带标签的消息,该标签指明了该消息的类型等详细信息。然后,订阅者订阅其感兴趣的消息类型并将其传递到服务器。最后,发布订阅系统的消息服务完成将发布者与订阅者的消息进行匹配,并将消息存储、转发给感兴趣的订阅者。由上述得知,发布订阅服务完成了消息的生产者与消费者间的解耦,从而增强了消息模型的可扩展性。

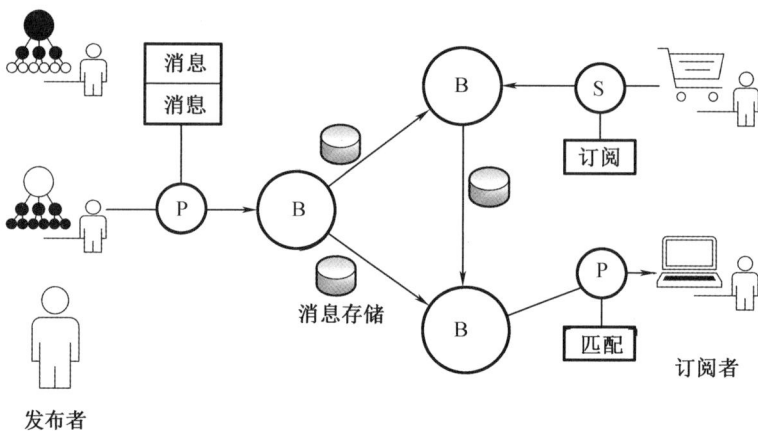

图1-39 发布订阅系统示意图

(1)数据提供方

数据提供方,即发布订阅模式中的消息发布者,创建消息并发送消息的角色,可以是客户端也可以是服务器,或者是船舶制造企业现有信息化系统业务平台的某个模块。

发送者在进行数据和消息发送时需要进行关键字标记。发送者是消息的源,发送者的属性信息至少包含发送者识别信息,或者是信息化系统业务平台中唯一的标识符。在消息发送过程中是由消息系统客户端模块负责初始化,而且在之后的过程中不允许修改。消息系统客户端模块不提供对应的接口修改发送者,只能由消息系统客户端模块登录用户自动添加,跟所调用的接口无关。

(2)数据需求方

数据需求方,即发布订阅模式中的消息接收方,可以是客户端也可以是服务器,或者是船舶制造企业现有信息化系统业务平台的某个模块。

接收者需要进行关键字标记。消息传输协议规定消息接收者至少有两个属性,即接收者名称和接收者描述。接收者名称可以用一个字符串,该字符串必须是船舶制造企业现有信息化系统业务平台中存在的用户名或者是用户的唯一标识符。接收者的数据在客户端发送的时刻是空的,只有经过消息系统后台服务器处理之后,接收者取值才会被确认,而且之后不能被修改。接收者对每个消息来说都是必需的,不能为空。当客户端接收到消息之后,会确认接收者本身是否和消息内容中的接收者内容相符合,如果不符合则将该消息丢弃。接收者描述某个消息接收者的单一特征。在消息发送过程中,由消息系统客户端模块负责初始化,初始化之后的所有过程都不能被修改。接收者描述对于消息系统而言是唯一的,其取值由消息系统后台服务器确认,通常而言是关键字标记。

1.5.2.2 数据供需模型建模技术

发布订阅的通信模型提供了一种有效的消息发送端和接收端解耦的方式。发布订阅主要可以分为基于主题和基于内容两种。基于内容的方式能够为发送者和接收者之间的数据交互提供更大的自由度,是个性化推送的有效实现方案,如图 1-40 所示。

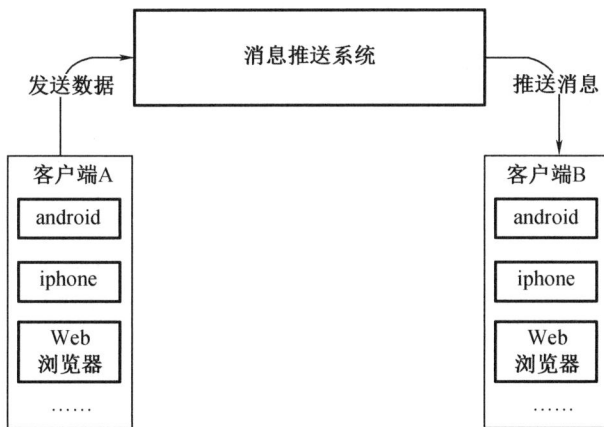

图 1-40 消息推送系统示意图

我们需要建立一种适合船舶车间制造的网络供求信息传递方法框架,对车间网络中信息的供给方进行数据收集、详细分类,建立先进的供求信息分类匹配按需传输机制,并在需求端提出需求后,将需求数据精确传递给经过匹配符合条件的供给端,以满足船舶制造车间海量数据定向分类传输的需求。

该技术完成所需要的步骤至少包括如下几方面。

(1)供给端信息分类、收集、储存。

(2)需求端提出某类需求。

（3）对需求端及供给端信息进行分类特征对比匹配,选定精确符合需求数据接收资格的供给端。

（4）将需求数据即时传递给精确选定的供给端。

（5）供给端可对传递过来的需求信息进行回应,形成闭环。

（6）根据多种筛选方式,将满足不同特征的回应结果展示给需求端。

（7）需求端可根据实际需求,利用信息化手段对回应的信息进行比对。

（8）需求端根据提供的供给端相关数据信息,用多种方式回应信息。

（9）对完成的交易相关信息进行分类储存及分析,当用户需要时,可将必要的分析结果展示给符合权限要求的使用者。

在实体架构中,该数据供需模型至少包括如下几方面。

（1）使用者接口群,包括图形界面、各项操作、管理功能等,具有管理端使用者接口、需求端使用者接口、供给端使用者接口、维护接口,分别提供给系统内管理者工作平台、需求端使用者工作平台、供给端使用者工作平台及维护人员使用。

（2）需求生成模块,其可按照需求者所提交的初步需求,自动转换预设对应需求的恰当表单给需求者,帮助需求者提出符合筛选功能需求的需求表单。

（3）需求分析模块,可按照需求者的需求表单,自动匹配到高度符合需求特征的供给端。

（4）需求/回应发送模块,可将分析后的需求回应信息,分类、分别精确地即时定向推送到使用者的终端,完成信息实时显示。使用者终端可以是移动设备、PC客户端,浏览器等多种平台。

（5）需求回应模块,供给端可借助该模块对收到的需求信息进行符合系统要求的回应及回应管理。

（6）需求管理模块,需求端根据供给端回应等信息,调整、修正已提出的需求,以便进一步协商数据传输内容。

（7）回应优化选择模块,其可按照预设规则对供给端回应信息进行比对推荐,或按照需求端实际需要,筛选分类所收到的回应信息,使用户便于选择供给端。

（8）历史记录查询及生成模块,其可永久性地储存对应某商品或服务的历史需求及回应信息,用以提供给有权限需求者了解同类需求历史回应状况的查询,或提供能对需求者决策给予帮助的信息。

该技术主要具备以下功能。

（1）支持不同平台的终端间通信。不同操作系统、不同类型的终端都能够有效接入系统。系统能够有效识别合法的链接,防止非法用户的拒绝服务攻击。

（2）保证数据完整性和传输安全性。信息在传输过程中加密,能够有效识别被篡改的信息;能够及时拒绝没有权限或者不明身份的用户接入;能够防止不明来历的恶意攻击。

（3）支持一对一、一对多、多对多的通信模式;支持基于主题的发布订阅模型,对主题进行层次化管理;支持基于内容的发布订阅模型,对内容进行分类维护。

（4）提供有效的离线缓存。一旦用户上线,能够迅速接收到离线消息的推送。

（5）提供健全的用户权限管理机制，能够安全有效地管理所有的用户资源和系统资源。

（6）提供历史推送消息的查询以及分析功能。能够从基于主题、基于内容、用户订阅、用户发布等多个维度查询历史推送消息。

该方法框架的特征在于：利用船舶制造车间多业务高带宽组网，对供给端数据信息进行收集和分类，并将收集的数据即时定向发送给精确匹配的需求端，通过这种方式，避免海量数据传输过程中造成的数据拥堵，使船舶制造车间高效、安全生产，如图1-41所示。

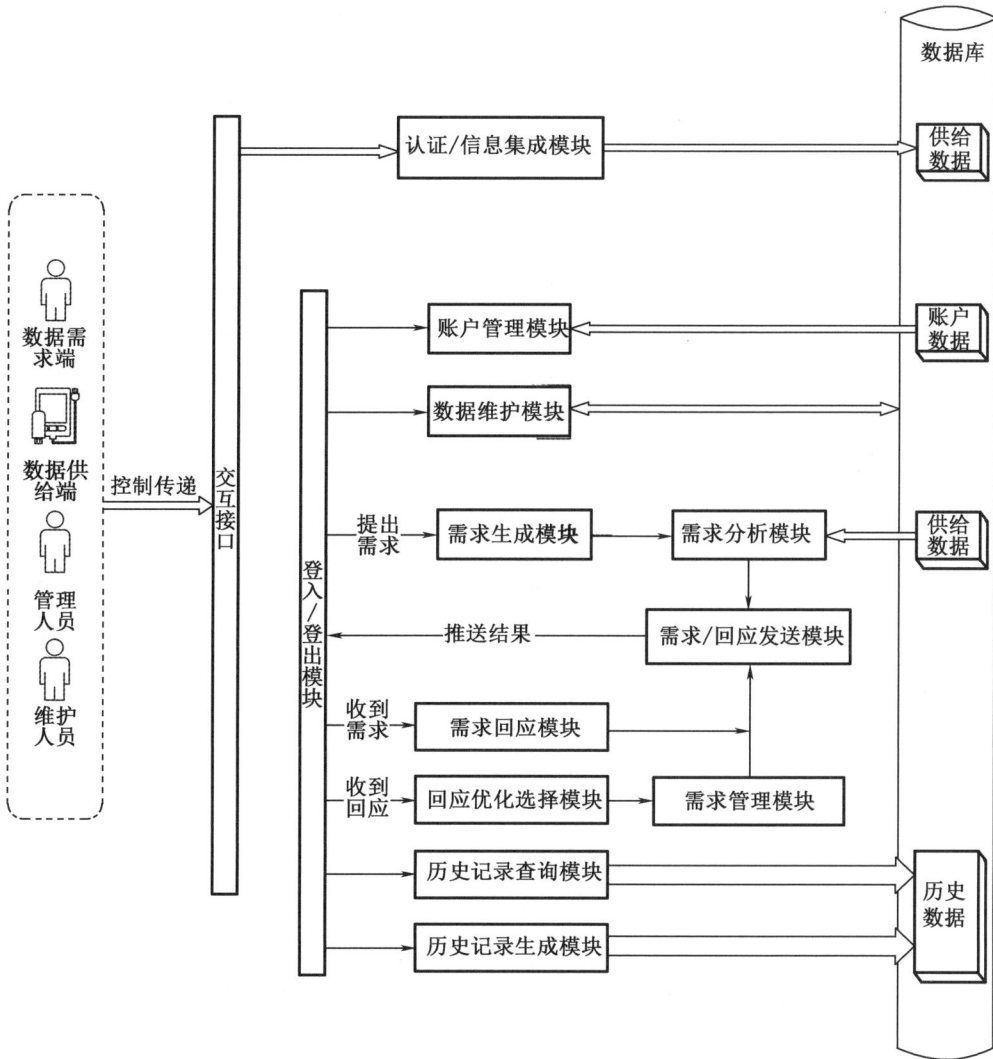

图1-41 海量数据分类传输模型架构

图1-41为该海量数据分类传输模型架构图，接下来说明实际操作过程中主要模块的功能及关联方式。在船厂实际加工中，用户群通过组网对该框架进行控制动作传递。在登入/登出模块认证成功之后，符合认证的需求端可向该框架发出自身的需求，需求信息会立刻传递给需求生成模块。需求生成模块主要是对需求端发送的需求信息进行修正，将需求

信息处理成完全符合框架规定的形式。无法满足修正要求的需求信息将被提示为重新发送并传递给需求者。当该模块判断需求信息符合框架要求时,将该需求发送给需求分析模块进行下一步处理。

需求分析模块是该海量数据定向分类传输框架的核心部分。该模块收到来自需求生成模块经过规则化处理的需求信息之后,调用认证/信息集成模块生成的供给数据库、账户数据进行比对。该模块对收到的格式化信息进行需求类别、数量、范围、层级、附加条件的分析;对账户数据库中需求者账户信息进行核对,确认需求者可以在供给数据库中所查询和调用的数据的范围。对供给数据库中储存的信息的分类特征,供给端对需求端的符合要求程度进行筛选分析,并对需求端权限及需求、供给端权限及供给能力的分析结果进行匹配,进而在海量数据中筛选出高度匹配的需求端需要的数据,并将该数据提供至需求/回应发送模块。

需求/回应发送模块是保障供求双方供求信息即时准确传递的关键。该模块在接收到需求分析模块传递的分析结果后,将需求数据比对需求分析模块选定的供给端,按照这些经分析而确定的供给端所选定的信息发送方式,即时、准确地将需求数据发送至供给端用户。

需求回应模块是供给端对需求情况进行回应信息过程的主要模块,主要作用是:当供给端收到需求/回应发送模块发送的符合自己供给能力的需求信息时,用以对需求进行回应操作。同时,供给端也使用该模块功能,在其权限范围内对其发送的回应信息进行管理修正,以切实满足需求方的真实需求。

回应优化选择模块,首要功能是对接收的供给方回应,按照需求方对回应的筛选要求,提供对回应信息有效选择管理的应用功能。当需求方提出对回应信息的选定要求时,该模块可利用信息有效选择管理的应用功能。当需求方进一步提出对回应信息的选定要求时,该模块可利用需求方设定的要求,对回应信息进行赋值排序、特征分类,回应选择性屏蔽等筛选、推荐功能。

需求管理模块,其功能主要体现在需求方修改、调整需求,以便再次提出需求进行下一轮问讯、比较。于实际使用中,当需求者接收到需求/回应发送模块传递的即时回应信息后,当认为自己需要对需求进行修改以便供给方同步修正回应时,可以通过该模块提出经过修改的需求,而该模块在收到需求者的需求修改信息后,对修改信息进行符合框架要求的修正,并将该修正结果传递给需求/回应发送模块,便于上述模块实时发送相关信息至供求双方多种终端。

历史记录生成模块的基本功能是对该框架需求者发送的各种需求、供给者产生的回应,以及使用者对需求/回应信息所作的各种操作,形成必要的记录,建立历史数据库。当有权限的使用者对数据库中某类需求信息的历史数据需要调取时,可通过历史记录查询模块取得其权限许可范围内的记录,从而可用于分析或对其决策辅助参考等其他数据记录进行应用。

在复杂的造船车间使用数据定向分类传输框架的特点在于,通过对供给方信息的预处理,并将处理信息用于对需求方所提出的需求进行精度匹配处理动作,极大地提高了供求双方在没有相互认知的条件下产生交换信息的概率。同时,借助网络特点,可以在大范围内帮助供求双方自动匹配,获得符合要求的数据信息。

1.5.3　船舶制造现场数据供需模型匹配

船舶制造现场数据供需模型匹配是指针对数据按需传输的要求,在分类建模技术基础上,采用特征匹配度评价算法、快速特征匹配算法、供方数据筛选算法、事件匹配技术、优先级队列调度策略,满足数据需求方提出的数据需求,能按照其特征量进行快速匹配,查找出对应的数据供给方,数据供给方按照数据需求方要求的内容、形式,将最精简的数据传输给需求方,减少传输过程中数据冗余的目的,如图1-42、图1-43所示。

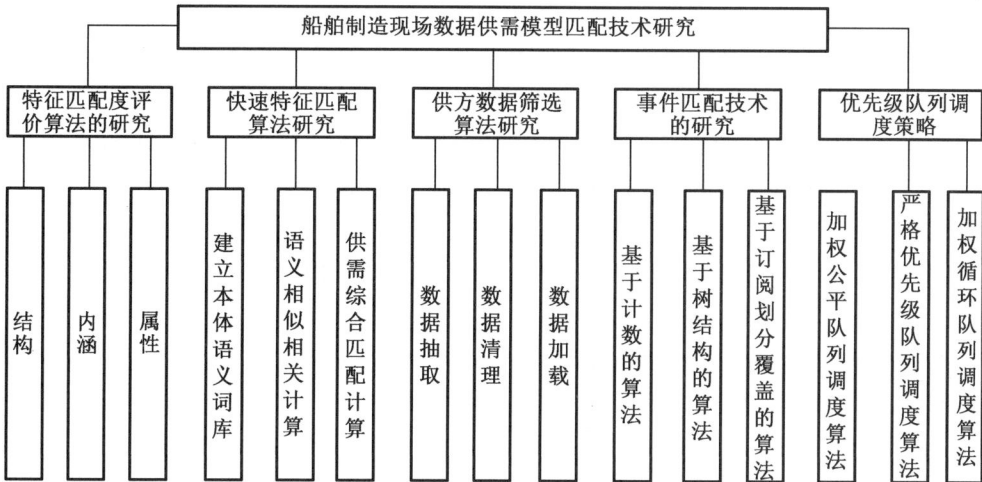

图1-42　船舶制造现场数据供需模型匹配技术

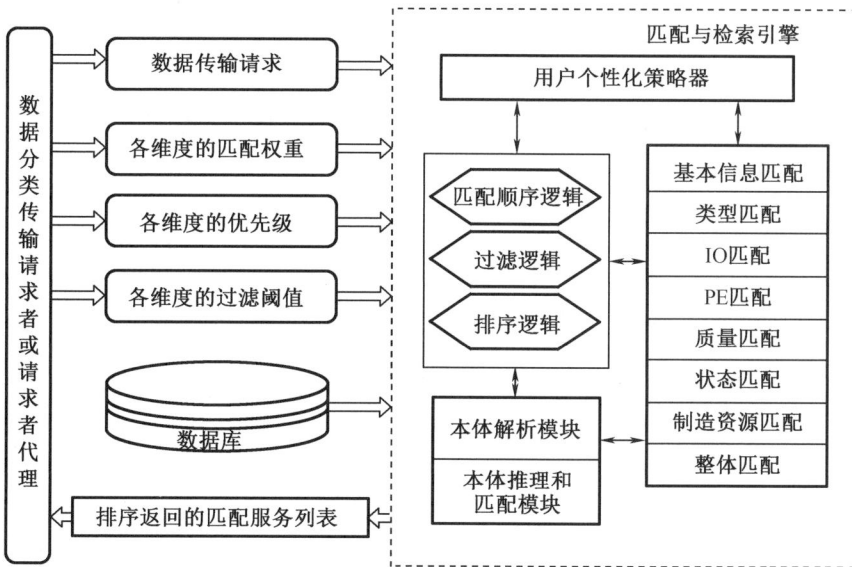

图1-43　数据分类传输的检索和匹配框架

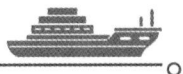

1.5.3.1 特征匹配度评价算法

匹配度的定义可以理解为"两类具有相似结构、内涵和属性特征的事物、活动等的匹配程度"。在船舶制造过程中,数据传递的供给方和需求方具有相似的结构、内涵和属性特征。所以,可以根据数据供求模型特征匹配度来进行数据传递。

关于匹配度的概念和度量可借鉴相似度的距离矩阵计算方法。供给方的特征值为 x_1, $x_2, \cdots, x_n$,需求方的特征值为 $y_1, y_2, \cdots, y_n$,两个因素之间的相似度可用明考夫斯基 (Minkowski)距离矩阵来表示:

$$d(x,y) = \left[\sum_{i=1}^{n} |x_i - y_i|^r \right]^{\frac{1}{r}}$$

其中,r 为正整数,当 $r=1$ 时,d 为绝对值距离;当 $r=2$ 时,d 为欧式距离。在上述公式中,x 与 y 越相似,则 d 的值越小。

数据传输过程中供需关系匹配的本质是评价服务请求与服务描述之间的相关度的过程。综合考虑服务的基本信息、类型、IO(输入输出)、PE(前提结果)、质量、状态、资源等各维度的匹配,通过加权得到最终的整体匹配度,以确保匹配结果的全面性和精确性。其中,类型、IO、PE、制造数据的匹配采用基于本体的概念语义相似度算法进行计算,以提高匹配的精度。目前已有一些概念相似度的算法,根据智能制造服务平台中服务规模巨大、用户请求频繁、领域本体结构可能存在异构的特点,采用基于概念实例的 Jaccard 相似度算法和基于概念属性的 Edit Distance 字符串相似度算法来计算概念语义的相似度。

基于概念实例的 Jaccard 相似度算法的公式为

$$\text{SIM}_{\text{instance}}(C_r, C_s) = \frac{P(C_r, C_s)}{P(C_r, C_s) + P(\overline{C}_r, C_s) + P(C_r, \overline{C}_s)}$$

其中,C_r、C_s 分别表示用户请求和服务描述中各维信息的领域本体概念;$\text{SIM}_{\text{instance}}(C_r, C_s)$ 表示概念和基于实例的相似度;(C_r, C_s) 表示任取一个本体实例属于概念 C_r 和 C_s 的概率;$P(\overline{C}_r, C_s)$ 表示任取一个本体实例属于概念 C_s 但不属于概念 C_r 的概率;$P(C_r, \overline{C}_s)$ 表示任取一个本体实例属于概念 C_r 但不属于概念 C_s 的概率。

Edit Distance 字符串相似度算法的公式为

$$\text{SIM}_{\text{String}}(s,t) = 1 - \frac{ED(s,t)}{\max(|s|,|t|)}$$

其中,s、t 表示待匹配的字符串,$ED(s,t)$ 表示编辑距离。由于概念的属性名称、类型和值都可以看成字符串,所以将 C_r、C_s 的属性 PC_{r_i}、PC_{s_j} 的属性名称、属性类型和属性值分别代入上式,通过综合可得到这两个属性的相似度$\text{SIM}_a(PC_{r_i}, PC_{s_j})$,若 C_r 含 m 个属性,C_s 含 n 个属性,且 $m \geq n$,则基于属性的概念相似度公式如下述公式所示。$\text{SIM}_{\text{Attr}}(C_r, C_s)$ 表示概念 C_r 和 C_s 基于属性的相似度。

$$\text{SIM}_{\text{Attr}}(C_r, C_s) = \frac{\sum_{i=1}^{m} \max[\text{SIM}_a(PC_{r_i}, PC_{s_1}), \text{SIM}_a(PC_{r_i}, PC_{s_2}), \cdots, \text{SIM}_a(PC_{r_i}, PC_{s_n})]}{m}$$

将基于实例的相似度和基于属性的相似度进行合并,得到概念 C_r 和 C_s 的综合相似度,如下述公式所示,其中 $w_1+w_2=1$ 且 $w_1,w_2\in[0,1]$

$$\mathrm{SIM}_{\mathrm{Concept}}(C_r,C_s)=w_1\mathrm{SIM}_{\mathrm{instance}}(C_r,C_s)+w_2\mathrm{SIM}_{\mathrm{Attr}}(C_r,C_s)$$

对于服务类型等的单概念匹配,将用户请求和服务描述中的服务类型所引用的领域本体分别代入公式中的 C_r 和 C_s,即可得到服务类型维度的匹配度。例如,将用户请求的制造资源本体集和服务描述中的制造资源本体集分别代入下述公式的 SC_r 和 SC_s,其中 $|SC_r|=n$,$|SC_s|=m$,可得到制造资源维的匹配度。

$$\mathrm{SIM}_{\mathrm{Concept}}(SC_r,SC_s)=\prod_{i=1}^{n}\max\{s\,|\,s=\mathrm{SIM}_{\mathrm{Concept}}(C_{r_i},C_{s_j})\}$$
$$(C_{ri}\in SC_r,C_{sj}\in SC_s,1\leqslant i\leqslant n,1\leqslant j\leqslant m)$$

基本信息匹配主要包括服务主记录中的服务名称、描述,服务提供者名称、地点等的匹配,可采用向量空间模型的文本匹配算法进行计算;质量、状态的匹配采用数值计算的方法进行度量。文本匹配、数值计算等都有较为成熟的算法。

不同于一般的服务平台,在船舶制造车间海量数据传输过程中,检索的效率问题尤为突出。如果每次服务检索都必须计算所有维度的匹配度,再得到整体匹配度,检索的效率将大受影响。为了提高检索效率,设计了服务分级过滤机制。设置各个维度的匹配优先级,用以控制匹配顺序逻辑和过滤逻辑,优先级高的维度先进行匹配,若匹配度小于该维度的匹配阈值,则匹配失败,过滤该服务,不再进行后续维度的匹配。优先级为0的维度最后进行匹配,且不参与过滤逻辑。各个维度匹配顺序逻辑和过滤逻辑的设置,能极大地降低检索的解空间,减少匹配的计算量,提高检索效率。例如,优先级较高的制造资源维度的匹配度小于该维度的匹配阈值,即过滤该服务,不再进行后续维度的匹配以提高匹配引擎的效率。

1.5.3.2　快速特征匹配算法

快速特征匹配算法起始于需求信息的输入,终止于匹配结果的反馈,相似相关度计算和综合匹配计算贯穿于其中。输入信息将首先根据其语义概念在本体语义词库中进行横向和纵向语义扩展,找到与之相关的语义节点,然后遵从"相似—相关"优先级顺序进行语义相似相关度计算。相关度达不到临界值的节点语义词汇将直接被忽略,而相似或相关度大于对应临界值的节点语义。词汇将会映射到云数据库进行云数据库检索,接着便输出云数据库检索结果,最后将各个检索结果与输入信息纳入综合匹配计算,综合匹配度不在前10的服务资源将被忽略,而综合匹配度排在前10的服务资源将会作为最后输出展现在需求方用户界面。

分析输入信息的语义并进行语义扩展搜索。先识别并分析输入内容的语义,然后根据语义间的等价、蕴含和相关关系在基于本体的语义词库中以"等价—蕴含—相关"的优先级顺序进行相似度和相关度匹配,最后将扩展得到的服务资源语义映射到云数据库去锁定对应的制造服务资源,为最终的服务资源综合匹配输出匹配对象。

计算语义搜索结果的匹配度并输出智能匹配列表。先将锁定的服务资源及其提供方和需求方信息纳入综合匹配算法,进行分析和计算,得到各服务资源与需求信息的匹配系数,然后按匹配系数高低输出推荐列表,完成服务资源的匹配。

这种基于本体语义的供需智能匹配方法主要涉及三大关键技术,它们分别是建立本体语义词库、语义相似、相关度计算和构建智能匹配算法。建立本体语义词库就是为了实现语义扩展,快速找到与输入词条有关的服务,为语义搜索打下了坚实的基础;而语义相似、相关度计算则是为了提高语义搜索的精准性和高效性,过滤掉那些相似、相关性低的服务资源,为智能匹配提供对象;构建智能匹配算法是为了综合计算供需之间的匹配程度,过滤掉那些匹配度低、不经济不合理的服务资源,为用户选择提供决策支持。建立本体语义词库和语义相似、相关度计算均服务于语义搜索,而最终的构建智能匹配算法是通过语义搜索结果的智能匹配计算来实现的,由此可见这三者相辅相成、相互协作,共同确保船舶制造车间的高效搜索与合理匹配。

1. 建立本体语义词库

建立本体语义词库是实现该方法的前提与基础。不建立进行语义扩展且足够强大的语义词库,就谈不上语义搜索;不建立本体,语义词库就凌乱分散,搜索效率就会大大降低。建立本体语义词库主要包括两个步骤:首先人工操作,根据经验、常识以及行业知识等搜集整理制造业当中具有语义等价、语义蕴含、语义相关关系的词汇,以此来实现横向语义扩展;其次用 Protégé 软件将服务资源按照行业、业务、服务来进行纵向建模分类,形成层次清晰、语义充分的本体语义词库。

2. 语义相似、相关度计算

语义相似、相关度计算是实现语义搜索的核心。语义相似或相关的程度,直接决定了语义搜索的结果,只有与输入词条在语义上达到了某种程度的相似或相关的本体语义词才会映射到云数据库进行服务资源检索,也就是说那些相似或相关程度很低的本体语义词与输入信息没有太多关联,不足以支持输入信息进行语义扩展,自然就不会映射到云数据库,当然这种映射顺序也是遵从“相似—相关”这个优先级顺序的。如果具有语义相似关系,则不会进行语义相关计算,只有当不具备任何语义相似关系时才尝试着寻找它们之间是否存在语义相关关系,相似度高的自然最先映射到云数据库,相关度最低的最后映射到云数据库。语义相似、相关度计算过程为先进行语义相似度计算,只有当相似度达不到临界值才会进行语义相关度计算,语义相关度计算相当于语义相似度计算的补充,即在没有太多语义相似的情况下挖掘其是否有足够大的语义相关关系,以便尽可能多地找到它们之间的语义关系来支持语义搜索。

3. 构建智能匹配算法

构建智能匹配算法是实现智能匹配的重要支撑。不是所有的语义搜索结果都会输出,输出列表也并不唯一取决于语义吻合程度的高低,而是在更大程度上取决于供需双方多因素的综合匹配度,只有综合匹配度排序在前 10 的服务资源才会从高到低以列表的形式展示给用户。

1.5.3.3　供方数据筛选算法

船舶制造车间中数据量快速积累,数据筛选的目的是提高之前收集存储的相关数据的可用性,从供给方杂乱的数据中选择有效的数据传递给需求方。为了更深层次地获取数据所包含的信息,需要将不同的数据源汇总在一起,从中提取所需要的数据。然而这就需要解决不同数据源中数据结构相异、相同数据不同名称或者不同表示等问题。数据筛选包括数据抽取、数据清理、数据加载三个部分,如图 1-44 所示。

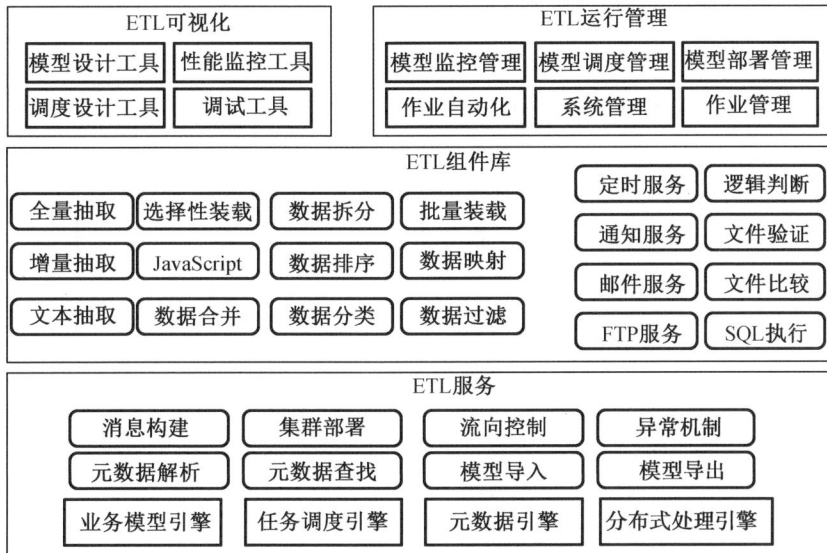

图 1-44 数据筛选框架

1. 数据抽取

数据在抽取后最终是要放入数据仓库中,因此数据抽取的主要任务就是要把不同数据源中的数据按照数据仓库中的数据格式转入数据仓库中,其主要任务就是统一数据格式,不同数据源使用的数据库类型会不同,所以数据抽取大致可以分为两种情况。

较为简单的情况是数据源与数据库使用相同的数据类型,此时可以使用关系型数据库自带的数据库连接功能,这样就可将数据仓库服务器与原系统连接起来,直接进行 SQL 查询。另一种情况是当数据源与数据库使用不同的关系型数据库时,就需要先将数据库中的数据文件导出成为指定格式的文本文件或者其他格式的文件类型,再将得到的数据库文件导入指定的数据库,最后便于分析、统一抽取需要的数据。

2. 数据清理

数据清理由数据清洗与数据转换两个部分构成。由于数据来源于不同的数据源,而不同数据源对于数据的不同规范及人为录入错误,都需要在数据清理阶段解决。数据清理属于数据的预处理阶段,数据清理的主要任务是格式标准化、异常数据清除、错误纠正及重复数据清除,从而为下一步数据挖掘提供结构良好的、更适合挖掘的数据。

数据清理包含缺失数据处理、重复数据处理、异常数据处理及不一致数据整理四个部分,是直接处理数据的第一步,影响后续处理的结果,因此十分重要。数据缺失是数据库中常有的情况,但是为了得到完备的信息,就必须解决数据缺失的问题,因此处理缺失数据通常使用以下三种方法。

第一种是删除有缺失信息的记录。当记录中主要信息缺失,尤其是丢失较多关键信息的时候,数据已经不能够反应其所能够代表的信息,这时就可以将某条记录删除。但这种情况仅适用于数据量较大时,也就是说删除并不影响所有信息的完整性。显然当数据量较少或缺少数据的记录较多时,完全通过删除整条记录的方法并不可行,这可能会对数据质量造成重大影响,删除记录的方法有一定适用范围。

第二种方法是对信息进行人工补全,同样这种方法也有着自己的局限性,当数据量较大时,尤其在海量数据的情况下,此种方法会耗费较大人力且效率极低。还可以利用默认值来代替缺失的信息,将缺失属性值的属性视为特殊的属性,为缺失的信息值设置特殊的属性值,从而得到完备的信息。

第三种方法是利用数学公式将数据对已有信息的值进行统计分析,利用统计的值进行补全。可以使用平均值填补空缺值,或者使用同类型样本预测值进行补全空缺值,还可以使用贝叶斯公式和判定树这样的基于推断的方法进行填充,这样不会影响信息的质量。显然如果采用的公式不合适,会对下一步信息分析造成不利影响。

重复数据除了包括真正意义上的重复数据还包括属性冗余与属性数据的冗余两部分的数据。对于真正数值或属性值重复的数据处理起来也较为简单,可以直接删除。但属性冗余与属性数据的冗余需要经过分析再将其删除。如在数据仓库中,会利用不同数据库收集数据,因此会出现多个属性名称表示同一属性的情况;还有就是对于有些数据可以从别的属性中得到,年龄可以从生日中得到,可以将重复部分的数据直接删除。属性数据的冗余是指某些属性的值已经包含某些属性中的值,如在处理国内用户地址时会有国家省份等详细地址,其实这些信息中国家这部分属于重复数据,将国家剔除并不会影响对数据的分析。这种重复属性的剔除不仅可以精简数据库中的相关记录,降低存储空间的占用,也利于数据分析效率的提升。

异常数据也是较为常见的情况,其是指在数据集中出现部分数据和其他数据有很大区别或者不一致的情况。有区别并不代表数据就一定为异常,这些特殊的数据也可能反映出实际中的情况。这时判断数据是不是异常数据就十分必要,如果数据位异常则需要将数据剔除,避免影响数据分析的准确性。但是对于某些不一致的数据并不一定就是异常数据,对于这种数据要注意其背后隐藏的信息,找出造成数据不一致的原因。

3. 数据加载

在数据加载到数据库的过程中,分为全量加载和增量加载两种方式。全量加载是指全部删除后再进行数据加载的方式;增量加载是指目标表仅更新源表变化的数据。

全量加载从技术角度上说,比增量加载要简单很多,一般只要在数据加载之前,清空目标表,再全量导入源表数据即可。但是由于数据量、系统资源和数据的实时性的要求,很多情况下我们都需要使用增量加载机制。

增量加载难度在于必须设计正确有效的方法从数据源中抽取变化的数据以及虽然没有变化但受到变化数据影响的源数据,同时将这些变化的和未变化但受影响的数据在完成相应的逻辑转换后更新到数据仓库中。优秀的增量抽取机制不但要求 ETL 能够将业务系统中的变化数据按一定的频率准确地捕获到,同时不能对业务系统造成太大的压力,影响现有业务,而且要满足数据转换过程中的逻辑要求和加载后目标表的数据正确性,同时数据加载的性能和作业失败后的可恢复重启的易维护性也是非常重要的考量方面。

1.5.3.4　事件匹配技术算法

在基于内容的发布订阅模型中,事件匹配关于快速寻找匹配订阅者的问题,是目前发布订阅领域研究的热点。现有的事件匹配算法可以分为以下三类。

1. 基于计数的算法

基于计数的算法使用不同的索引结构对订阅者集合进行预处理,然后采用计数法,寻找匹配的订阅者。基于计数的算法主要分为两个步骤:第一步先依次比较每个属性,记录每个订阅者满足的限制数;第二步比较订阅者满足的限制数和自身订阅的限制数,若二者相等则说明事件匹配该订阅者。计数算法的不足在于,在遍历所有属性的过程中,大量不匹配的订阅者都会重复计算,这会带来时间性能上的损耗。

2. 基于树结构的算法

基于树结构的算法使用了索引树来优化处理订阅者集合。通常事件匹配的过程就是从根结点出发,沿着索引树向下寻找的过程。将单个属性归一化到0至1的闭区间,然后使用覆盖划分的方式将值域分为若干个子区间,每个订阅者在该属性上的限制都能够通过$O(1)$的计算得到所属的子区间。最后将前属性连成串构成了哈希树的结构。每个订阅者通过在前个属性上的$O(1)$计算,能够得出最终归类到某个叶子节点上。查找的过程与订阅者归类的过程类似,首先从根结点出发,计算前 L 个属性的取值,从而确定某个叶子结点得到可能匹配的订阅者集合。通过前 L 个属性层层过滤的方式,明显缩小了可能匹配订阅者的范围。利用空间划分和空间聚集两个步骤,将高维空间的布尔表达式转换为树的结构存储,该算法的局限在于基于有限离散值的特征做空间聚集。互联网中的热点数据是动态变化的,体现到订阅或者事件上,即属性的重要程度变化很频繁。基于树的算法,因为树结构本身很复杂,所以往往无法适应数据的快速变化。应对变化的性能差,是此类算法的不足。

3. 基于订阅划分覆盖的算法

在订阅者集合中寻找匹配某条事件的订阅者,也可以称之为事件的路由查找。减小路由表的查找规模也能加快事件匹配的速率,因此第三类算法重点关注如何减小路由表的规模。常见的方法有订阅的合并、覆盖、包含等。

使用上述方法,虽然能够有效地将相同或者类似的订阅归类,但是当一个新的订阅请求到来时,将该订阅合并到现有的订阅集合中需要耗费额外的时间。因此,此种方法也存在适应性不足的缺点,无法应对数据快速变化的场景。通常,一个事件的发布是有一定概率的,即该事件的每个属性取值是存在概率分布的。上述的三类算法,均只对现有的订阅集合作出索引结构(基于计数、基于树)或者组织结构(订阅合并、覆盖)上的优化,而没有考虑事件可能的输出情况。

1.5.4　船舶制造现场数据分类传输

互联网技术的发展、壳舾涂一体化造船模式以及以中间产品为导向的分段建造生产模式,使造船业实现了生产过程的数据化。在船舶制造的各阶段过程中有海量的行数据、文本、音频、视频等需要传输,根据各数据是否可用二维表结构逻辑表达、实现,可将其分为结构化数据(行数据)、非结构化数据(文本、音频、视频、图像等)。现代造船车间数据具有数据量大、类型多、增长率快且传输频繁等特点,对造船车间数据传输的精准、快速提出较大的挑战。基于数据传输协议特征、数据传输机制、网络分层传输、拥塞监测方法等分类传输技术,我们对于不同类型的数据,要采用适合的数据传输机制进行传输,使数据传输过程简洁高效。

1.5.4.1　传输协议特征

本章节分析 HTTP、HTTPS、UDP、FTP、流媒体、WebSocket 等数据传输方式的优缺点,为不同类型数据选择不同的传输方式提供基础。

1. HTTP

HTTP(Hyper Text Transfer Protocol,超文本传输协议)是用于从 WWW 服务器传输超文本到本地浏览器的传送协议。它可以使网络传输减少,传输更加高效。HTTP 推送技术有两种方式:HTTP 长轮询和 HTTP 短轮询。它不仅能保证计算机正确快速地传输超文本文档,还能确定传输文档中的哪一部分,以及哪部分内容首先显示(如文本先于图形)等。

HTTP 由请求和响应构成,是一个标准的客户端服务器模型(B/S)。HTTP 协议永远都是客户端发起请求,服务器回送响应。HTTP 是一个无状态的协议,无状态是指客户计算机和服务器之间不需要建立持久的连接,这意味着当一个客户端向服务器端发出请求,然后服务器返回响应,连接就被关闭了,在服务器端不保留连接的有关信息。HTTP 遵循请求/应答模型,客户机向服务器发送请求,服务器处理请求并返回适当的应答。

2. HTTPS

HTTPS(安全超文本传输协议)是一个安全通信通道,基于 HTTP 开发,用于在客户计算机和服务器之间交换信息。它使用安全套接字层(SSL)进行信息交换,简单来说是 HTTP 的安全版。

3. UDP

UDP(User Datagram Protocol,用户数据包协议)的最原始规范是 1980 年发布的RFC768,到现在已经经历了很长时间,其间虽然研究出不少协议,但是 UDP 在很多领域仍然有着重要的应用,比如即时通信框架、高清数字电视等。

UDP 最大的特点是不可靠,只能尽最大努力交付。不可靠性基于 UDP 是面向无连接的网络协议:发送方与接收方之间是没有连接的,这样在通信过程中双方都对彼此的状态不清楚,也就是说发送方只需要发送数据包,接收方是否处于接收状态,发送方一概不知,发送方发出数据包之后,接收方能否接到,也无法知道。UDP 不关心网络通信环境,所以分组在传输过程中丢包也很难察觉。正是由于 UDP 不建立连接,所以节省了大量的开销,很大程度上加快了数据的传输速度,能够进行大规模数据的传送,极大地提高了网络的通信性能。因此,在保证 UDP 高效传输的基础上对它的可靠性进行一定的改造,可以使 UDP 应用范围更加广泛。

4. FTP

FTP(File Transfer Protocol,文件传输协议)中文简称为"文传协议",用于 Internet 上的控制文件的双向传输。同时,它也是一个应用程序,用户可以通过它把自己的 PC 机与世界各地所有运行 FTP 的服务器相连,访问服务器上的大量程序和信息。FTP 的主要作用就是让用户连接上一个远程计算机(这些计算机上运行着 FTP 服务器程序)察看远程计算机有哪些文件,然后把文件从远程计算机上拷到本地计算机,或把本地计算机的文件送到远程计算机去。FTP 的传输有两种方式:ASCII、二进制。

(1)ASCII 传输方式

假定用户正在拷贝的文件包含简单的 ASCII 码文本,如果在远程机器上运行的不是 UNIX,当文件传输时 ftp 通常会自动地调整文件的内容以便于把文件解释成另外那台计算机存储文本文件的格式。但是常常有这样的情况,用户正在传输的文件包含的不是文本文件,它们可能是程序、数据库、字处理文件或者压缩文件,在拷贝任何非文本文件之前,用 binary 命令告诉 ftp 逐字拷贝。

(2)二进制传输模式

在二进制传输中保存文件的位序,以便原始和拷贝的是逐位一一对应的。即使目的地机器上包含位序列的文件是没意义的。例如,Macintosh 以二进制方式传送可执行文件到 Windows 框架,在对方框架上,此文件不能执行。如在 ASCII 方式下传输二进制文件,即使不需要也仍会转译,这会损坏数据。ASCII 方式一般假设每一字符的第一有效位无意义,因为 ASCII 字符组合不使用它。如果传输二进制文件,所有的位都是重要的。

FTP 是一个 8 位的客户端—服务器协议,能操作任何类型的文件而不需要进一步处理,就像 MIME 或 Unicode 一样。但是,FTP 有着极高的延时,这意味着从开始请求到第一次接收需求数据之间的时间会非常长,并且不时地必须执行一些冗长的登录进程。

5. 流媒体技术

流式传输是声音、影像或动画等时基媒体由音视频服务器向用户计算机的连续、实时传送,用户不必等到整个文件全部下载完毕,而只需经过几秒或十数秒的启动延时即可进行观看。当声音等时基媒体在客户机上播放时,文件的剩余部分将在后台从服务器内继续下载。流式传输不仅使启动延时呈十倍、百倍地缩短,而且不需要太大的缓存容量。流式传输避免了用户必须等待整个文件全部从网上下载完毕才能观看的缺点。实现流式传输需要使用缓存机制,客户端收到数据包后先缓存起来,播放器再从缓存中按次序读取数据。

使用缓存机制还可以解决停顿问题,网络由于某种原因经常会有一些突发流量,此时会造成暂时的拥塞,使数据不能实时到达客户端,客户端的播放就会出现停顿,如果采用了缓存机制,暂时的网络阻塞并不会影响播放效果,因为播放器可以读取以前缓存的数据,等网络正常后,新的数据将会继续添加到缓存中。

6. WebSocket

WebSocket 推送技术是近几年兴起的实时推送技术。HTML5 开始提供的是在单个 TCP 连接上进行的全双工通信协议。WebSocket 的出现使得浏览器提供对 Socket 的支持成为可能,从而在浏览器和服务器之间提供了一个基于 TCP 连接的双向通道,节省了服务器资源和带宽,拥有了更好的实时通信。虽然 WebSocket 同 HTTP 一样都是通过 TCP 来传输数据的,但 WebSocket 和 HTTP 最大的不同是 WebSocket 是一种双向通信协议,只要客户端与服务器建立了连接,WebSocket 服务器和客户端就能主动向对方发送或接收数据,像 Socket 一样,整个过程只要建立一个 TCP 连接。而 HTTP 的客户端与服务器之间的每次请求都需要一个 TCP 连接。相对于传统 HTTP 请求/应答,每一次请求都需要在客户端与服务端之间建立连接,WebSocket 则是类似 Socket 的 TCP 长连接的通信模式,一旦 WebSocket 连接建立后,后续数据都以帧序列的形式传输。在客户端断开 WebSocket 连接或 Server 端断掉连接前,不需要客户端和服务端重新发起连接请求。在有大量连接请求或者客户端与服务器交互负载大的情况下,基于 WebSocket 实现的长连接能极大地节省网络带宽资源,有明显的性能优势,且客户端发送和接收消息是在同一个持久连接上,实时性优势明显。虽然 WebSocket 实时传输优势明显,但是在某些网络连接质量极端不好的情况下,WebSocket 连接并不稳定,存在客户端发送消息失败和服务器推送消息不成功的情况。而 HTTP 因为前后请求没有关联,所以在网络连接质量不好的请求下,可以通过重复发送请求,确保消息发送成功,表现了连接稳定性。消息传输协议通过综合两种推送方案在不同环境下的表现,集合了两种推送方式各自的优点,将推送消息的稳定性、可用性和高效性发挥到极致。

1.5.4.2　数据分类传输技术选择

基于 TCP 的 HTTP、HTTPS、FTP、WebSocket 和基于 UDP 的流媒体传输协议 RTP 等数据传输方式各有各的特点,因此有不同的适用场景。表 1-8 为各种传输协议的特点及适用场景分析。

表 1-8　各种传输协议的适用场景分析

项目	TCP(HTTP、HTTPS、FTP)	UDP(流媒体 RTP)
可靠性	可靠	不可靠
连接性	面向连接	无连接
报文	面向字节流	面向报文
效率	传输效率低	传输效率高
双工性	全双工	一对一、一对多、多对一、多对多
流量控制	有	无
拥塞控制	有(慢开始、拥塞避免、快重传、快恢复)	无
传输速度	慢	快
应用场合	对效率要求相对低、但对准确性要求相对高,或者要求有连接的场景,例如各类文档、模型文件、工艺文件、数字加工指令文件、报表文件等	对效率要求相对高、对准确性要求相对低的场景,例如车间各类音频、视频实时传输

表 1-8(续)

项目	TCP(HTTP、HTTPS、FTP)	UDP(流媒体 RTP)
应用示例	一般用于文件传输(HTTP、FTP 对数据准确性要求高,速度可以相对慢),发送或接收邮件、远程登录等对数据准确性有一定要求,等等	一般用于即时通信(对数据准确性和丢包要求比较低,但速度必须快),在线视频连续传输、音频传输,等等

(1)HTTP 从服务器中传输超文本文件到需求方的终端,通过 HTTP 发送请求报文,返回相对应的响应报文,无状态协议,可以更快地处理更多的请求事务,可以传输常规的文件,包括图片等数据。

(2)HTTPS 是在 HTTP 的基础上,增加加密算法的数据传输协议,在传输保密文件时,需要加密解密过程。

(3)UDP 适合短报文的发送,是 OSI 参考模型中一种无连接的传输协议,提供面向具体事务的简单不可靠信息传送服务,主机连接状态简单。

(4)FTP 适合批量传输文件,资源库、三维模型指导书等的下载,支持断点续传,但不适合传输实时数据。

(5)流媒体技术适用于传输声音、影像或动画等实时数据,可做到连续、实时传送,用户不必等到整个文件全部下载完毕,而只需经过几秒或十数秒的启动延时即可进行观看。

1.5.5 船舶制造现场数据定向分类传输方案

1.5.5.1 组织结构

海量数据定向分类传输组织结构如图 1-45 所示,该图显示了系统的具体组织架构,包括数据供给端接入模块、数据需求端接入模块、网络传输系统。其中网络传输系统包括数据分类子模块、需求生成子模块、匹配度计算子模块和传输机制选择子模块。

海量数据定向分类传输系统工作流程如图 1-46 所示,显示了系统的具体工作流程。

该系统供需双方数据分类方式,如图 1-47 所示,说明了系统的数据分类方式。

根据数据传输文件不同的扩展名,分为不同的数据类型,为数据储存和选择合适的传输协议提供依据。该系统的传输机制选择流程如图 1-48 所示,说明了系统传输机制选择流程。

海量数据定向分类传输系统的具体工作流程如下。

(1)船舶制造企业和车间信息化系统包括企业资源计划系统 ERP、仓储系统、产品数据管理系统 PLM、制造执行系统 MES、物联网数据采集系统等在内的数据供给方首先通过数据传输接口和网络将第三方信息化系统感兴趣的数据、信息等传送给海量数据定向分类传输平台,平台通过数据接收端口接收相关数据和消息,然后将相关数据和消息存入数据接收队列,等待后续处理。

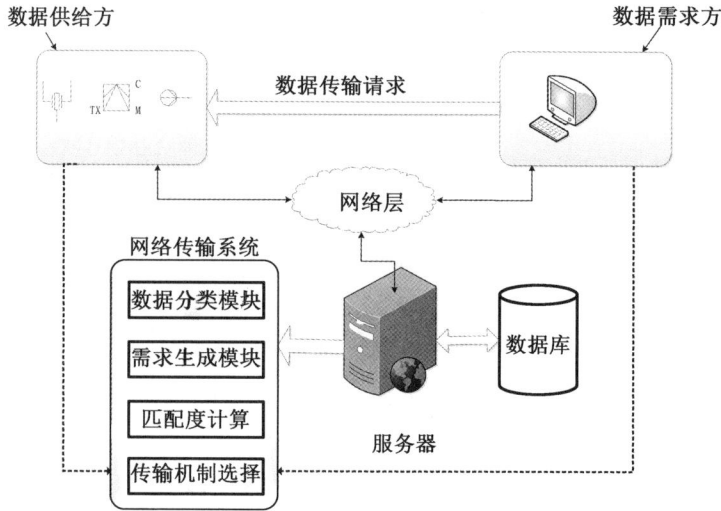

图 1-45　海量数据定向分类传输组织结构

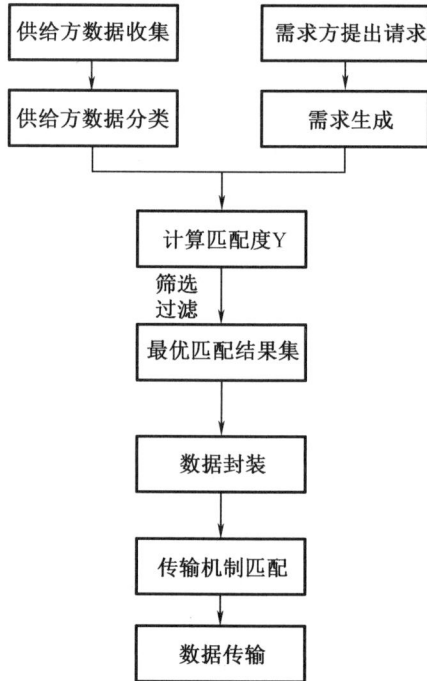

图 1-46　海量数据定向分类传输系统工作流程

（2）对数据进行分类，并进行数据和消息标准化封装，最终存储到数据库中，其具体实现步骤为：①根据数据类型、主题、关联事件等特征对数据进行分析归类；②根据数据的相关特征对数据进行有效分类、存储。

（3）需求方提出请求，需求生成模块对请求进行需求信息分析、分类和汇集，并生成需求清单，根据需求清单，建立基于数据收集子系统数据数据库的海量数据多层次语义匹配模型。根据每层匹配度与设定阈值的比较进行匹配过滤，符合条件才能进入下一层匹配，经过多层过滤得到最优数据匹配结果,并以建立的数据库查询匹配度最高的数据进行传输。

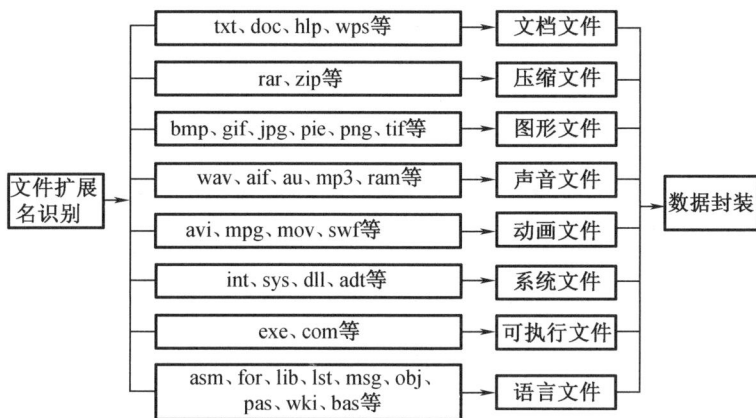

图 1-47　供需双方数据分类方式

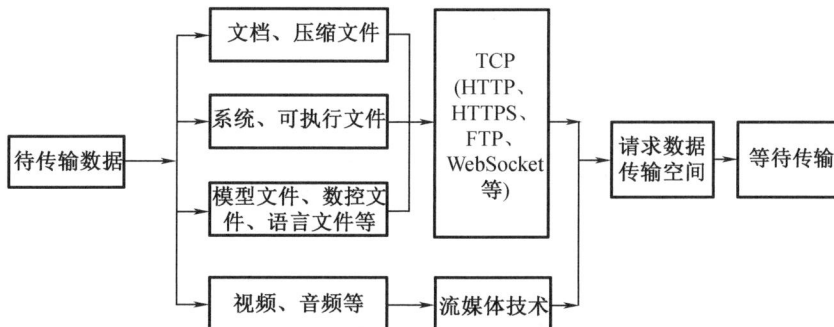

图 1-48　传输机制选择流程

(4)根据数据类型进行传输机制的选择,传输机制选择模块是本系统采用定向分类传输技术的核心部分,也是本系统能够避免拥塞的根本原因。根据不同数据类型选择不同的传输机制,供给方进行寻址,并与需求方建立连接,将数据快速传递给需求方。

1.5.5.2　模型下车间应用场景方案

现如今作业指导方式仅仅是利用二维图纸、作业指导书等方式,而船舶制造等大型工业制造过程产品复杂、质量要求高,传统作业指导方式显然不能够满足工人对复杂产品结构和工艺要求的理解,而以三维作业指导书为载体的三维工艺信息用更符合人的思维模式的表达方式来传递制造信息,若能将整船的三维模型甚至制造过程的三维动画效果,都展示到每个工位端,工人就能更好地把握整体的制造信息,而三维模型及动画占用带宽比较大,在高宽带组网等硬件条件满足的情况下,仍有可能发生传输拥堵,降低交互效率,影响生产进度。而利用该海量数据定向分类传输技术,根据工人的加工过程,将工人需要的三维模型、指导书等信息定向传输给工人的终端,根据传输数据的类型不同,选择合适的传输协议,则会大大降低拥堵的概率。

如图 1-49 所示,为作业指导应用定向分类传输技术过程的示意图,该作业指导过程通过网络将产品制造的结构和工艺信息与工人的操作终端联系起来,三维作业指导书编制完成之后,当操作工人或者管理人员需要查看三维指导书或者相关的数据时,提出作业指导请求,则该数据传输系统将请求信息与指导书中相关的数据进行匹配,得到匹配度最高的数据,并根据所要传输的数据类型,选择恰当的传输机制,将作业指导传输到对应的终端(包括移动终端、大屏显示终端、专用终端等),完成海量数据定向分类传输技术在作业指导方面的应用。

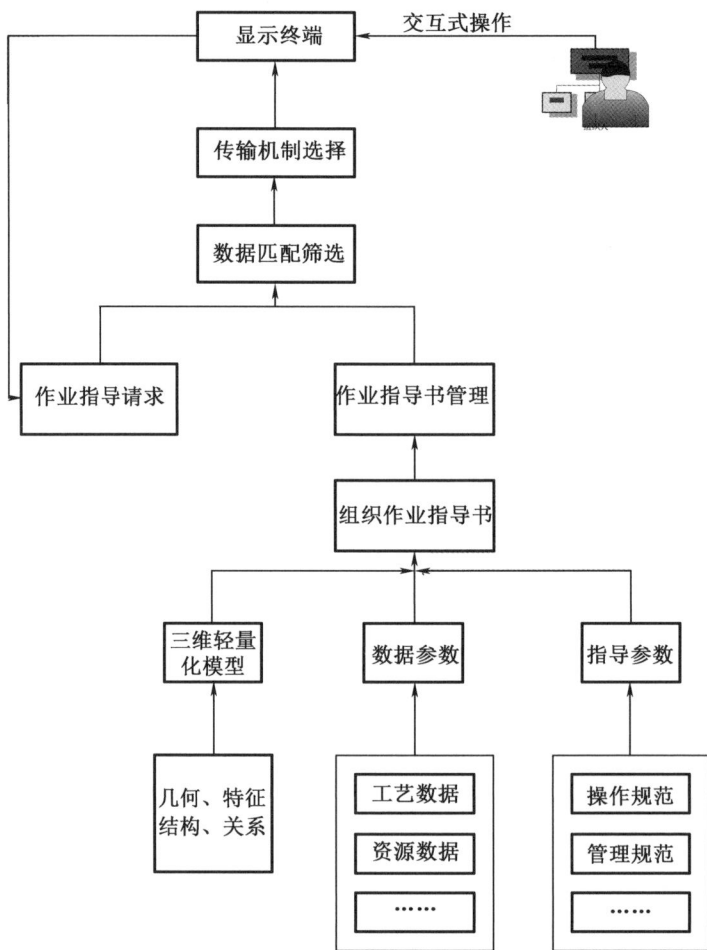

图1-49　作业指导应用定向分类传输技术过程

在三维数字化成为作业指导标准的趋势下,将三维模型等大容量数据传输到指定工位就成为最关键的技术之一,故在高宽带组网的基础上,使用定向分类传输技术,则可有效避免传输拥堵,使得工人顺畅地访问和使用作业指导系统,加快生产效率,提高生产质量。

1.5.5.3　视频传输应用场景方案

车间质量检验系统希望将生产过程的视频、图片等信息即时传送给需求方的终端,达到监控生产过程、把握生产质量的目的。现有的船厂车间质量检验过程比较简单,只是拍摄生产过程和产品的图片,在质量检验环节交给检验人员查看,并不能检验生产过程中存在的缺陷。即使有监控视频,也很难保证能够完整地即时的传送到用户端,因此利用该海量数据定向分类传输技术,实现船舶制造中间产品质量检验视频、图片等数据的实时传输,监控船舶车间的生产质量,提升船舶产品制造质量。

如图 1-50 所示,当需求端用户向质量检测系统发出查询请求后,该系统将需求方提出的需求信息形成符合系统规则的语义描述,用于进行供需方数据的智能匹配;与此同时,质量监测系统实时地对各个生产过程进行监控,并将产生的数据(视频、图片、文本等)分类储存起来,按照数据类型,对不同类型的数据文件进行分析归纳,并储存在对应的模块。当系统接收到数据传输指令后,对供需信息智能匹配,按照计算的匹配值大小进行排列,将排名最靠前的供给方数据封装,选为待传输数据准备发送。传输机制选择模块通过识别待传输数据的扩展名,将传输数据的类型与不同的传输协议相对应,选择最适合此数据类型传输的协议进行传输,完成生产车间的质量监控过程。

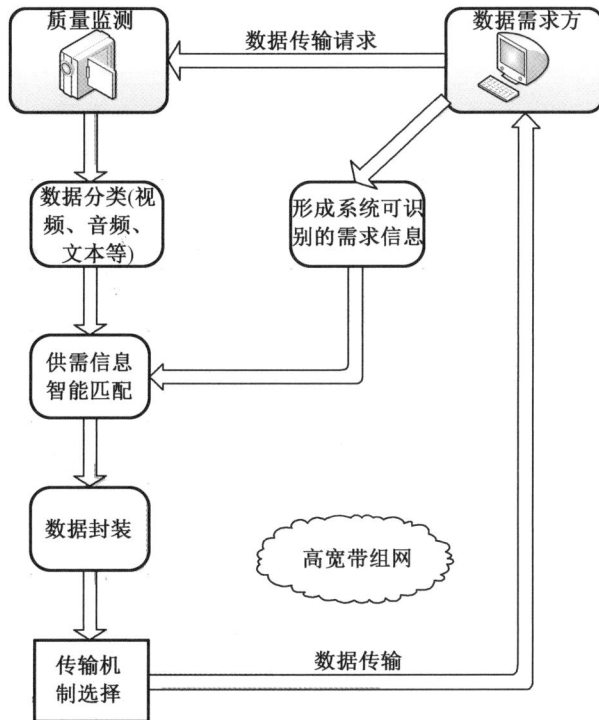

图 1-50 质量检验应用海量数据定向分类传输技术过程

质量监控过程应用海量数据定向分类传输技术,彻底改变了传统的只用拍照记录等形式进行质量监控的方式,实现质量监控在线化、实时化,可以有效提升船舶产品制造质量。

1.5.5.4 计划派工应用场景方案

派工单是生产计划与现场施工人员建立关联的枢纽,是根据生成计划编制中最小单位的小日程计划为基准进行编制的,相关图纸与物资的打包是完成编制工作的前提条件。派工单包含了施工人员、作业对象、物量、计划工时、任务的计划开始与结束的时间等内容,是生产得以按时按量完成的保证,也是员工按物量进行工资结算的依据。派工过程需要将三维图纸、作业指导等文件传递到工位终端,还包括工人在作业标准库中下载各种加工标准(焊接标准、舾装标准等),工人在需要的时候可自行下载,派工过程涉及不同的数据传输类型,以及不同的数据传输方式,故采用该海量数据定向分类传输系统,可避免数据传输过程的拥塞,达到按需传输,减轻网络传输带宽压力。

如图 1-51 所示为派工管理应用定向分类传输技术过程,派工管理有两种类型:第一种是图纸、作业说明等形成的派工单,当某个工位提出其派工请求时,则从海量的派工单中精确匹配到需要的派工单,派工单可用附件的形式传输给工位终端,系统选择 HTTP 进行实时传输;第二种是当工人需要查询相关的加工生产标准时,进入车间的生产标准库,查询到对应的标准书,可通过 FTP 进行标准的批量下载,进而可在工位终端进行查看。通过该定向分类传输系统,当工位终端提出对应的数据传输请求时,可通过不同的协议,传输不同的文件,做到实时传输,使船舶制造过程有序进行。

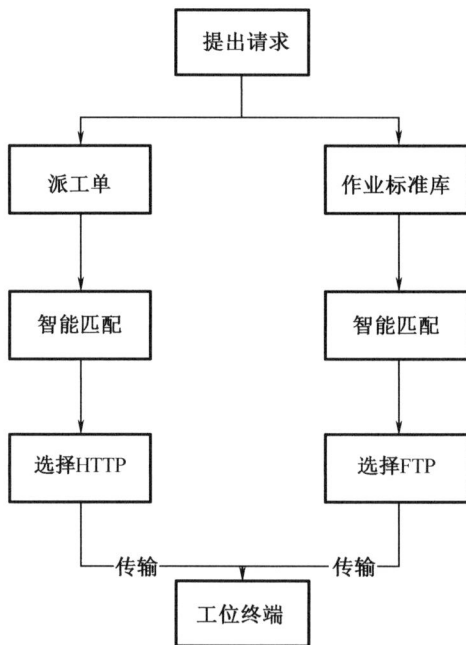

图 1-51　派工管理应用定向分类传输技术过程

1.6　面向移动终端的海量数据传输技术

1.6.1　技术简介

针对面向船舶制造车间移动终端数据传输出现的船舶分段制造现场复杂工况条件下移动传输干扰严重、接入情况复杂等问题,可通过移动终端数据传输许可技术、移动传输过程中数据同步传输技术、移动传输过程中数据容错技术、移动事务处理技术等技术进行解决,具体内容如下。

(1)为了保证数据传输的安全,需要设计身份认证技术和数据加密技术方案,设计覆盖传输许可凭证的请求、生成、颁发、传输、存储、验证、失效等的全生命周期管理框架与协议。

(2)为了保证移动终端的精准数据传输,设计数据同步请求过程及握手协议,包括同步周期、差异检测算法、差异(增量)数据封装、差异(增量)数据传输等方案。

(3)为了达到移动传输中数据容错的目的,需对现有数据完整性校验算法、数据断点续传技术进行分析,确定在现场移动环境下适用的数据完整性校验与断点续传方法。

(4)为了实现车间现场人员在移动过程中事务处理不受影响的目的,在对典型事务处理场景进行梳理、分析的基础上,研究事务缓存与恢复技术,研究失败事务处理技术,研究脱机移动事务处理技术。

船舶制造车间移动终端数据传输技术总体框架可分为四部分(图1-52),具体内容如下。

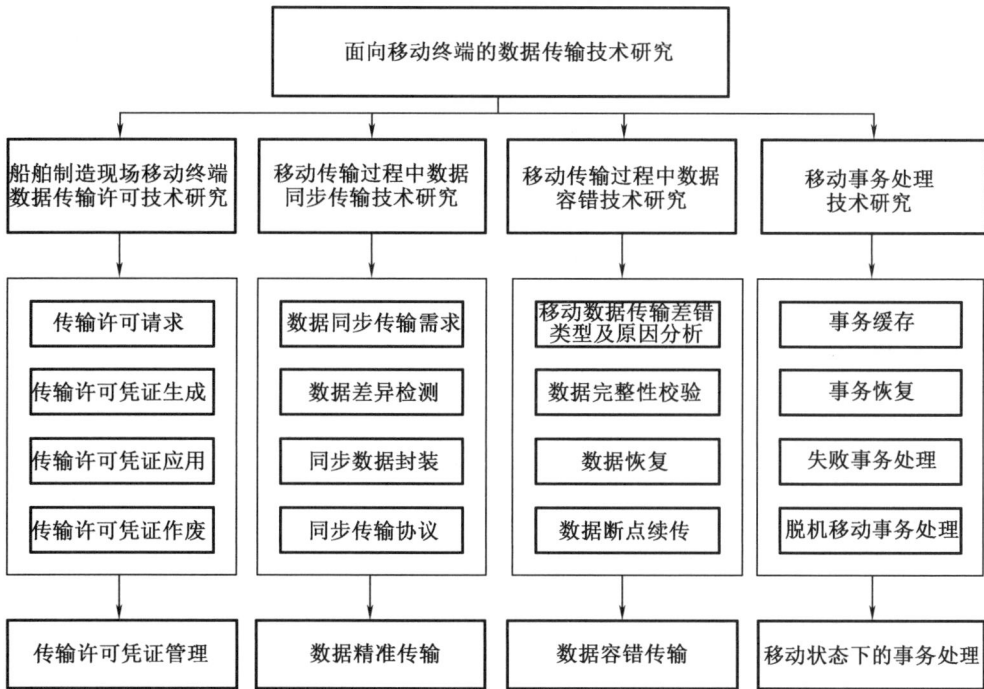

图1-52 移动终端的数据传输技术框架

(1)针对现场对移动传输的典型场景要求,结合符合移动设备计算资源限制的身份认证技术,设计覆盖传输许可凭证的请求、生成、颁发、传输、存储、验证、失效等的全生命周期管理框架与协议,实现移动终端数据传输许可凭证管理,解除数据传输安全的后顾之忧。

(2)针对合法的移动终端的数据传输要求,针对不同岗位、角色对不同数据类型传输的数据服务端和数据传输客户端的数据同步需求,确定数据传输同步请求过程及握手协议,包括数据同步周期、数据差异检测算法、差异(增量)数据封装方法、差异(增量)数据传输方式和方法等,实现针对移动终端的精准数据传输。

(3)由于车间现场无线网络干扰因素较多,无论是全量数据传输还是增量数据传输,还需解决传输过程中的数据容错问题,因此需对现有数据完整性校验算法、数据断点续传技术进行分析,确定在现场移动环境下适用的数据完整性校验与断点续传方法,达到移动传输中数据容错的目的。

(4)除常规数据同步外,现场合法的移动终端还需进行事务处理。为此在对典型事务处理场景进行梳理、分析的基础上,研究事务缓存与恢复技术,研究失败事务处理技术,研究脱机移动事务处理技术,达到车间现场人员在移动过程中事务处理不受影响的目的。

1.6.2 移动终端数据传输许可技术

在船舶分段车间生产现场,移动信号无处不在。为了避免未被允许的移动便携设备接入生产网络,对生产过程造成干扰或出现关键数据泄漏,需要对移动设备本身和使用移动设备的人进行身份认证,只有经过认证的移动设备和人员才能获得数据传输许可,根据许可发起或接受现场数据传输。但同时移动设备本身的计算资源是有限的,因此一些安全性较高但运算量较大的密码算法的使用受到限制,需要重新设计符合实际需要的身份认证与传输加密方案。

1.6.2.1 移动设备身份认证技术

身份认证技术主要用于确认移动终端使用者的身份是否为合法使用者,能够为船舶制造车间网络中的移动终端使用者提供身份识别,防止非法移动终端节点接入车间网络,有效保证网络通信安全,是车间网络交互的一道重要安全防线。身份认证的基本方法就是由移动终端使用者提交该主体独有的并且难以伪造的信息来表明自己的身份以便进行核对认证授权。

身份认证是船舶制造企业车间网络信息数据安全的基础,采用的身份认证方案必须达到一定的安全水平并且能够有效抵抗潜在的攻击,可以统筹兼顾到安全性、可用性等多方面因素。身份认证方案应该遵循以下基本设计原则。

第一,安全性。身份认证方案首要的考虑因素,在不同的应用场景下具有不同的安全需求。因此,在设计身份认证方案时,首先应该确定所设计的身份认证方案的应用场景以及在此场景下所要求达到的安全目标。只有明确了这些因素,设计出的身份认证方案才能够有效达到身份认证的目的。

第二,有效性。身份认证方案的安全性通常是基于某些复杂的数学运算对身份认证信息进行加密和解密,并进行对比确认来实现的。一般来说,依据非对称密钥算法设计的身份认证方案往往需要较高的运算复杂度,而函数一般都具有较高的运算有效性。因此必须充分考虑好所设计方案的应用场景,在充分保证身份认证安全的基础上,同时考虑计算效率的表现。

第三,可用性。可用性指在实际应用中能够带给用户较好的用户体验,身份认证方案的使用者是用户,因此只有用户获得了良好的用户体验,设计的身份认证方案才有可能被广泛应用,一般都是通过简单的操作让用户完成自己的身份认证。

一般来说,身份认证是通过以下三种基本方式或组合方式来完成的。

(1)基于口令的认证。口令能提供用户所知晓的某个秘密信息,如密码、暗语或码等因素。

(2)基于实物的认证。用户所持有的某个秘密信息硬件,即用户必须持有合法的随身携带的物理介质,如令牌智能卡、数字证书、磁卡、智能卡或用户所申请领取的公钥证书,其中令牌是目前应用比较广泛的一种电子身份凭证,令牌中具有计算能力的芯片可向用户提供一定的计算功能,而数字证书等方式主要是借助了公钥密码体制,通过可信的第三方完成身份认证。

(3)基于生物特征的认证。用户所具有的某些生物特征,如指纹、声音、图案、视网膜扫描等,这些方式是最为安全有效的身份认证模式,但是由于实施的难度以及受外界影响较大等因素,广泛推广还面临较大的困难。

1.基于口令的身份认证

(1)静态口令

静态口令是在一段时间内没有变化、可多次使用的口令,如登录时的用户名/密码就是最常见的静态口令验证,但由于其静态特性,当其泄露之后,口令依然可以使用,这就使静态口令产生极大不安全性。入侵者只要获得静态口令即可,而获得静态口令的方式有很多种,如窃听、截取、监听等。

(2)动态口令

动态口令也叫一次性口令(one-time password,OTP),其基本原理是用户在登录过程中基于用户口令加入不确定因子,对用户口令和不确定因子进行单向散列函数变换,所得结果作为认证数据提交给认证服务器,认证服务器接收到用户的认证数据后,把用户的认证数据和服务器自身用同样的散列算法计算出的数值进行比对,从而实现对用户身份的认证。在认证过程中,用户口令不在网络上传输,不直接用于验证用户的身份。动态口令机制每次都采用不同的不确定因子来生成认证数据,从而每次提交的认证数据都不相同,提高了认证过程的安全性。

动态口令按生成原理可分为非同步和同步两种认证技术。

①非同步认证技术生成的动态口令主要是依据挑战/应答方式来实现,即用户登录时系统随机提示一条信息,用户根据这一信息连同其个人化数据共同产生一个口令字,用户输入这个口令字,完成一次登录过程,或者用户对这一条信息实施数字签名,发送给认证服务器进行鉴别。挑战/响应方式的身份认证机制就是每次认证时认证服务器端都给客户端发送一个不同的"挑战"码,客户端程序收到这个"挑战"码,根据客户端和服务器之间共享的密钥信息,以及服务器端发送的"挑战"码作出相应的"应答"。服务器根据应答的结果确定是否接受客户端的身份证明。一个典型的认证过程如图1-53所示。

身份认证过程如下:

A.客户向认证服务器发出请求,要求进行身份认证。

B.认证服务器从用户数据库中查询用户是不是合法的用户,若不是,则不做进一步处理。

C. 认证服务器内部产生一个随机数,作为"挑战"码,发送给客户。

D. 客户将用户名字和随机数合并,使用单向 Hash 函数(例如 MD5 算法)生成一个字节串作为应答。

E. 认证服务器将应答串与自己的计算结果比较,若二者相同,则通过一次认证;否则,认证失败。

F. 认证服务器通知客户认证成功或失败。

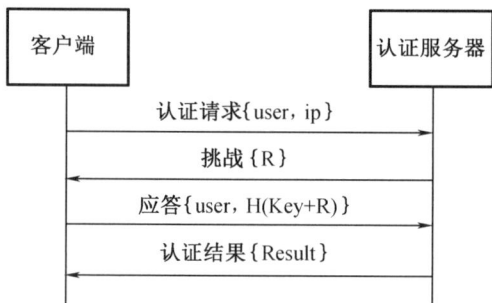

图 1-53 挑战/应答身份认证机制

②同步认证技术包括与时间有关的时钟同步认证技术和与时间无关的事件同步认证技术,即根据这个同步时钟或事件信息连同其个人化信息共同产生一个口令字,这两种方案均需要认证服务器产生与用户端相同的口令字用于验证用户的身份。

在时间同步机制中,每个系统用户都持有相应的时间同步令牌。令牌内置时钟、种子密钥和加密算法。时间同步令牌可以每分钟动态生成一个一次性有效的口令。用户访问系统时,将令牌生成的动态口令和静态口令结合在一起作为口令送到中心认证系统。认证中心根据当前时间和该用户的种子密钥计算出该用户当前的动态口令,核对用户的静态口令和动态口令。由于每个用户的种子密钥不同,不同用户在同一时刻的动态口令也不同,同时该口令只能在当时有效,不必担心被他人截取,因此能保证很高的安全性。

2. 基于手机的身份认证

目前,基于手机的身份认证方式主要是基于手机动态口令的方法。基于手机动态口令的方法主要分为短信密码和手机令牌两种方式。

(1)短信密码,是以手机短信形式请求包含 6/8 位随机数的动态密码的一种手机动态口令形式。一般需要用户在注册过程中向服务器提交手机号作为认证凭证,当注册用户在登录过程中需要完成身份认证时,身份认证系统以短信形式发送随机的 6/8 位密码到用户注册的手机号中,用户在登录或者交易认证时候输入此动态密码即可完成身份认证,从而确保系统身份认证的安全性。

基于短信密码的身份认证方式具有以下优点。

①安全性:目前国内手机用户采取实名制,手机与客户绑定比较紧密,短信密码生成与使用场景是物理隔绝的,因此密码在通路上被截取概率降至最低。

②普及性:只要会接收短信即可使用,大大降低短信密码技术的使用门槛。

③易维护:由于短信网关技术非常成熟,极大地降低短信密码系统复杂度和风险,其业务维护成本低、系统较稳定和安全。基于短信密码的身份认证服务流程如图 1-54 所示。

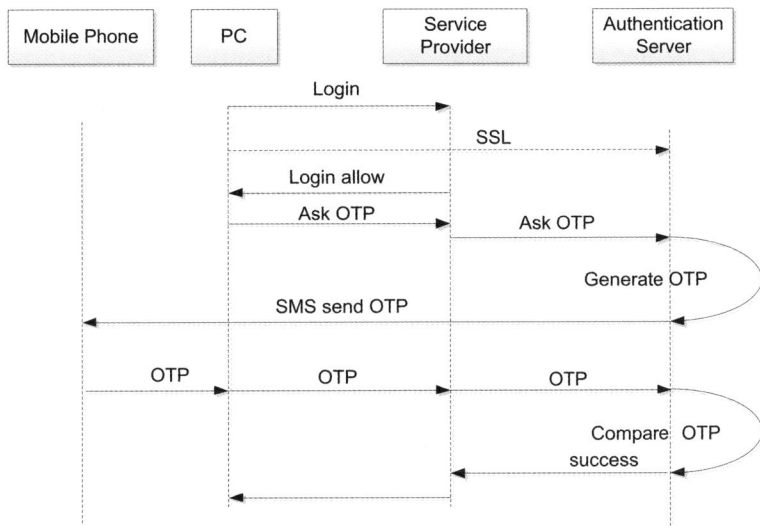

图 1-54　基于短信密码的身份认证服务流程图

(2)手机令牌,是另外一种手机动态口令形式。动态口令通常在手机端生成,利用手机动态口令再进行身份认证。基于手机令牌的身份认证系统一般包括用户(User)、用户端应用程序(client application,通常指浏览器)、手机令牌管理程序(token manager)和用户预登录的 Web 站点组成。其中手机令牌管理程序在用户通过手机浏览器访问站点,进行注册或登录的时候被调用,接收注册时站点返回的手机令牌或者发送登录时站点需要的手机令牌。

手机端身份认证流程如下(图 1-55):

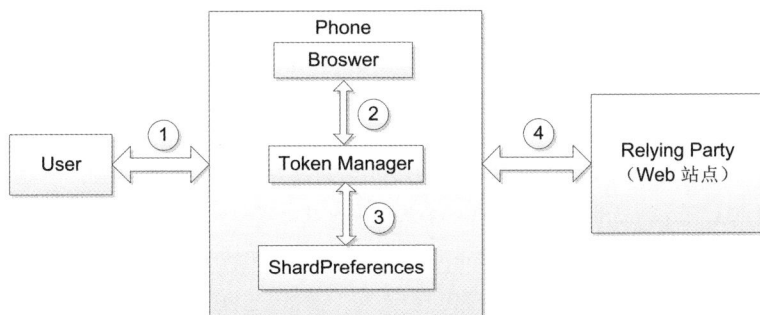

图 1-55　基于手机令牌身份认证流程图

①用户通过手机端访问 Web 站点;

②用户在单击站点上的手机令牌登录时,手机端手机令牌管理程序被自动触发调用;

③手机令牌管理程序从 SharedPreferences 中获取加密存储的手机令牌 Token,并用用户的私钥进行签名;

④手机令牌管理程序与服务器直接建立通信,将签名的手机令牌传至 Web 站点进行身份认证,若认证成功,用户有权继续访问站点。

3. 基于设备 MAC 的身份认证

船舶制造企业车间现场使用的 PAD、笔记本及专用扫描设备等作为制造企业的固定资产,标识固定资产的编码可覆盖设备 MAC 地址,即可以采用基于设备 MAC 地址通过网络交换设备进行身份认证和资产管理。

MAC 地址认证是一种基于端口和 MAC 地址对用户的网络访问权限进行控制的认证方法,它不需要用户安装任何客户端软件。设备在首次检测到用户的 MAC 地址以后,即启动对该用户的认证操作。认证过程中,也不需要用户手动输入用户名或者密码。集中式 MAC 地址认证有两种方式。

(1)MAC 地址方式:使用用户的 MAC 地址作为认证时的用户名和密码。

(2)固定方式:使用在交换机上预先配置的用户名和密码进行认证。

MAC 地址认证优点:基于 MAC 地址认证的访问控制对网络交换设备的要求不高,并且基本对网络性能没有影响,配置命令比较简单,比较适合中小型网络,较大规模的网络不建议使用。基于 MAC 地址访问控制不需要额外的客户端软件,支持 IP 电话,网络打印机等网络终端设备,当一个客户端连接到交换机上会自动进行认证过程。基于 MAC 地址访问控制功能允许用户配置一张 MAC 地址表,交换机可以通过存储在远端认证服务器或者交换机内部的 MAC 地址列表来控制合法或者非法的用户访问。

MAC 地址认证缺点:使用 MAC 地址访问控制技术要求网络管理员必须明确网络中每个网络终端设备的 MAC 地址,并根据控制要求对交换机或者远端认证服务器的 MAC 表进行配置;因此采用 MAC 地址访问控制对于网管员来说,其负担是相当重的,而且随着网络设备数量的不断扩大,它的维护工作量也不断加大。另外特别值得注意的是,现在许多终端都支持软件修改 MAC 地址,非法用户可以通过将自己所用网络设备的 MAC 地址改为合法用户 MAC 地址的方法,从而达到 MAC 地址"欺骗"的目的,进而成功通过交换机的检查,最终非法访问网络资源。

4. 基于生物特征的身份认证

生物特征包括身体特征和行为特征两种,其中身体特征是每个人与生俱来的先天特征,行为特征是人们后天养成的种种行为习惯。身体特征主要有:指纹、虹膜、人脸、掌纹、指静脉、声纹、DNA 等;行为特征主要有:签名、行走步态等。由于每个人拥有的生物特征都是独一无二的,并且不会随着年龄的变化而变化,所以可以用来识别个体身份。针对不同的生物特征在普遍性、唯一性、可采集性、不变性、可接受性、性能和安全性上各不相同,根据实际需要选择合适的生物特征尤为重要。

生物特征识别是将生物传感器取得的信息,利用数理统计进行分析计算达到可以使用生物特征对用户进行识别的技术。生物特征具有以下特点:不好伪造、提取简单等。正是这些特点使得生物特征识别技术使用方便并且安全性很高,不容易被伪造。

生物特征识别系统主要包括两大部分:注册阶段和识别阶段。其中注册阶段主要包括登记用户姓名,扫描并通过各种传感器收集用户的生物特征,通过数字化处理转化成计算机可以识别的信息;对这些数字信息进行生物特征提取,形成模式特征,存储到数据库中。识别阶段同样需要利用生物传感器收集用户的生物特征,使用与注册阶段相同的方式提取出需要的特征数据,将这个特征数据与数据库中的特征信息比对,如果两个特征数据相匹配,那么就认为这个用户是合法的;否则,认为这个用户是不合法的。

5. 船舶制造现场移动设备身份认证技术方案

基于前述各种身份认证方式实现的特点,通过对船舶制造企业车间现场移动终端的应用场景的分析,可以最终确定适合于船舶制造现场移动终端的身份认证方式。

在船舶制造企业车间内主要使用的移动终端包括手机、PAD、专用扫码设备等手持移动终端设备,典型的应用场景包括:

(1)车间现场作业或管理人员通过移动终端登录生产业务管理系统后进行生产计划、物流计划和质量检查等任务下达和接收、工单和作业指导查看、作业实绩反馈等业务;

(2)车间现场人员通过专用扫码设备对车间物料等中间产品状态信息进行自动采集并发送至业务系统;上述场景下移动终端设备传输的数据类型覆盖三维模型、工艺文件、多媒体、结构化数据等。

移动终端设备与车间业务系统服务器间交互方式见表1-9。

表1-9 移动终端设备与车间业务系统服务器间交互方式

比较项	方式		
	Socket 传输	WebService 传输	Post/Get 获取数据
网络实现条件	端口:指定 协议:TCP,UDP	端口:指定 协议:SOAP	端口:指定 协议:HTTP
使用范围	数据量大、格式简单且实时性要求高的传输	标准的 Web 服务接口,接口固定,各应用程序可复用	接口固定,Web 可复用
传输优缺点	速度快,数据量较小	速度一般,数据量大	速度一般,数据量一般
传输格式	自定义	XML	自定义

从船舶制造企业车间移动设备的应用场景和传输数据类型及与车间业务系统服务器间的交互方式来看,基于生物特征识别或口令和基于 MAC 地址的混合身份认证方式更适合于面向船舶制造企业移动设备的身份认证。在此基础上建立船舶制造企业车间现场的统一身份认证系统,可方便有效地实现对用户的统一管理。当用户要登录网络时必须首先到统一身份认证的服务器认证身份,然后才可以访问资源,这样既可以实现基于用户的网络管理,也提高了用户的工作效率。通过统一身份认证,车间业务系统及网络管理人员可以清楚地了解用户使用了哪些网络资源,当有安全问题发生时可以很快找到造成问题的用户,从源头上消除安全隐患,更好地保护船舶制造车间网络安全、保障业务系统信息不被窃取和泄露。

船舶制造车间中,基于车间内有手机、平板电脑、移动电脑等便携式移动设备,以及在船舶制造车间中信息的重要等级,提出了普通信息和重要信息的移动端和固定端的一级、二级身份认证方案。

一般车间工作人员通过现场设备访问重要的数据时,需要通过一级身份认证才能登录访问。

当车间工作人员只是进行简单的登录查看工作状态,或者外来参观人员简单观看流程,只需要通过二级身份认证就可以访问相关操作。

车间身份认证技术方案基于移动端一级身份认证方案采用 MAC+身份特征识别的方式;移动端二级身份认证方案采用 MAC+静态口令的方式。身份认证技术方案如图 1-56 所示。

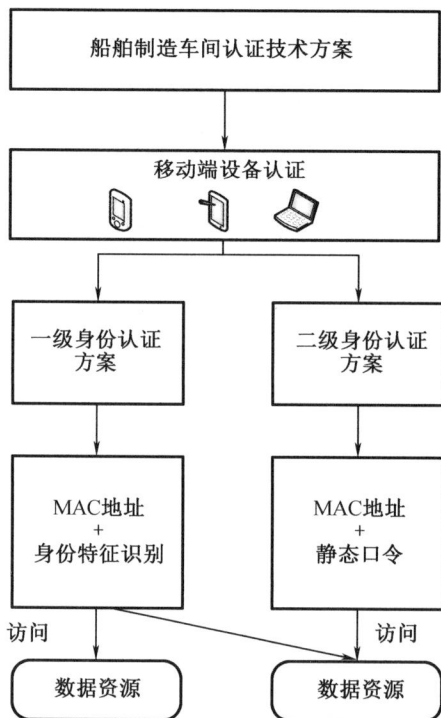

图 1-56　身份认证技术方案

1.6.2.2　数据传输许可生命周期管理技术

1. 数据传输许可生命周期管理方案

船舶制造现场移动终端设备数据传输许可生命周期管理方案如图 1-57 所示,对于传输许可凭证的管理是贯穿凭证的整个生命周期,覆盖传输许可凭证的请求、生成、颁发、传输、存储、验证、失效等技术。首先通过对数据传输请求进行分析,根据数据传输需要生成传输许可凭证,许可凭证生成之后进行实际车间数据传输的应用,完成数据传输后对无用的传输许可凭证进行废弃。通过完整的数据传输许可管理,建立数据传输中完整的凭证管理体系,通过设计传输凭证,将用户、浏览器、客户机及第三方应用程序紧密结合在一起。防止非法用户对凭证的伪造与非法访问未授权的服务,从而保证了数据传输的安全性,减轻了维护人员数据维护的困难,实现船舶制造现场移动终端数据传输安全和生产安全的目标。

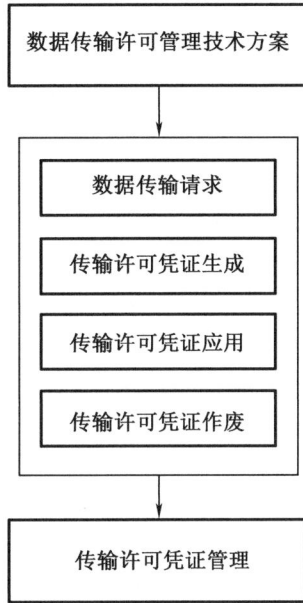

图1-57 数据传输许可管理技术方案

2.传输许可请求

在船舶制造现场移动终端数据传输过程包括两种主要场景：车间工作人员通过手机、PAD、专用扫描设备等移动终端设备要向车间管理服务器传输相关信息，以及车间工作人员通过移动终端设备接收来自车间管理服务系统传输的数据，其数据传输交换量比较大，即有数据型的信息交换，同时还伴随有命令型的数据交换。数据传输请求流程示意图如图1-58所示。

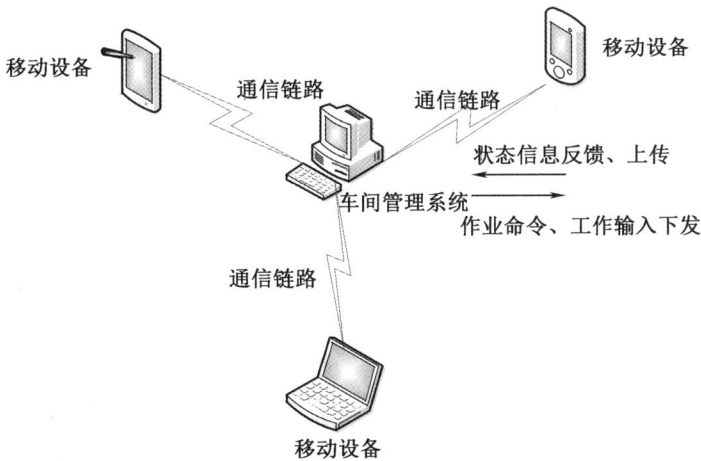

图1-58 数据传输请求流程

（1）移动终端设备传输许可请求

当车间移动设备采集车间现场的有关信息，或者车间员工需要将现场有关信息和操作命令通过移动设备传输到车间管理系统中，移动设备提出数据传输请求，在车间管理系统接到传输许可请求并且请求通过之后，数据开始上传（图1-59）。

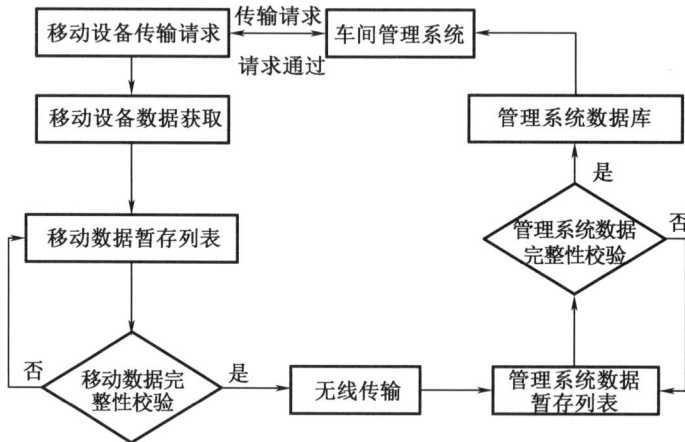

图1-59　移动终端设备数据传输请求流程图

①移动设备通过发送数据传输请求，获取允许传输命令。

②通过移动设备采集上来的数据或者一些语音图像信息通过移动网络上传至移动数据暂存列表。

③通过算法进行移动数据完整性校验，若通过完整性校验则数据通过车间网络进入管理系统数据暂存列表，若未能通过校验则返回移动数据暂存列表重新进行调取校验，如果两次都不通过则自动丢弃。

④此后，进入管理系统的数据同样进行完整性校验，通过则顺利传输到管理系统数据库，没有通过则进行二次校验，不通过则丢弃。

⑤当数据全部入库后终止所有数据链接。

（2）车间管理系统传输许可请求

当车间管理系统需要通过移动终端向车间工作人员下达指令或传输数据时，需要提出数据传输请求，在通过移动终端确认接收之后，数据通过无线网络传输到移动终端。有两种方式可以使客户端实时收到服务器的消息和通知指令。

①客户端使用pull（拉）的方式，每隔一段时间就去服务器上获取一下信息，看是否有更新的信息出现。

②当服务端有新信息时用push（推送）的方式，把最新的信息推送至客户端，实现客户端主动接收消息。

虽然pull和push这两种方式都能实现获取服务器端更新信息的功能，但考虑到pull方式将占用客户端更多的网络流量和更高的耗电量且需要程序不停地去检测服务端的变化，故一般选用push方式进行消息推送。

数据传输主要包括即时数据和定时数据的传输,船舶制造车间管理人员推送的数据通过服务器验证后存到数据库中,若是即时数据,服务器存储数据成功后,将数据推送给相应的车间员工;若是定时数据,服务器会监听该数据,到达设定的时间后推送数据给相应的员工。

车间管理系统数据传输许可过程如图1-60所示。

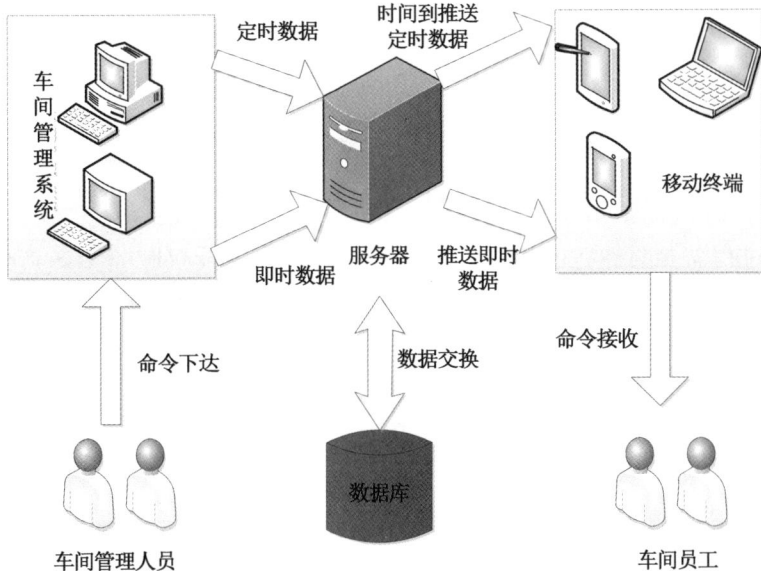

图1-60 车间管理系统数据传输许可过程

3. 传输许可凭证生成

目前,随着船舶制造企业车间数字化、网络化水平的不断提升,各种业务系统及应用服务内容也不断更新,从系统扩展性、系统管理人员和实际现场使用的车间人员便捷性角度考虑,采用统一身份认证的方式能够有效解决多个系统间重复认证导致使用者面对不同的授权服务要重复进行登录、操作烦琐且存在一定安全隐患等问题。

一般基于单点登录模型来构建统一身份认证系统进行传输许可凭证管理,用户在统一的登录入口完成身份验证工作后,管理系统根据用户对应用的可用性的判断,对所有用户可用的应用系统初始化身份信息,简化用户的系统登录过程。单点登录模型是在充分考虑了网络环境因素与为用户带来方便性与安全性的基础上设计的。模型中有4个部分,包括客户终端、凭证授权服务器TGS(Ticket Granting Service)、凭证管理中心TMC(Ticket Managing Center)、服务提供者SP(Service Provider)(图1-61)。

客户终端是指用户所使用的物理机器上只需装有浏览器或应用APP,并且通过网络接入即可。

TGS是凭证授权服务器,为用户访问的每个服务分配凭证。

TMC是凭证管理中心,主要来管理产生的凭证。

SP是服务提供者即具体的船舶制造车间业务应用,为用户提供具体的服务。

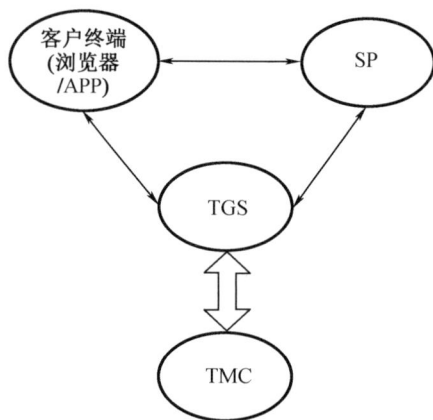

图 1-61　模型关系图

身份认证过程需要两种凭证：(1)凭证(Ticket)，由凭证授权服务 TGS 产生而由凭证管理中心 TMC 进行管理，它是客户端访问某服务的凭证，包括两种凭证，即凭证授权许可凭证 TGT(Ticket Granting Ticket)与服务凭证 ST(Service Ticket)；(2)Cookie，主要用来保存客户终端与服务器端的通信状态，这里用 TGC 指 TGT 对应的一个 Cookie。

TGT 是用户访问所必需的凭证，为实现单点登录认证，TGT 用来表明某个用户已经进行过一次登录认证，即拥有 TGT 的用户在访问其他服务时，在 TGT 有效时间范围内不需要再次进行登录认证。TGT 的信息组成包括 MESS-client、U。MESS-client 主要是用来标识客户机信息，防止凭证被非法用在其他客户机上。U 为用户登录名，即该凭证唯一标识一个用户，与用户是一对一的关系。

ST 是用户访问 SP(Service Provider)所必需的凭证，获取 ST 的前提是用户已经拥有一个合法的 TGT。ST 通常是一次性的，用户在 ST 有效期内成功访问 SP 后，ST 也就作废了，当用户下次再要重新访问此 SP 时需要再申请一个合法的 ST。ST 包括如下信息：TGT、SP。TGT 与 ST 是一对多的关系，此时相当于 TGT 来唯一标识了当前合法用户，对应的 ST 标识用户访问许多其他服务的凭证。SP 信息主要是用来指示 ST 是颁发给用户访问的服务，即 SP 与 ST 是一对一的关系，ST 只能访问它所关联的 SP，否则属于非法。通常 SP 信息为第三方的入口 UTL。

TGC 指的是每个 TGT 对应的 Cookie，该 Cookie 主要用来保存客户端与服务器端的通信状态。当用户下次访问 TGS 时，TGS 首先获取 TGC，并通过 TGC 获取 TGT，二者是一对一的关系，TGC 保存在客户端浏览器缓存中，而 TGT 保存在服务器端。

4.传输许可凭证应用

(1)凭证授权许可凭证 TGT 的应用

TGT 的主要用途有两个：一是表明拥有合法 TGT 的用户已经进行过认证；二是在用户访问其他服务时，TGS 可根据 TGT 来发放 ST。此凭证被复制到其他设备上使用是非法的，并且当关闭了申请此 TGT 的浏览器进程，那么此凭证也将瞬时失效。

(2)服务凭证 ST 的应用

ST 的主要用途是表明拥有合法 ST 的用户可以访问 ST 所关联 SP。ST 的使用范围：申请 ST 的客户机。此凭证被复制到其他机器上使用是非法的,一旦被复制,那么此凭证也将瞬时失效。

(3)凭据授权票 TGC 的应用

TGC 的主要用途是 TGT 在用户端的映射,是 TGT 的一个索引。TGC 的使用范围:申请 TGT 的客户机。此 TGC 被复制到其他机器上使用是非法的,并且通过 TGC 不能获取其对应的合法 TGT。

5. 传输许可凭证作废

(1)凭证授权许可凭证 TGT 的作废

TGT 的作废是指 TGT 在某个时间段内是合法的,过了有效期则此 TGT 自动作废,这时需要申请延长 TGT 的使用时间或者申请一个新的 TGT。考虑到 TGT 的用途和使用范围,有效时间通常设定在用户的工作时间内。TGT 的有效期可根据实际情况来设定,也可修改设定好的有效期。

(2)服务凭证 ST 的作废

ST 的作废是指 ST 在某个时间段内是合法的,过了有效期则凭证自动作废。考虑到 ST 的用途和使用范围,有效期通常设定为 3 分钟。ST 的有效期可根据实际情况来设定,但是为了保证安全性,尽量将 ST 的有效期设得更短。

(3)凭据授权票 TGC 的作废

TGC 的作废主要是为了防止别人盗用 Cookie,不将其写入用户终端存储空间,我们将 Cookie 设置为浏览器进程级别的,那么当前浏览器关闭则 Cookie 自动消失。这样保证了 Cookie 在 TGT 的有效时间内不会被非法用户盗用。

6. 基于传输许可凭证的数据传输方案

本方案提供一种具有较高安全性能的基于传输许可凭证的数据传输方案,本技术方案除了认证服务器(AS)外,还有另外一种凭证授权服务器 TGS(Ticket-Granting Server)。AS 中保存了所有用户的口令。

(1)用户登录系统并表明访问某个系统资源,向 AS 认证服务器提出需要许可凭证的请求。

(2)AS 认证服务器接到用户请求指令之后,由 AS 从用户口令产生一个密钥,并传送给用户一个可以访问 TGS 的许可凭证。

(3)用户对 TGS 进行服务凭证的请求,同时用户将获得的许可凭证连同其个人信息发送给 TGS。

(4)TGS 对用户身份信息认证后,发送给用户一个可以访问某个服务器的服务凭证。

(5)用户将获得的服务凭证连同其个人信息发送给应用服务器 Application Server。

(6)Application Server 对信息认证后,给用户提供相应的服务,允许用户开始数据的传输交换。

(7)通过验证的用户可以使用此移动终端通过应用服务器将数据传输给车间数据管理中心,同时管理中心也可以通过应用服务器将数据传输给终端设备指导员工进行作业操作。

具体数据传输方案如图 1-62 所示。

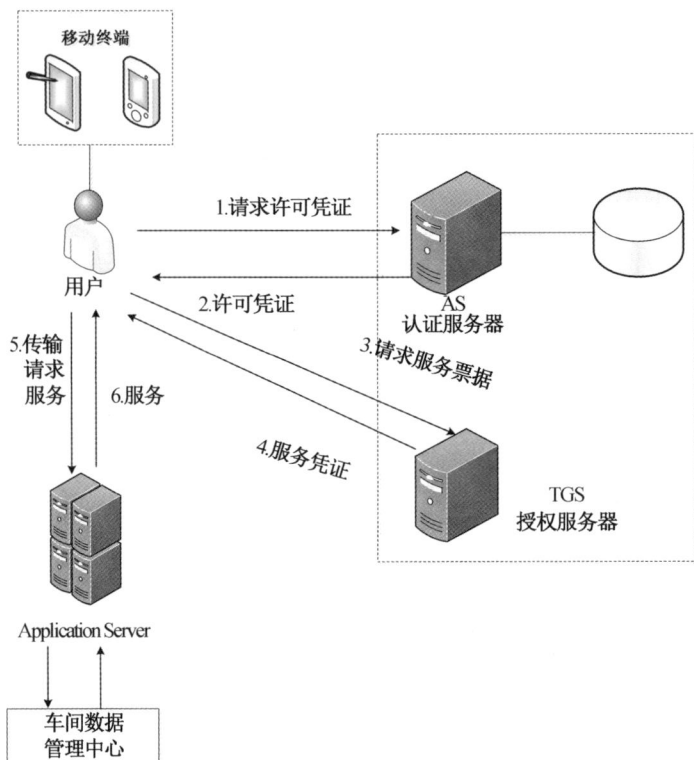

图 1-62　基于传输许可凭证的数据传输方案

1.6.3　移动传输过程中数据同步传输技术

首先对船舶制造企业车间现场移动终端设备与船厂车间信息系统服务器间传输的数据类型、数据来源等进行分析,针对数据的同步周期、不同数据量等特征选取符合应用场景的数据同步传输技术方案,实现只在数据有实际变化时才进行数据传输的目标,避免无用或冗余数据的传输,加快移动端的响应速度。移动终端与业务系统服务端交互传输的通用数据格式情况见表 1-10。

表 1-10　传输数据格式特点

名称	特点	适用范围	使用难度
XML	格式统一、符合通用标准,具有良好跨平台特性,数据共享比较方便	文本、少量数据	一般
JSON	数据格式比较简单,易于读写、易于解析,格式经过压缩,占用带宽小、跨平台,多语言支持	文本、少量数据	较简单
PB	序列化、二进制传输,节省流量	文本、少量数据	一般
DataStream	字节形式	大文件	一般

四种通用数据格式如下：

（1）XML（Extensible Markup Language）是指可扩展标记语言，它是需要自定义标签、具有自我描述性、用于数据传输、遵守 W3C 标准的一种标记语言。

（2）JSON（JavaScript Object Notation）是一种采用键值对方式表达数据的轻量级数据交换格式，具有较强的可读性和快速生成解析的特点。

（3）PB（Protocol Buffer）由 Google 公司推出的一种数据交换格式，具有良好的通用性和跨平台性，是一种兼顾效率和兼容性的二进制数据传输格式。

（4）DataStream，以字节形式封装在数据包中。

1.6.3.1　数据同步传输需求

随着船舶制造车间信息化、智能化建设，车间数据的实时传输需求愈加频繁。受船舶制造现场复杂工况影响，工作人员在现场移动时，移动网络经常时断时续。在移动终端断网又重新接入网络后，数据不能对已经传输的数据进行衔接，往往又重新开始传输数据，造成时间和资源的浪费，所以在船舶制造车间移动传输过程之中需要保持终端与系统的数据同步。

数据同步应是轻量化的，即只同步有变化的数据，否则不加区分将所有数据全部刷新一遍，无疑将造成终端响应迟缓。因此在梳理车间管控过程所需要移动传输的数据类型基础上，研究不同类型、不同来源数据对终端的同步周期、同步数据量等特征，研究数据同步请求过程及握手协议，达到只在数据有实际变化时才进行数据传输的目的，避免无用或冗余数据的传输，加快车间数据传输的效率和移动端的业务应用的响应速度，降低对车间网络数据传输的带宽占用。

1.6.3.2　移动传输过程中数据同步传输技术

针对船舶制造现场移动终端轻量数据同步传输过程中所遇到的问题，提出移动传输过程中数据同步传输技术方案。首先对船舶制造现场数据同步传输需求进行分析，针对不同类型、不同来源数据的同步周期、同步数据量等特征，采用与数据类型相匹配的数据摘要算法、数据差异检测技术和同步数据封装技术，数据同步请求过程及握手协议、传输协议，达到只在数据有实际变化时才进行数据传输的目的，避免无用数据的传输，加快移动端的响应速度（图 1-63）。

1.6.3.3　数据差异检测技术

在船舶制造车间数据差异检测中，主要的方法是通过对数据差异进行检测，将前后数据传输衔接过程中的相同数据进行查找锁定，然后将重复数据进行覆盖删除达到预定的效果。

在数据差异检测方面，船舶制造车间数据传输对象可以分为两类，一种是文件，另外一种是消息对象。对于文件类型的数据传输对象可主要采用重复数据检测技术，对于消息对象可采用全局标识符来进行数据变化追踪进而决定是否需要进行数据同步。

```
┌─────────────────────────┐
│      移动传输数据同步        │
│      传输技术方案          │
└─────────────────────────┘
            │
            ▼
┌─────────────────────────┐
│  ┌───────────────────┐  │
│  │   数据同步传输需求    │  │
│  └───────────────────┘  │
│  ┌───────────────────┐  │
│  │    数据差异检测       │  │
│  └───────────────────┘  │
│  ┌───────────────────┐  │
│  │    同步数据封装       │  │
│  └───────────────────┘  │
│  ┌───────────────────┐  │
│  │    同步传输协议       │  │
│  └───────────────────┘  │
└─────────────────────────┘
            │
            ▼
┌─────────────────────────┐
│       数据精准传输         │
└─────────────────────────┘
```

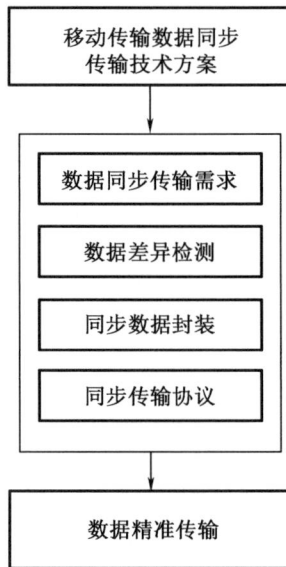

图 1-63　移动传输过程中数据同步传输技术方案

1. 文件类数据差异检测

重复数据检测的基本原理是将数据分块筛选,找出相同的数据块并以此指向指定的 ID 取代。重复数据检测利用文件之间或文件内的相同和相似性,处理的粒度为文件、数据块、字节甚至位,处理粒度越细,检测冗余数据越多,存储容量减少就越大,但检测的计算开销会越大。

(1)文件级匹配

文件级重复数据检测直接计算整个文件的哈希值,然后与待比较文件的哈希值比较,来确定两个文件的数据是否重复。以文件为粒度匹配计算简单,但重复检测度不高。只要文件稍作改动就匹配失败,无法检测出文件中的具体哪些数据经过修改。

(2)数据块级匹配

数据块级的重复数据检测与文件级匹配相比,数据检测粒度更细。它将文件按某种方法划分成数据块,使用某种哈希函数计算数据块的 Hash 值并比较 Hash 值来检测重复的数据块。其优点在于计算量相对较低,能大致确定文件中发生修改的数据;但是检测的计算时间成本和准确度,与数据块划分方法和哈希函数的选取有较大关系。

(3)字节级粒度匹配

字节级重复数据检测按字节依次进行比较,比如最长公共子序列算法(longest common subsequence, LCS)。基于字节级的匹配准确度高,但是计算量巨大、匹配速度慢,对较大文件很难适用。

检测粒度的选取对检测效率和准确度影响很大。较大的检测粒度导致检测准确度低;更细致的粒度会带来更高的重复数据检测率,同时也会消耗更多的计算资源,导致检测性能下降。以文件为粒度进行重复数据检测,可以快速确定他们的数据是否重复,但却对数据修改敏感,只要存在数据改变检测就无法成功;字节级检测的准确度高,但检测计算量大、效率低,适用范围小。

重复数据检测的核心是如何检测一个文件内容的变化以及文件内容何处发生变化,重复数据检测的主要算法是 Rsync 算法。Rsync 算法原理如下。

假如要比较文件 s 与文件 c 是否存在相同的内容,并判断文件 s 中是否存在某些数据块与文件 c 中的数据块相同,如果存在相同的数据块则计算出相同数据块的位移量,其中文件 s 和 c 分别位于计算机 S 和计算机 C 上,两台计算机之间的网络连接不是很好。重复数据检测算法具体流程如下。

①将文件 c 分割成一组大小为 M 的数据块,文件末尾可能是一个不足 M 的数据块。

②根据特定的公式计算数据块的哈希值(称此哈希值为弱检验和)和利用 MD5 算法计算数据块的 128 位的哈希值(称此 128 位的哈希值为强检验和)。

③将文件 c 中每个数据块的相关信息和两种哈希值都发送给主机 S。

④根据弱检验和算法以及强校验和算法计算出计算机 S 上的文件 s 中所有长度为 M 的数据块的两种校验和的值,然后与文件 c 中的数据块的检验和比较,查找是否存在校验和一致的数据块。这里主要利用弱检验和“滚动”的性质,可以快速地在一次扫描中完成上述的工作。

计算机 S 向计算机 C 发送一系列用来构造文件 s 拷贝的指令。这些指令主要是文件 c 中的数据块的信息或数据。如果在文件 s 中找到匹配的数据块,则发送该数据块在文件 c 中的数据块号,否则发送字符数据。

该算法的主要思想是,比较两个文件中数据块的哈希值,只有在文件 s 中找不到文件 c 中所划分的数据块的时候,计算机 C 才将这些数据块传输给计算机 S。算法只要求一次循环,算法所产生的信息量很小。算法的核心部分是弱校验和的滚动查找方式。这种查找方式的查找速度非常快,大大提高了重复数据的检测速度,而利用 MD5 算法做强校验和是在弱校验和的速度上保证重复检测的精度,是为了防止判断错误,提高检测的准确度,将误判率降到最低。

2. 消息对象类数据差异检测

消息对象类数据主要通过使用全局标识符 UUID 进行数据对象更新标识。在数据对象变化追踪方面,主要通过以下三种方法确定自上一次数据同步后,数据发生了哪些变化,然后如何进行数据同步传输。

(1)颗粒大小:当某个属性字段被修改过后,确定追踪这个字段还是追踪整个实例。

(2)记录变化:数据对象是否变化可以用一个布尔值 Boolean 的标识来表示,也可能需要用日志来记录变化并附加时间戳。

(3)软删除:解决数据同步冲突问题。

1.6.3.4 数据同步传输技术

1. 主流数据同步技术对比选择

随着计算机技术、通信技术和网络技术的迅速发展,大量移动终端,如移动电话、掌上电脑等设备的普及应用,移动计算的网络环境正逐步形成。该网络环境具有鲜明的特点,如移动性、断接性、带宽多样性、可伸缩性、弱可靠性、网络通信的非对称性等。不同数据模型的数据在不同类型的移动终端中进行组织与处理，从而使得不同终端之间相同的数据信息常常处于不一致的状态，这就需要进行数据同步。在这样的背景下，不同厂商推出了各自的数据同步标准，如 Microsoft 公司的 ActiveSync、Nokia 公司的 IntelliSync 以及 Palm 公司的 HotSync 等，这些标准虽然都可以实现移动设备之间、移动设备与计算机或网络服务器之间的数据同步和信息交换，但它们只能分别适用于特定的设备、系统和数据类型，因此普遍适用性受到了很大的限制，这给设备制造商、应用程序开发商、服务提供商和最终用户带来了很多的问题。针对这种混乱的状况，制定统一的通用数据同步规范成为业内人士的共识。

2000 年 12 月，为解决上述难题，由 Ericsson、IBM、Lotus、Motorola、Nokia、Palm、Openwave、Starfish 等公司成立了数据同步论坛组织 SyncML 发起组（SyncML Initiative）。成立该组织的目的主要在于与终端用户、设备开发商、数据提供商、基础构件开发商、应用软件开发商及服务提供商协同工作，最终发行通用数据同步标准 SyncML，真正实现使用任何移动终端设备均可随时随地访问任何网络数据。2002 年后，SyncML Initiative 被重组至 OMA（Open Mobile Alliance，开放移动联盟）组织下的数据同步工作组（data synchronization，DS）和设备管理工作组（device management，DM），同时 SyncML 协议成为该组织的数据同步和设备管理的工业标准。鉴于 OMA 组织在移动通信领域的权威性，所以该规范目前已经成为一个被广泛接受的工业界通用的同步协议标准。

表 1-11 给出了几种主要数据同步技术在通信复杂度、系统规模、计算能力、储存空间消耗和使用环境方面的对比分析。

表 1-11 几种数据同步技术比较

技术	通信复杂度	系统规模	计算能力	储存空间消耗	使用环境
HotSync	一般	小	一般	小	个人应用
ActiveSync	一般	小	一般	小	个人应用
CPISync	优	大	较高	小	P2P 网络，大型协作系统
SyncML	较高	中等	一般	中	中型协作系统

通过对以上数据同步技术的比较分析，在船舶制造车间移动传输过程中采用 SyncML 数据同步技术是比较理想的选择。

2. SyncML 数据同步技术

SyncML（Synchronization Markup Language）是由众多通信设备制造商共同制定的一种通用的数据同步标准。SyncML 可以兼容任何平台的终端设备进行数据同步。SyncML 是基于 XML（可扩展标识语言）来进行数据封装和传输的。制定 SyncML 的目的是解决终端用户、软件开发者、设备生产商以及服务提供商之间对于数据同步业务的不兼容和工作的复杂性。SyncML 作为一种通用的数据同步标准，将数据同步技术的发展推向了一个新的时代。

SyncML 是一个协议族，它包括 SyncML Sync Protocol（同步协议）、SyncML Representation

Protocol(表示协议)以及 SyncML 的传输方式绑定三个部分。其中 SyncML Sync Protocol 主要介绍了 SyncML 数据同步的方式、交互流程以及解决冲突的方法等内容。SyncML Representation Protocol 则规定了数据同步过程中的数据格式 SyncML 命令以及 SyncML 消息格式等内容,而 SyncML 的传输方式可以在任何一种有线和无线的传输介质上进行数据传输,主要包括用于 Internet 连接的 HTTP 超文本传输协议,用于移动设备通信的 WSP 无线会话协议以及用于蓝牙红外连接的 OBEX 对象交换协议。

(1)协议栈架构

SyncML 作为一种数据同步标准,是一个面向应用层面的标准的协议集,也就是 SyncML 数据同步协议栈。协议栈中定义了支持任何移动设备、承载于任何网络传输形式、支持任何数据类型的标准的数据同步方式,使得设备厂商的互联互通变得方便可行。

SyncML 数据同步协议栈的架构如图 1-64 所示。

SyncML同步架构

SyncML同步协议	业务层
SyncML表示协议	表示层
SyncML传输绑定协议	传输层

图 1-64　数据同步协议栈的架构图

协议栈主要包括四部分:SyncML 同步架构、SyncML 同步协议、SyncML 表示协议、SyncML 传输绑定协议。

SyncML 同步架构从宏观角度描述了应用 SyncML 协议实现数据同步的主要组成框架,介绍了组成 SyncML 数据同步应用的各部分的角色和各角色应该承担的作用。SyncML 同步协议主要分析了数据同步过程中所采用的关键技术,定义了同步会话中的数据交互的流程、基本的数据同步类型,以及各种数据同步类型的实现形式;SyncML 表示协议主要包括同步所支持的数据类型、消息格式等的介绍,规定了 SyncML 协议栈中所有其他协议所必须遵循的并在数据同步过程中使用的 XML 语法和规则;SyncML 传输绑定协议定义了某种具体承载协议在传输 SyncML 消息时某些特殊的规定,目前的最新版本中主要定义了如何在 HTTP、WSP、OBEX 三种协议的网络连接上传输 SyncML 信息。

(2)SyncML 同步架构

SyncML 同步架构如图 1-65 所示,它详细地描述了 SyncML 协议规定的基本数据同步应用的组成结构。

图 1-65 中虚线框内由 SyncML 数据同步对象和一个概念上的适配器接口组成,它详细地描述了同步双方进行数据同步的信息到 SyncML 数据对象的转换过程,以及数据对象在网络中传输的过程,对应 SyncML 表示协议和 SyncML 传输绑定协议中的内容。虚线框外主要由应用 A、应用 B、同步引擎、同步服务代理和同步客户代理共同组成,它完成数据同步应

用的管理和同步信息的交互,是交互操作的数据同步过程的核心,对应 SyncML 同步协议的内容。

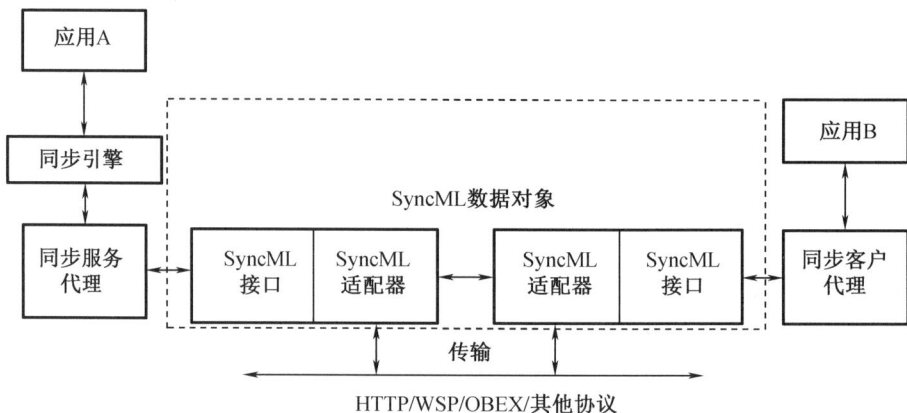

图 1-65　SyncML 同步架构图

图 1-65 中各组成部分的功能如下。

①应用 A 代表一个网络应用,可以与其他网络设备上的应用(如图中应用 B)进行数据同步交互。它们之间的数据同步交互可以利用 HTTP、WSP、OBEX 等公用网络连接来完成,并且 SyncML 的协议是基于常见的客户机-服务器模式进行工作的,往往 SyncML 客户端和 SyncML 服务器是成对出现的,即应用 A 是具备 SyncML 数据同步功能的服务器,而应用 B 是具备 SyncML 数据同步功能的客户端,二者共同来完成基本的数据同步过程。

②同步引擎通常被置于 SyncML 服务器一侧,有时也可以置于 SyncML 客户端一侧,负责管理整个数据同步的操作。例如应用 A 与应用 B 的数据同步操作过程中,同步引擎还决定了同步中所采取的策略,比如同步双方发生冲突时的解决策略,即当客户端和服务器端同时对相同数据项进行了不同修改时,应该以服务器端对数据的修改为标准,还是以客户端对数据的修改为标准,这样的策略都是同步引擎来制定并负责管理和执行的。

③同步服务代理(或同步客户代理)管理同步引擎对网络的访问,它通过调用 SyncML 接口按照 SyncML 协议规范,管理客户端和服务器端应用进行数据同步时相互通信的过程。

④SyncML 接口是面向 SyncML 适配器的应用程序接口。它是对不同应用进行网络通信交互的接口,决定网络侧到设备侧的接口转换和职能转换,是 SyncML 进行网络通信的工具。

⑤SyncML 适配器负责消息的收发过程,在这个过程中收发双方相互通信,收发 SyncML 格式的文档。另外 SyncML 适配器还负责创建和维护应用 A 和应用 B 之间的网络连接,也就是以 SyncML 传输绑定协议为基础,完成 SyncML 交互消息的底层传输。

(3)SyncML 同步协议

SyncML 同步协议中主要定义了客户端和服务器之间消息的交互过程,如图 1-66 所示。在数据同步过程中,客户端首先发送客户端对数据的修改信息给服务器,服务器根据接收到的修改信息中的数据和服务器本身存储的数据进行比较和分析,再把服务器的修改结果信息回应给客户端,最后客户端将与服务器之间交换所修改信息数据项的标识信息,从而完成客户端和服务器端的数据同步过程。

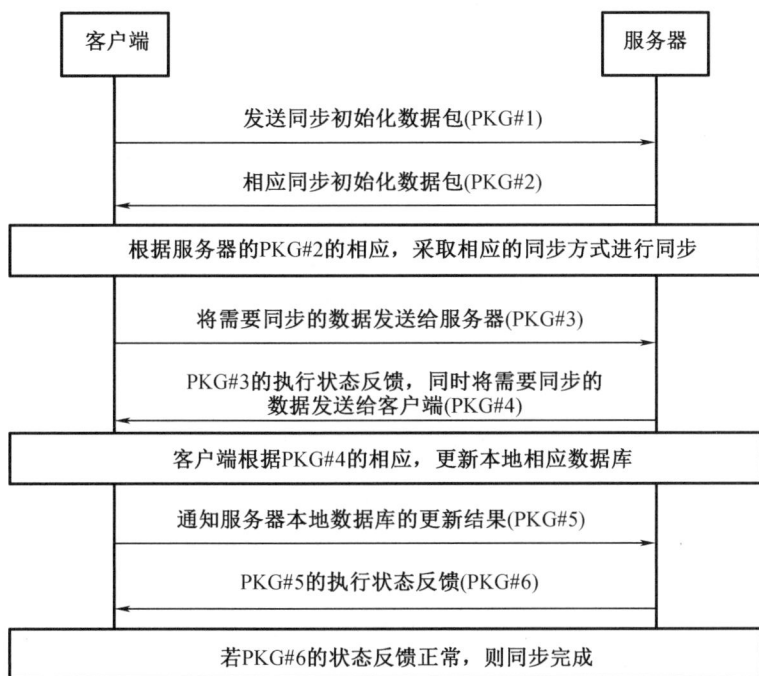

图1-66 SyncML 同步信息交互过程

(4)SyncML 表示协议

SyncML 表示协议中定义了用于数据同步操作中实体之间传递的消息格式,SyncML 消息以 XML 表示。协议中主要定义了 XML 格式的文档类型描述(即 document type description,DTD),在此 DTD 中定义了所有的在数据同步操作中所需数据的表示方式,也就是在客户端和服务器端进行增加、删除、修改等操作信息和操作结果信息的交互中,所有的 SyncML 消息都必须符合此 DTD 的说明。

SyncML 表示协议中定义了两种 DTD:SyncML DTD 和 Meta-Info DTD。SyncML DTD 规定了基本的 SyncML 消息格式;Meta-Info DTD 规定了基本数据的元信息格式。不同的 SyncML 命令承载的数据有不同的格式,而关于这些数据的信息就是在 Meta-Info DTD 中通过元信息即 Meta 元素给予描述的。此外,在协议中定义了设备性能信息(如存储能力)和各种元信息(如安全认证信息)的描述方法。SyncML 表示协议定义的 SyncML 包的基本结构如图 1-67 所示。

SyncML 同步消息用 XML 标签<SyncML>封装,由以下两部分组成。

①消息头:在 SyncML 消息头中含有消息的路由信息、版本信息、认证信息、会话信息等,它们都是由 XML 标签<SyncHdr>元素表示的。

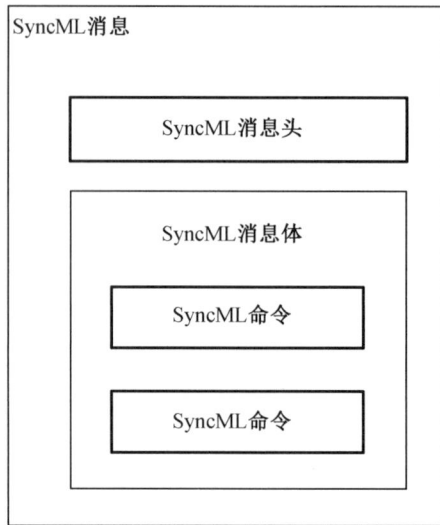

图 1-67 SyncML 包的基本结构图

②消息体:在 SyncML 消息体中包含一个或者多个 SyncML 命令,也包含需要同步的数据以及一些必要的参数信息,它们都是由 XML 标签<SyncBody>元素表示的。每一个SyncML 命令由单个 SyncML 命令元素类型说明,同时也包含多个其他的元素类型以说明SyncML 命令的执行细节,这些细节信息包含需要同步的数据、元信息等。

(5)SyncML 传输绑定协议

SyncML 协议明确指出消息传输内容是与传输机制相互独立的,也就是说 SyncML 消息包是独立于传输机制的规范形式,它可以承载于任何传输载体之上。SyncML 包括的传输绑定协议有 HTTP、WSP、OBEX 三种形式,当然也可以是多种传输协议的组合。基于 HTTP 协议的 SyncML 消息传输,就是使用 HTTP 的传输方式来实现 SyncML 消息的交互。

1.6.3.5 船舶制造车间数据同步传输实现

1.移动终端数据同步传输系统架构设计

移动终端数据同步系统架构如图 1-68 所示。

2.移动数据同步功能模块

数据同步系统主要由四部分组成:应用程序包括界面、数据库、网络传输、协议本身实现。具体模块划分如图 1-69 所示。

(1)网络传输模块:数据同步系统的网络传输模块主要完成移动终端和服务器之间的基于 TCP/IP 的 SyncML 同步信息和同步数据的发送和接收。

(2)数据库模块:数据库用来保存同步中需要用到的信息,为不同的设备建立单独的数据库文件。数据库文件里面的数据分为两个部分,同步协议数据(如设备信息表、映射表、同步日志等)和用户数据(如地址信息等)。

(3)SyncML 协议实现模块:SyncML 协议主要是负责同步命令和数据包的生成、解析和处理。

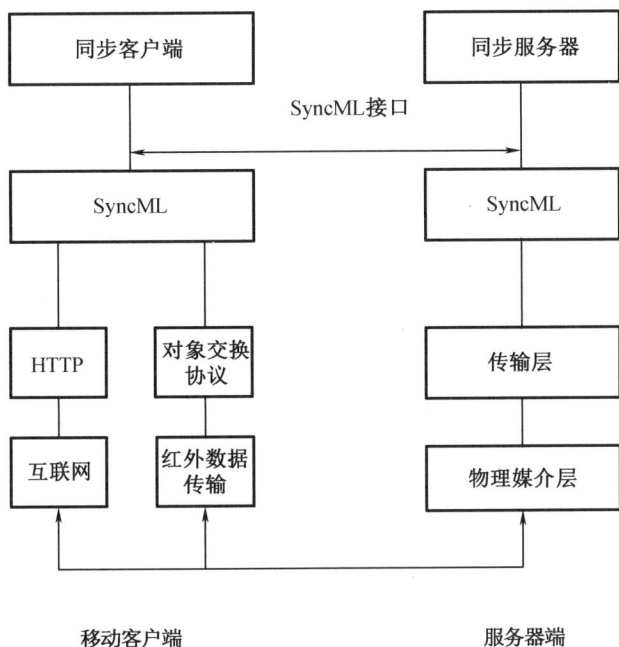

图 1-68　移动终端数据同步系统架构

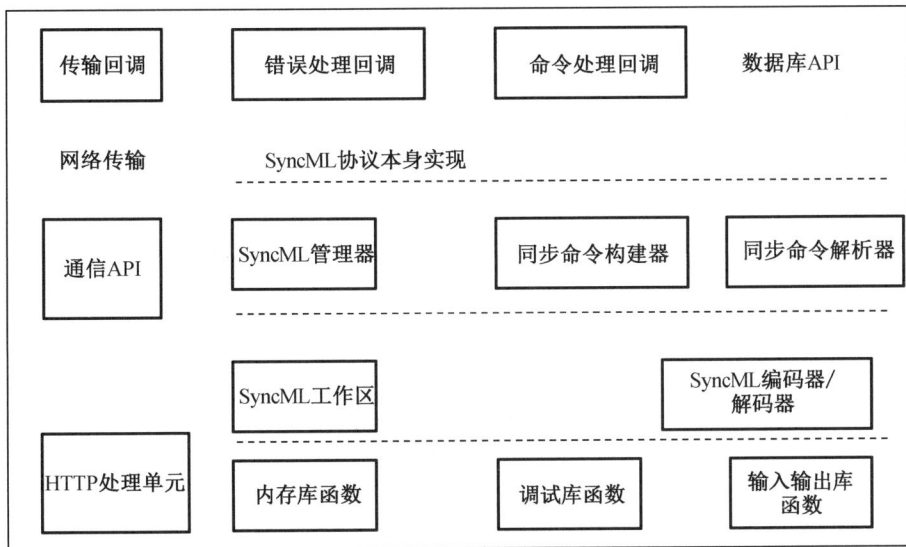

图 1-69　数据同步系统模块划分

（4）数据同步应用程序模块：应用程序模块是以上三部分的调用和整合，实现数据同步功能。模块必须实现一些回调处理函数，如命令回复处理、错误处理、网络处理等。

3. 船舶制造车间数据同步业务实例

对于船舶制造车间移动传输过程，图1-70表示了一个具体的数据同步传输实例。其中，PC服务器为SyncML服务器，提供数据同步业务，具有数据同步功能的移动设备作为SyncML客户端与SyncML服务器利用SyncML数据同步协议交换数据，完成船舶制造车间数据同步业务。

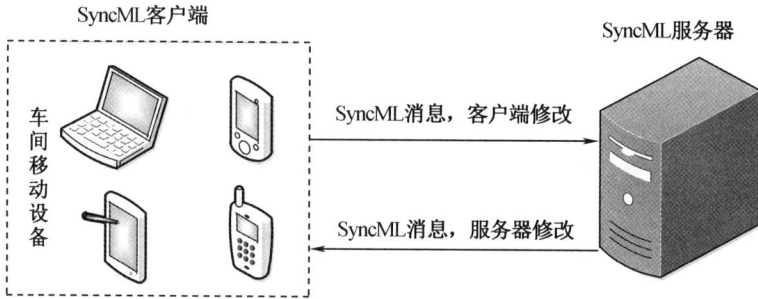

图 1-70　车间移动设备数据同步传输过程

数据同步的过程为：

（1）移动设备端向服务器发送包含移动设备数据库中发生改变的数据信息的 SyncML 消息；

（2）当服务器收到这些 SyncML 信息后，修改服务器数据库，然后将本地数据库发生改变的数据信息返回给移动设备；

（3）移动设备再对本地数据库中的数据信息进行进一步的处理，并反馈结束状态。

1.6.4　移动传输过程中数据容错技术

针对船舶制造车间生产环境下移动数据传输易出错的问题，采用不同类型数据在移动环境下适用的数据完整性校验算法和适用的断点续传技术，达到移动传输中数据容错的目的。基于此，提出移动传输过程中数据容错技术框架如图 1-71 所示。

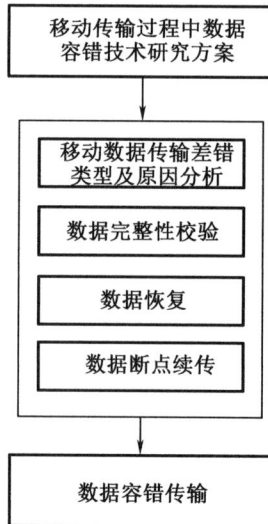

图 1-71　移动传输过程中数据容错技术框架

1.6.4.1　移动数据传输容错需求分析

在船舶制造企业分段加工车间现场环境复杂,大型金属零部件、工装设备等对无线网络传输信号干扰、遮挡和屏蔽效果,以及移动网络本身可能存在的网络拥塞等都会对移动数据传输的可靠性、稳定性带来大大小小的影响。主要原因包括如下几方面。

1. 现场环境导致移动网络接入不稳定

船厂本身建筑结构遮挡较多,且存在大量的钢结构、钢板等物料以及大型钢制构件,都有可能造成移动信号减弱、信号噪声大,从而影响移动数据传输。

2. 移动客户端接入太多

船厂的不同物料、人员、中间产品、运输车辆,全部需要以不同方式接入网络,网络系统本身可能发生拥塞,导致数据传输可靠性和稳定性变差。

3. 移动网络信号同频干扰

船厂运用多种无线网络进行组网设计,实现船厂网络的全覆盖,但是可能会产生同频干扰问题,造成数据传输差错。

4. 电磁干扰

船厂设备种类及设备数量比较多,因此现场环境可能会产生电磁干扰,造成数据传输差错。

因此,为了提升船舶制造车间移动终端数据传输的稳定性和可靠性,需要采用数据传输完整性校验技术和数据断点续传技术,确保在移动数据传输出现差错时进行及时补救。

1.6.4.2　数据完整性校验技术

移动数据传输过程中,经常会受到各种干扰的影响,如环境干扰、网络系统本身干扰和人为干扰等,这会使数据传输接收产生差错。为了能够控制数据传输过程的差错,数据传输系统必须采用有效措施来控制差错的产生。

常用的差错控制方法让每个传输的数据单元带有足以使接收端发现差错的冗余信息,这种方法不能纠正错误,但可以发现数据错误,这种方法容易实现,检错速度快,可以通过重传纠正错误,所以是很常用的检错方案。常用的数据完整性校验方法有计算校验和、循环冗余校验码(CRC)和奇偶校验。

1. 计算校验和

计算校验和是目前数据完整性检测应用最广泛的方法。对传输的数据生成校验和并附加在传输的数据包中,传输完成后需要检测数据完整性时重新生成相应传输数据的校验和,并将其与保存的校验和相对比即可判断出完整性是否被破坏。校验和通常是通过 Hash 函数生成,由于需要将任意长度的字符串映射到固定长度的一定空间中去,因而要求 Hash 函数具有良好的抗碰撞性,常用的一些标准 Hash 算法有 MD5、SHA-l、HMAC。

2. 循环冗余校验码

循环冗余校验码可用于维护移动数据传输中数据在各结点间传输时的完整性。CRC 技术将每一个被保护的数据块称作帧。数据发送方在发送的每一个数据帧后面都加上一定比特长度的帧校验序列(FCS),数据接收者通过 FCS 中附带的冗余信息可以检测出数据帧中的错误。

3. 奇偶校验码

在奇偶校验码中,用单一比特来表示存储字节中 1 的个数是偶数还是奇数。采用奇偶校验码的二进制字符串中通常会为每 8 bit 分配一个奇偶校验位,数据接收方通过奇偶校验位可以进行完整性校验。通过奇偶校验码,移动数据传输得以在网络中较低的层次里实现完整性校验。

通过对数据完整性校验技术和方法的对比分析,在船舶制造车间数据完整性校验中选择使用 MD5 算法计算校验和来进行完整性检测,通过对前后哈希值进行比对来检测完整性是否遭到破坏。

计算校验和中使用 MD5 计算哈希值,MD5 可以为任何文件(不管其大小、格式、数量)产生一个同样独一无二的"数字指纹",MD5 将任意长度的字符串映射为一个 128 位的整数,这个整数就是字符串的"数字指纹"。文件发生任何改动,其 MD5 值也就是对应的"数字指纹"都会发生变化,这一特性能够很好地实现对数据完整性的验证。

MD5 算法:MD5 以 512 位分组来处理输入的信息,且每一分组又被划分为 16 个 32 位子分组,经过了一系列的处理后,算法的输出由四个 32 位分组组成,将这四个 32 位分组级联后将生成一个 128 位散列值。MD5 算法中,首先需要对信息进行填充,使其位长对 512 取余的结果等于 448。因此,信息的位长(Bits Length)将被扩展至 $N*512+448$,N 是一个可以等于 0 的非负整数。填充的方法如下,在信息的后面填充一个 1 和多个 0,直到满足上面的条件时才停止用 0 对信息的填充。然后,在这个结果后面附加一个以 64 位二进制表示的填充前信息长度。经过这两步的处理,现在的信息的位长 = $N*512+448+64=(N+1)*512$,即长度恰好是 512 的整数倍。这样做的原因是为满足后面处理中对信息长度的要求。

一个 MD5 运算由图 1-72 中类似的 64 次循环构成,分成 4 轮 16 次。F 是一个非线性函数,一组循环使用一个函数。Mi 表示一个 32 位的输入数据,Ki 表示一个 32 位常数,用来完成每次不同的计算。

以下是每次操作中用到的四个非线性函数(每轮一个):

$F(X,Y,Z)=(X\&Y)|((?\ X)\&Z))$

$G(X,Y,Z)=(X\&Y)|(Y\&(?\ Z))$

$H(X,Y,Z)=X^Y^Z$

$I(X,Y,Z)=YA(Xl(?\ Z))$

MD5 中有四个 32 位被称作链接变量(chaining variable)的整数参数,他们分别为:A = 0x67452301,B = 0xefcdab89,C = 0x98badcfe,D = 0xl0325476。当设置好这四个链接变量后,就开始进入算法的四轮循环运算。循环的次数是信息中 512 位信息分组的数目。将上面四个链接变量复制到另外四个变量中:A 到 a,B 到 b,C 到 c,D 至 d。主循环有四轮(MD4 只有三轮),每轮循环都很相似。第一轮进行 16 次操作。每次操作对 a、b、c 和 d 中的其中三个作一次非线性函数运算,然后将所得结果加上第四个变量,文本的一个子分组 Mi 和一个常数 Ki。再将所得结果向左环移一个不定的数 s,并加上 a、b、c 或 d 中之一。最后用该结果取代 a、b、c 或 d 中之一。

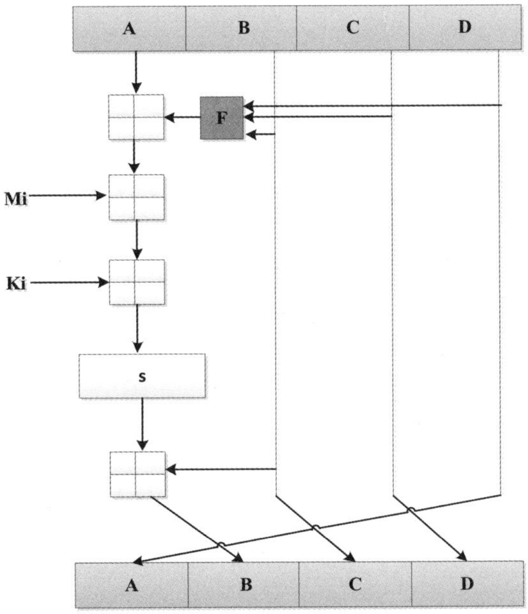

图 1-72 MD5 计算过程

1.6.4.3 数据断点续传技术

1. 数据断点续传原理

移动数据传输过程中涉及数据发送方和数据接收方之间的文件传输,数据传输过程中发生网络故障导致中断后要进行数据恢复,断点续传是解决传输中断的关键。在数据发送方发送文件的过程中,若一次执行过程未传送完所有文件流的内容,下次执行时不必从头开始传送,只需从上次中断传输的位置起开始重新传输,将大幅提升数据传输的效率。与非断点传输不同的是,使用断点续传技术,可以将文件分多次传输,每次传输都是从它上一次数据传输断链的位置处重新开始传输。

断点续传的过程也是对被断链的接收端节点进行数据补发的过程。

(1)接收端节点向发送端节点发送重收文件的信息请求,包括需重收的文件名称及接收端已接收文件数据的字节数。

(2)发送端节点收到该请求信息后,根据该文件名称检查本地是否有该文件存在,若有就打开该文件,并根据接收端已接收文件数据的字节数信息,将文件指针定位到该字节位置处并以此位置为起始点将后续数据传输至接收端。

(3)接收端节点把接收到的数据追加写入前面已接收到的文件上。若数据接收方没有这个文件,数据发送方就返回一个信息给接收端表示自己没有这个文件,并等待接收端发送下一个请求重收文件的信息。当一段时间内没有收到从接收端发来的任何信息,就直接断开与接收端的连接。

2. 数据多线程断点续传的实现

移动数据传输过程中通常采用数据包的形式进行传输,当数据接收端中止发送线程时数据发送端的数据包可能未完全发送完毕,有可能同一个包传输两次,这是因为传输过程中由于网络通信可能产生丢包的现象,即可能读入部分小于一个数据包缓冲区发送的内容,也即发送端发送了一个数据包,但数据接收端并没有完全接收到整个数据包,因此发送端续传的起始位置不应该是数据接收端最后一次传输数据包时文件流的下一个位置,而是根据数据接收端最后一次实际接收到的数据包写入数据流后数据流的位置作为发送端重新传输的新位置。

图 1-73 是数据多线程断点续传实现过程模型。正常传输过程中数据发送端与接收器端采用应答方式,即数据接收端接收到发送端传送的数据包后返回给发送端"接收一个数据包完毕,可以传输下一个数据包"的信息,发送端收到这个确认信息后,发送端的文件流指针下移单位数据包长度,在新位置开始进行下一个数据包的传输,因此在接收端没有中止进程时不会产生丢包,只有临时中止传输文件线程时产生丢包,下次对该文件续传时才重新发送该数据包。

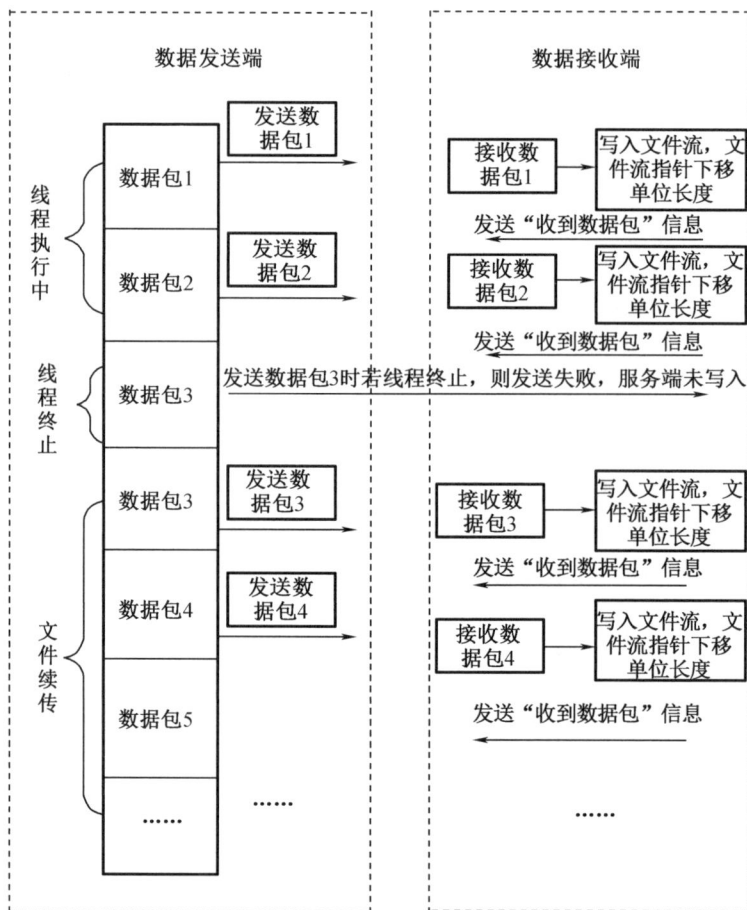

图 1-73　数据多线程断点续传实现过程模型

1.6.5　移动事务处理技术

1.6.5.1　移动事务处理需求分析

在信息系统中,由移动终端发起的事务叫作移动事务。显然,移动事务的执行环境是移动终端位置经常变化、自身资源有限,需要通过无线通信与静态支持服务器或工作站连接的分布式多数据库系统。

一个典型的移动事务处理实例描述如图 1-74 所示,处于无线终端 A 的用户在向移动终端 C 的移动过程中提交移动事务。移动事务从广义上仍然是一个分布式事务,其中一部分在移动终端上完成,而其他部分则交给固定网络中的数据库服务器来完成。一个移动事务 Ti 可以分解成许多子事务,每个子事务本身是一个事务,它所包含的操作序列是 Ti 所包含的所有操作序列的一个子集。移动事务具有以下特点:

(1)由于移动终端自身资源的有限性和移动性,移动事务必须分解成一系列操作的集合,一些在移动终端上运行,其他在固定网络的静态主机上运行,移动事务的执行需要固定主机的支持,实现计算和通信;

(2)移动事务执行过程中,当移动终端移动时,事务的状态、所访问的数据对象的状态和位置信息也要随之移动,移动事务仍继续执行,但执行的地点由移动用户确定;

(3)由于数据和用户的移动性以及频繁的网络断接,导致移动事务的执行时间增加,成为长事务,并且在执行过程中更容易出错;

(4)移动事务不仅要访问的是复杂的异构多数据库,而且还要支持事务的并发执行、恢复操作、断接处理和数据的一致性。

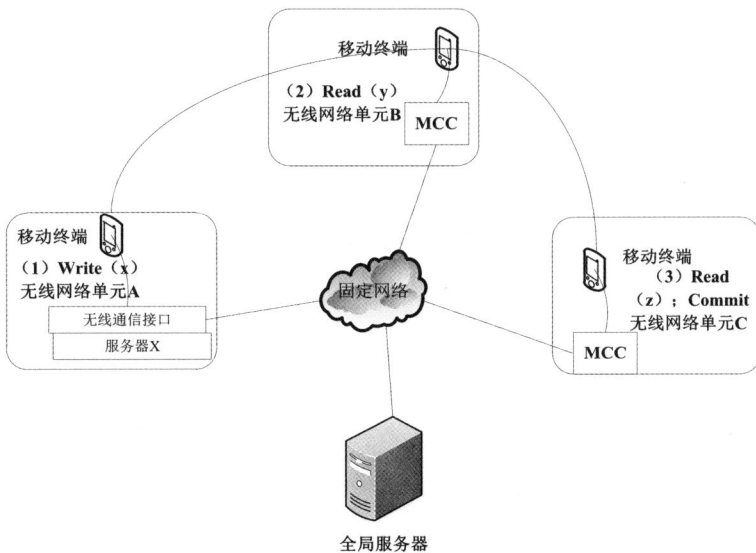

图 1-74　移动事务处理典型结构

船舶制造车间由于现场复杂环境导致移动数据传输的不稳定性严重影响着车间管控等业务信息系统的业务流程处理功能的实现。当业务流程处理功能运行在异构或移动环境中时,系统本身准确性和可靠性成为决定整个系统成败的一个关键因素。缺少移动事务处理相关技术的支持是导致出现相关船舶制造车间业务信息系统稳定性问题的主要因素之一。这也导致了相关系统在处理长事物、解决事物异常、保证数据一致性等方面存在很多问题。

首先在船舶制造车间管控等业务信息系统中增加移动事务处理机制,是保证系统可靠执行的必要手段之一。良好的事务处理能够推动移动业务流程处理的稳定性和可靠性。其次移动事务处理能够为系统提供并发控制和异常处理功能,使系统更加具备健壮性和可靠性以提升船舶制造车间业务管控等信息系统运行的稳定性。

移动事务处理技术框架如图1-75所示。针对移动事务处理具备事务移动性、易错性、异构性和长事务性等特点,采用移动事务处理的调度技术、事务缓存与恢复技术、失败事务处理技术、脱机移动事务处理技术,达到车间现场人员在移动过程中事务处理不受影响的目的。

图1-75　移动事务处理技术框架

1.6.5.2　移动事务处理缓存技术

在船舶制造车间移动数据传输过程中,时常会由于移动网络问题导致数据传输停止的情况,大大降低传输效率,影响事务的正常处理,为了减少事务访问服务器的次数和支持客户端的断接操作就需要采取缓存技术。

移动事务处理缓存技术主要是通过数据收集,将事务存取的数据特别是经常存取的数据缓存在移动终端上,在减少移动终端与中心服务器的通信从而节省无线带宽的同时,使移动终端在网络断接时使用缓存数据完成事务处理,提高了数据的可用性。因此,在移动终端上采用缓存技术是移动环境中提高系统稳定性和可靠性的手段之一。

一般系统设计采用缓存管理器(cache manager,CM)负责移动终端的事务处理缓存管理,用户对移动数据库的所有访问都必须通过CM完成。CM负责管理移动终端(mobile client,MC)上的事务处理缓存及其元数据,并维护三个不同的事务日志,即脱机事务日志(off-line transaction log,OTL)、暂时事务日志(tentative transaction log,TTL)、夭折事务日志(abort transaction log,ATL)。

在移动终端 MC 与服务器建立连接后,当用户需要在断接时访问数据库,而此时 MC 的缓存还没有建立,为了实现移动终端有效的断接操作,缓存管理器 CM 将负责与服务器一起,建立本地的缓存数据库,其流程如下。

(1)CM 要求用户定义本地缓存的子集描述 CCD,然后将 CCD 报告给服务器。

(2)在接到 MC 发来的缓存描述 CCD 之后,服务器将数据库中所有满足 CCD 描述的关系记录及相关的元数据通过点对点的方式一起发送给 MC。

(3)缓存管理器 CM 将接到的元数据及记录保存在本地数据库中,从而建立起本地的缓存。MC 的缓存是根据服务器上数据库的提交版本建立的,并保持与服务器数据库的提交版本之间的同步。为了维护所有联机 MC 的缓存的描述信息,服务器必须记录所有当前联机客户机的缓存描述 CCD,直到服务器确认某个客户机 MC_i 已离开时,才将 MC_i 的 CCD_i 清除。

移动终端 MC 的缓存经过初始化之后,用户就可以开始使用缓存工作了。根据移动环境的实际情况联机和断接,移动终端的缓存具有三个工作状态:即联机状态、脱机状态和集成状态。这三个不同的工作状态以及相互之间的转换关系如图 1-76 所示。

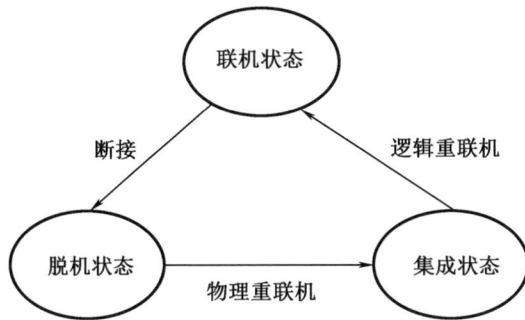

图 1-76 客户端缓存的三种工作状态

(1)联机状态:当 MC 与服务器连接时,MC 缓存工作在联机状态。缓存处于收集状态,CM 主要依靠与中心数据库的同步服务器上的数据进行复制同步工作,并且随时准备进入断接状态。对接到的用户更新事务,直接转发给服务器执行;对于用户的只读查询事务,如果本地 CCD 能够满足其要求,则直接在本地提交执行,否则转发给服务器执行,并将执行结果返回给用户;同时,当服务器上的数据被更新时,服务器采用异步广播的失效报告策略发送失效报告来保持与客户端缓存的同步。

(2)脱机状态:当 MC 与服务器断开连接时,CM 进入脱机状态。开始仿真数据库服务器的功能,在本地缓存允许的范围内,负责解释并执行用户的事务,并将用户提出的更新事务记录在 MC 的脱机事务日志中。

(3)集成状态:最后,当 MC 与服务器重新建立网络连接时,CM 转入集成状态,将脱机事务日志中的所有暂时事务发给服务器执行。发送探测消息,获取丢失的失效报告,并从服务器获得本地缓存的更新值,使缓存与服务器达成一致,随后又转入到联机状态。

1.6.5.3　移动事务恢复技术

1.移动事务恢复策略

移动事务的恢复策略必须根据移动计算环境的特点来制定,设计采用两个协议的支持,即超时协议(timeout protocol)、断接协议(disconnect protocol)。

超时协议由应用服务器执行,在事务开始前由移动终端和服务器共同指定一个时间参数,超过这个时间,可以自由回滚相应移动终端上的事务。

断接协议由移动终端执行,它用于处理当移动终端从应用服务器断开时的时间约束,与超时协议类似,当断接持续到设定的时间时,移动终端上的事务就开始回滚。

这两个协议既保证了移动事务的无缝执行,又可以用于移动事务的恢复,有效地支持了移动事务的执行。

2.移动事务恢复过程

移动事务的恢复过程可以分成三个阶段,分析(analysis)、重做(redo)和取消(undo)。分析阶段是指系统通过对事务执行日志、事务状态表等与移动事务执行有关的数据结构的分析,确定缓冲区中的更新页面以及系统失败时的活动事务集合,同时确定日志中开始重做操作的起点。重做阶段是指系统根据前一阶段的分析结果,重新执行发生故障的事务的某些部分,使数据库的数据恢复到与故障发生前一致的状态。最后在取消阶段,系统反向扫描日志文件并以相反的顺序取消系统失败时活动事务对数据库所做的修改操作,以保证数据库数据的一致性。

在移动数据库系统中,由于移动事务的执行可能在移动终端上或固定网络的相关主机上,也可能在二者上分别执行,因此,事务的回滚应采取两种不同的方式:一种是移动事务仅在移动终端上执行,这种事务的回滚比较简单,与传统的集中数据库的回滚完全相同,可在移动终端本地数据库的管理下自动完成;而另一种是指移动事务由移动计算机和固定网络的服务器来共同完成的,移动计算机要与应用服务器进行通信,事务的执行状态由二者来决定,事务的回滚涉及参与移动事务的移动计算机和固定网络上的固定主机,因此,为了撤销移动终端已经与固定网络服务器通信过的行为,移动终端必须通知应用服务器以便确定回滚的行为。移动事务在恢复过程需要前面所提出的各种协议的支持,以便确定移动事务执行过程的相关信息,并把这些信息记录到相关的数据结构,建立移动事务恢复的检查点。在事务管理器的管理下,事务执行的状态等信息被写入相应的数据结构,并在检查点处将其写入事务日志。

1.6.5.4　失败事务处理技术

1.事务失败的原因

在船舶制造车间网络传输过程中,由于环境复杂多变,传输的准确性、连续稳定性得不到切实保证,所以事务失败的主要原因可能是由于事务的取消或者是事务执行过程中,众多操作中的一项或者几项发生错误,这些都会导致事务的失败。

2. 失败事务处理方法

事务是一个最小的工作单元,不论成功与否都作为一个整体进行工作,不会有部分完成的事务。由于事务是由几个任务组成的,因此如果一个事务作为一个整体是成功的,则事务中的每个任务都必须成功。如果事务中有一部分失败,则整个事务失败。例如,如果一个事务成功更新了两个表,在更新第三个表时失败,则系统将前两次更新恢复原状,并返回到原始的状态。

当事务失败时,系统返回到事务开始时的状态。这个取消所有变化的过程称为"回滚"(rollback)。回滚实际上是一个比较高层抽象的概念,大多数数据库在实现事务时,是在事务操作的数据快照上进行的,并不修改实际的数据,如果有错并不会提交,所以很自然的支持回滚。而在其他支持简单事务的系统中,不会在快照上更新,而是直接操作实际数据。可以先预演一遍所有要执行的操作,如果失败则这些操作不会被执行,通过这种方式很简单地实现了原子操作。

所以在船舶制造车间对于失败事务的处理,可以通过事务的部分回滚或全部回滚来使事务的状态恢复到故障发生前的状态,然后再通过对事务过程的调整,重新进行事务进行,达到无错的目的。

1.6.5.5 脱机移动事务处理

脱机移动事务处理是指在船舶制造车间中,由于环境的干扰和信号的不稳定,移动设备通过无线网络与主机的连接中断,随即数据传输交换中断,在没有网络连接的情况下移动终端智能脱机处理事务。

1. 脱机查询事务处理

由于移动终端 MC 在断接时无法与主服务器通信,故 MC 不支持严格一致性查询,如果用户提出严格一致性查询,CM(缓存管理器)将返回一个错误标志用来表明 MC 正处于断接状态,不能执行严格一致性查询。从这个意义上来说,MC 断接对用户不是完全透明的。当用户知道 MC 正处于断接状态,将避免使用严格一致性事务,并对今后 MC 重新联机时可能发生的事务夭折提前有所准备。当然,MC 的缓存管理器 CM 仍然支持一定的应用透明性。对用户来说,在 MC 断接的情况下,除了执行严格一致性查询和强更新事务时会得到失败信息之外,其他事务的执行看上去与 MC 联机时是完全一样的。

与 MC 联机时不同,在 MC 断接(即 CM 处于脱机状态)时,MC 用户的弱一致性查询是根据 MC 缓存的暂时版本完成的(前者根据服务器的数据库暂时版本完成)。与服务器上数据库的暂时版本不同,MC 缓存中数据记录的暂时版本只是记录了断接期间用户提出的更新事务的执行结果。

当 CM 接到一个查询事务 QT(弱一致性事务)时,首先必须根据本地缓存的子集描述 CCD,判断利用本地缓存是否能完成。判断技术如下所示。

对于一个一般的 select-from-where SQL 查询来说,其 where 子句中指定的查询谓词可以分为两类,即点查询(point-query)和面查询(range-query)。点查询指定一个关系中的最多一个记录,而面查询则指定一个或多个关系中的一组记录(其结果集合中可以有 0 个、1 个或多个记录)。当 CM 接到一个用户查询时,设其查询谓词为 Q。如果 Q 可以分解为一个或多个点查询,则 CM 直接在缓存上分别执行这些点查询,如果所有记录都存在,则 CM 可以向用户返回结果(Q 可以在缓存上执行);否则 CM 将 Q 看作一个面查询,并继续下面的判断过程。

如果 Q 是一个面查询谓词,则 CM 将其与缓存描述 CCD 进行比较:

(1)若 Q 可以根据 CCD 中所有谓词集合的并集求出,则说明所有 Q 指定的记录都存在于缓存中;

(2)若 Q 无法根据 CCD 中所有谓词集合的并集求出,则 CM 无法确定 Q 是否包含于缓存之中,因此 CM 认为 Q 超出本地缓存的范围。

如果 CM 可以确定查询事务 QT 的查询范围完全包括在本地缓存中,则可以根据缓存内容执行 QT,并将查询结果返回给用户。否则,即 QT 的查询范围超出本地缓存的界限,这时 CM 可以有两种选择:一是不执行 QT,直接向用户返回一个失败信息,告知用户目前无法执行该查询(缓存内容不足);二是仍然在本地缓存上执行 QT,将结果返回给用户,同时指明该查询结果可能是不完全的。

用户在提出查询事务时,可以指定其中一种处理方式 CM 之所以提供第二种选择,是因为在断接条件下,用户可能希望尽可能地得到查询数据,即使查询结果是不完全的,也总比完全没有结果要好。

2. 脱机更新事务处理

CM 在脱机状态下负责分析并执行用户提出的更新事务。由于在断接时 MC 无法与主服务器通信,因此 CM 不支持强事务;如果用户向 CM 发出强事务,将返回失败信息,并指明原因为 MC 正处于断接状态中。因此,如无特殊说明,在本节中讨论的用户更新事务都指的是弱事务。

在接到用户提出的一个更新事务 T 时,CM 首先判断 T 的读集合和写集合是否都包含于本地缓存中,这与 CM 处理查询事务时对查询谓词 Q 的判断方法基本相同。如果 T 的读集合或者写集合超出了缓存的范围,则 CM 不能执行 T,并向用户返回一个失败信息。

如果更新事务 T 的读集合和写集合都包含在 MC 的缓存中,则 CM 为该事务分配一个在 MC 上唯一的递增事务标识符,记为 T. tid。为区别于服务器分配给暂时事务的标识符 <ts,sid>,将由 CM 分配的 tid 称作事务的临时标识符。为了在 MC 重新与服务器联机时将断接期间的用户更新事务发送给服务器重新执行,CM 将 T 记录到本地的一个脱机事务日志中(在日志中,所有暂时事务都按照 tid 的次序排列)。然后,CM 在本地缓存上执行 T,并将 T 的临时事务标识符 tid 与执行结果返回给用户。由于 tid 与服务器分配的暂时事务标识符 <ts,sid> 不同,因此用户知道事务 T 的执行是在 MC 断接时完成的。在 MC 重新联机后,这些暂时事务将从服务器得到正式的标识符 <ts,sid>。

与服务器的数据库类似,在脱机状态下,CM 将用户更新事务的执行结果记录在本地缓存的数据记录的暂时版本中;相应地,把 MC 的缓存中由服务器更新的记录版本也称作提交版本。MC 缓存的暂时版本可以允许用户更新事务读取前面的暂时事务的结果,也允许用户的查询事务读到该事务之前的暂时事务结果。当 MC 重新联机时,MC 缓存的暂时版本将被作废。

为了方便事务日志的管理,提高事务日志的可靠性,CM 将事务日志存放在本地数据库中,利用本地数据库管理系统的能力维护日志,而且在存取事务日志时也充分利用了数据库管理系统的优点(如索引),因此 MC 脱机事务日志的存取是高效的,同时也是可靠的。

1.7　面向现场作业的消息推送技术

1.7.1　技术简介

面向现场作业的消息推送技术主要框架如图 1-77 所示。

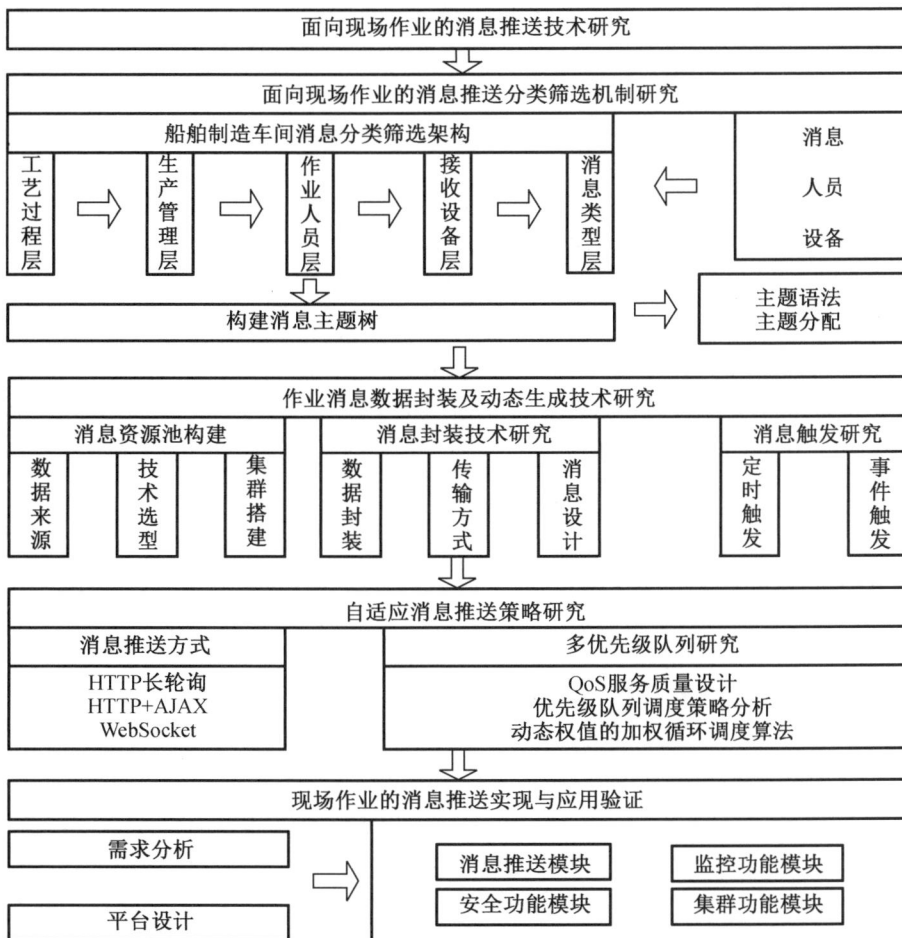

图 1-77　面向现场作业的消息推送技术框架

首先,面向现场的消息推送技术,旨在解决向船舶制造车间现场推送什么数据的问题。根据船舶制造过程相关的数据、人员、设备等维度对推送的消息进行分层分类,形成船舶制造车间消息筛选架构。基于消息主题,船舶制造车间消息筛选架构设计推送消息的主题树,实现消息的可分类筛选,并规范主题描述语法。为"船舶制造现场海量数据传输消息服务平台"主题相关的需求分析、设计及开发提供支撑。

其次,船舶制造作业消息数据封装及动态生成技术,用于解决船舶制造车间现场消息的来源问题。采用消息资源池搭建技术、产品以及部署方法、数据封装技术、消息传输协议,以及基于主题的消息设计方法、定时触发及事件触发等消息触发机制,为"船舶制造现场海量数据传输消息服务平台"的消息封装设计提供依据,设计用于船舶制造相关信息系统数据交互的消息资源池,使平台适用于不同触发机制的消息的传递。

再次,自适应消息推送策略,用于解决推送方式选择问题。采用主流的推送技术及 AMQP 协议实现产品 RabbitMQ 的推送方式、数据传输的 QoS 机制及优先级队列的调度策略,为"船舶制造现场海量数据传输消息服务平台"消息推送功能的设计与实现提供依据。基于设计平台推送策略,确保平台在高负荷条件下依然满足船舶制造车间现场消息推送需求。

最后,进行"船舶制造现场海量数据传输消息服务平台"的需求分析、设计与开发,平台包括消息推送功能模块、安全功能模块、监控功能模块及集群部署功能模块。

1.7.2 面向现场作业的消息推送分类筛选机制

本节以船体分段制造过程为载体,面向现场作业的消息推送分类筛选机制,解决需要推送什么消息的问题。本节针对船舶建造作业阶段、工位工种、作业对象类型的不同,现场作业所需的消息也不相同,从多角度构建消息的分类结构体系。为了能将合适的数据准确地推送给相应的消息接收终端,应采用面向现场作业的消息推送分类筛选机制。从设计、计划、生产、物资、成本的角度构建消息的分类结构体系,同时分析作业者及消息接收终端的相关属性,如作业者的组织、岗位、技能属性,设备终端的类型、操作系统属性,作业者与设备终端的绑定关系等。关联不同分类的消息、用户、消息接收设备终端三者之间的权限关系,从而实现消息分类筛选后准确推送到相应的需求者。

1.7.2.1 消息分类筛架构

在船舶制造车间中,针对船舶建造作业阶段、工位工种、作业对象类型的不同,现场作业所需的消息也不相同,为了更好地增加船舶制造车间消息传输的快速性和准确性,需要将船舶制造车间所涉及的消息传输进行分类,构建属于船舶车间自己的消息分类体系,从而达到分类传输的目的。

对推送至作业现场的消息进行分层分类,构建船舶制造现场消息分层分类架构,消息分层分类架构如图 1-78 所示,层次由上到下依次为工艺过程层、生产管理层、作业人员层、接收设备层、消息类型层,以上大层次,还可细分小层次。推送至船体分段作业现场的任意一条消息都可按此架构分层分类。例如,一条推送给船体分段建造切割作业区某下料工所持移动终端的计划相关工艺文件,该条消息在工艺过程层隶属切割阶段消息,在生产管理层隶属计划管理消息,在作业人员层隶属推送给下料工的消息,在接收设备层隶属推送至三防手机的消息,在消息类型层隶属工艺文件消息;在接收设备层,又可细分设备类型层和支持协议层,该消息在设备类型层隶属推送给下料工的消息,在支持协议层隶属推送给支持 WebSocket 协议的终端的消息。

| 工艺过程层 | 预处理阶段　　切割阶段　　　小组立阶段　　中组立阶段
大组立阶段　　舾装阶段　　　涂装阶段　　　总装阶段 |

⇩

| 生产管理层 | 计划管理　　　生产准备　　　物料管理　　　作业管理 |

⇩

| 作业人员层 | 预处理工　　　下料工　　　　打磨工　　　　装配工
焊接工　　　　冷弯工　　　　热加工　　　　起重工
配送工　　　　检验员　　　　班组长　　　　舾装员
涂装员　　　　理料工 |

⇩

| 接收设备层 | 固定终端　　　工业平板电脑　触控一体机　　三防手机
支持HTTP1.0　支持HTTP1.1　支持HTTP2.0　支持Web
　　　　　　　　　　　　　　　　　　　　　Socket |

⇩

| 消息类型层 | 三维模型　　　二维图纸　　　工艺文件　　　视频文件
音频文件　　　系统间交互数据(JSON/XML) |

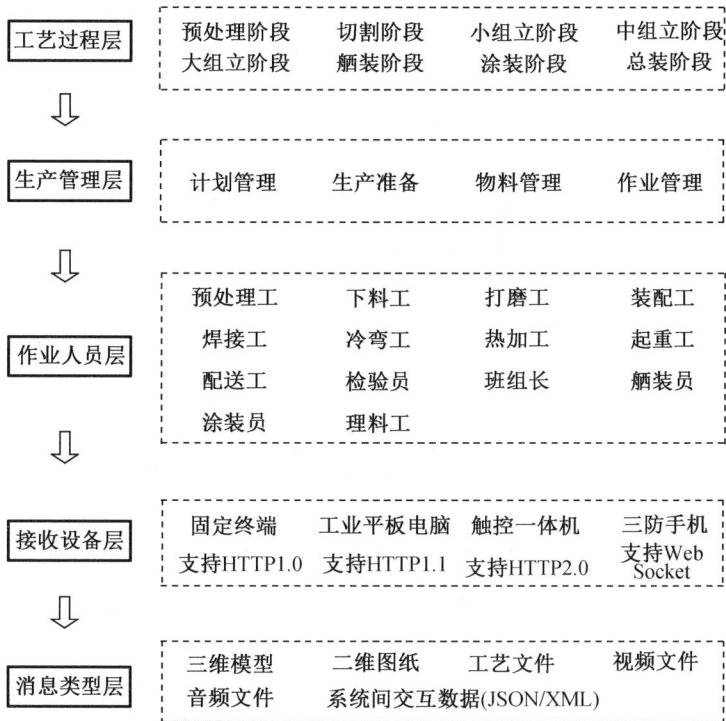

图1-78　船舶制造现场消息分层分类架构

1. 工艺过程层

船体分段制造工艺主要包括钢材预处理、切割阶段、组立装配阶段等,如图1-79所示。钢材经过预处理后,需要根据切割指令等进行切割操作,切割完成后将零件装盘,运输到后道工位进行装配、焊接以及检验等操作。

钢材预处理流水线通常有两种,即型材预处理流水线和板材预处理流水线。钢材从原材料堆场运输至流水线,经过预处理以后,再运输至储存区以备零件加工使用。钢材预处理主要的运输设备有电磁吊、自动装卸运输车、高速辊道等。一般预处理后的钢材直接进入加工车间进行处理,或者尽量减少缓冲区储存的等待时间。

零件切割工艺主要是制造船体的各种零件,比如直边拼板、曲形大件、平面板件、内部折边件、型材件等。零件切割工艺始于预处理流水线的缓冲区,把处理过的板材或型材运送至零件成组分道切割流水线,切割成各种零件。部分零件被理料后再进行成形加工,零件加工的生产物流始于切割流水线的缓冲区,把切割过的零件运送至零件成组分道加工流水线,加工生产各种零件。零件生成以后,由物流中心根据下一道工序的需要统一配送至下一个工作现场,比如部件装配车间、组件装配车间、分段制造平台、船台(坞)、码头等地进行装配,或者堆放在零件存储缓冲区等到需要时再进行运输。在现代造船模式下,船舶制造采用了分组技术,结合钢材零件的实际加工工艺,钢材加工车间内的零件加工具有五种典型的生产流程。与之相伴而生的生产物流也具有相应的五个流转通道,即五个零件分道,包括直边拼板分道、曲形大件分道、平面板件分道、内部拆边分道和型材件分道。完工之后的零件或直接按计划送往下一个工作现场,或送往储存缓冲区。

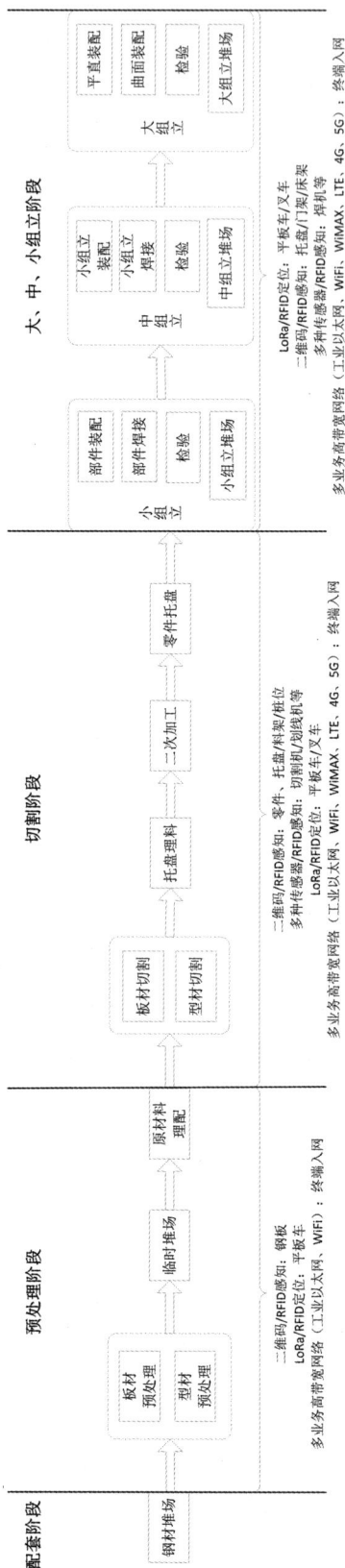

图 1-79 船体工艺流程图

组立装配是指将两个或者两个以上的船体零部件装焊成组合件,组立装配又分小组立阶段、中组立阶段和大组立阶段。小组立阶段是将两个或两个以上的船体零件/加工件装配焊接成小组立,一般包括拼板部件装配分道、组合型材部件装配分道、曲形桁材构件装配分道、加强腹板和肘板装配分道等,小组立一般包括各种焊接 T 型梁、肋骨框架、尾柱等。中组立阶段是将两个或两个以上的船体零件/加工件、小组立装配焊接成中组立。大组立阶段是将两个或两个以上的船体零件/加工件、小组立、中组立装配焊接成大组立。

另外,现代造船模式下,一般大型造船企业都会建立专门的管子加工流水线。造船生产设计以后,管子分厂一般按照工艺室分解完毕的管子分箱表,把对应不同生产线的分箱统一分配到各生产线上进行加工。待加工管子以设计托盘形式进入管子分厂后,管子分厂的工艺室按照一定的规则将其分解为生产管子分箱。管子分箱根据管子的直径大小和规格不同,分别被安排在大、中、小三条生产线上进行加工。把在同一舾装区域的元件按要求预先组装成一个整体的工艺流程称为单元舾装。由于单元独立于船体结构,故可以将单元舾装安排在车间内进行,作业条件比较好,便于组织和管理。另外,单元舾装不受船体作业的干扰,工期比较容易得到保证。常见的单元包括设备单元、管件单元、阀件单元以及配电单元等。

船体装配分为分段装配和船体总装两个阶段。其中分段装配俗称大合龙(或大组立),是继部件小合龙(或小组立)、组件中合龙(或中组立)之后的船体建造过程中最复杂的工艺阶段。分段的结构特点是确定分段建造方式的重要因素。典型的船体分段包括平面分段、曲面分段、立体分段和上层建筑分段等。船体总装也称总合龙,是船体建筑过程中陆上作业的最后阶段。船体结构零件经过从部件到分段的预装配,形成若干数量的船体分段。经过同步舾装和涂装以后,吊运到具有坚实地基的总装场所,最后组装成完整的船体。船台和船坞是将各个零件、部件、分段或总段组装成整体船体的场所,一般都配备有大型吊车、焊接设备,还有各种能源供应和辅助设施,并具有将船舶送入水中的下水装置。

2. 生产管理层

生产管理包括计划管理、生产准备、物料管理、作业管理等。

(1)计划管理消息具体内容

①任务包信息:作业类别、作业阶段、工作包描述、预估物量、物量单位、计划工时、作业部门、计划开始、计划结束、工期、图纸编号。

②物料需求计划信息:物料分解信息、物料需求日期。

③工厂模型信息:生产区域、生产能力。该数据是基础数据,在计划编制时进行班组的添加和负荷的均衡。

④完工反馈信息:实际工时、实际开始时间、实际结束时间、作业部门、班组、设备。该数据是计划管理模块与作业管理模块之间的交互数据,对作业完工情况按生产计划进行反馈。

(2)生产准备消息具体内容

①基础模型数据:产品模型/设计属性(节点编号、节点类型、节点特性、层级结构、船号、图纸)、产品模型/工艺属性(工艺路径、制造工序、物量信息、标准工时、装配顺序、作业

指导书)、产品模型/制造属性(生产状态、生产区域位置、计划开始时间、计划结束时间、实际开始时间、实际完成时间)。

②物资信息:型材/板材数量、型材/板材材质、型材/板材炉批号、型材/板材堆位/层号、管材数量、管材型号、装配数量、涂料数量、涂料型号。

(3)物料管理消息具体内容

①基础数据:车间中的人员属性、地点信息、车辆信息、托盘信息、车间组织机构等;产品中的产品设计属性(名称、隶属关系等)。

②其他项交互的数据:生产准备获得物料需求计划(物料名称、托盘号、物料地点、物料需求地点、物料需求时间);作业管理模块获得理料入托完工信息(理料完工通知、物料地点等)。

(4)作业管理消息具体内容

①基础数据:工艺模型中作业类型、作业工序、工艺类型、加工工艺等数据信息。

②船舶车间产品中间的加工工序、加工物量、标准工时、集配形式、工艺作业指导信息。

③工厂模型中的资源名称(包括班组、设备、能力)、类型、能力、生产区域。

④其他项交互的数据:计划管理中获得的产品工单信息,包括工单任务、工单工期、工单计划开始及完成时间、工单所需生产资源的生产区域及资源类型。

⑤物料管理中获得物料到货信息。

3.作业人员层

根据对船舶制造车间具体调研,将作业者相关属性信息进行汇总,主要包括人员名称、组织层级码、岗位名称、工种名称、人员类型、工作时间、人员能力、班组名称等。其中岗位名称包括厂领导岗、部门领导岗、车间领导岗、工人岗;工种名称包括数控切割工、理料工、切割工、下料工、打磨工、冷加工、起重工等。

4.接收设备层

在船舶分段制造车间中,终端按形式主要分为固定终端、工业平板电脑、触控一体机、智能看板、大屏幕、三防手机等,按支持通信方式分为支持 HTTP1.0、支持 HTTP1.1、支持 HTTP2.0、支持 WebSocket 等。

5.消息类型层

消息类型具体包括三维模型、二维图纸、工艺文件、视频文件、音频文件、系统间交互数据(JSON/XML)等。

1.7.2.2　消息主题树设计

消息主体树设计基于船舶制造现场消息分层分类架构,构建"船舶制造现场海量数据传输消息服务平台"主题树,为船舶生产制造相关信息化系统在"船舶制造现场海量数据传输消息服务平台"上有序注册消息主题提供依据,以及确保平台实现快速检索、高效推送数据。

消息推送分为基于主题推送、基于内容、指定推送三类。在基于主题的推送模型中,主题是逻辑意义上的"通道",订阅某个主题的消费者会接收到所有发布到该主题上的消息,而生产者在发布消息时负责描述消息属于哪个主题。在基于内容的推送模型中,每一个逻辑上的通道都会拥有一些属性用来描述其特征,消息消费者需要描述其感兴趣的消息,即给定感兴趣的消息在某些属性上的限制,消息生产者发布消息时,则需要描述该消息在某些属性上的取值,只有消息满足消费者的所有限制时,对应的消费者才会收到消息。指定推送模型,即消息生产者指定消息接受者,其余消息接收者无法获得消息。

主题(Topic)是消息推送系统中的最重要的概念之一。所有的发布订阅请求和与之同时进行的消息传递都是基于主题来实现的。主题树的设计可分为主题语法设计和主题分配两大部分,下面分别进行说明。

1. 主题语法设计

主题语法设计应满足的需求总结为三点:可以通过一次订阅请求订阅多个主题;用户需要被分配一个专用主题区域,保障数据安全;主题区域应该是方便扩展的。主题语法具体内容如下。

(1)主题语法合法性限制

首先,主题是一个字符串,若采用 UTF-8 编码,不可以超过 65 535 字节。主题的层级数量没有限制。其次,不能包含任何特殊符号,如"/""+""#",且必须包含至少一个字符。主题区分大小写,可以包含空格。

(2)层级结构设计

主题层级结构类似于 URL 层级结构,用"/"符号来划分每个层级。主题形式如"a/b/c1""firmTopic/HW/80000001"。

(3)通配符设计

在对具有层级结构的主题进行匹配和筛选时,需要用到通配符。通配符应当在发出订阅请求时,或者要去匹配、代表一个范围的主题时才会被用到。主题本身并不能带有通配符,这在主题语法合法性规定中也有提及。根据作用范围的不同,有两种通配符可供选择:单层通配符"+"和多层通配符"#"。

单级通配符只会对主题单个层级进行匹配。例如,"firmTopic/HW/+"匹配"firmTopic/HW/80000001"和"firmTopic/HW/80001001",但是不匹配"firmTopic/HW/terminal/001"。单级通配符可以应用于任一层级而不必须在最后一层。可以匹配第一层级和第三层级相同而第二层级为任意值的主题。当然,也可以在多个层级中同时使用它。单层通配符严格匹配本层次,层次不同不予匹配。

多层通配符会匹配主题中任意数量层级,它会匹配包含本身的层级和该层级后面的子层级,也可以和多层通配符一起使用。例如"firmTopic/#"可以匹配"firmTopic/HW""firmTopic/HW/80000001"和"firmTopic/HW/terminal/001"。但该通配符必须在最后的结尾使用。例如"firmTopic/#/terminal/"是无效的。

值得一提的是,"#"是有效的,它会匹配所有的主题。但是订阅"#"会收到所有的应用消息,并不存在这种应用场景。即使有也应该出于对平台性能的保护而禁止这种行为。

2. 主题分配

出于方便主题管理的考虑,主题不应该允许用户完全自定义,而应该让用户通过一种申请和分配的流程获取属于用户的固定主题,考虑效率因素,此申请流程可设置为默认关闭。"船舶制造现场海量数据传输消息服务平台"可能面向多种类型的用户。所以有必要对主题进行区域划分,形成主题树,如图1-80所示。

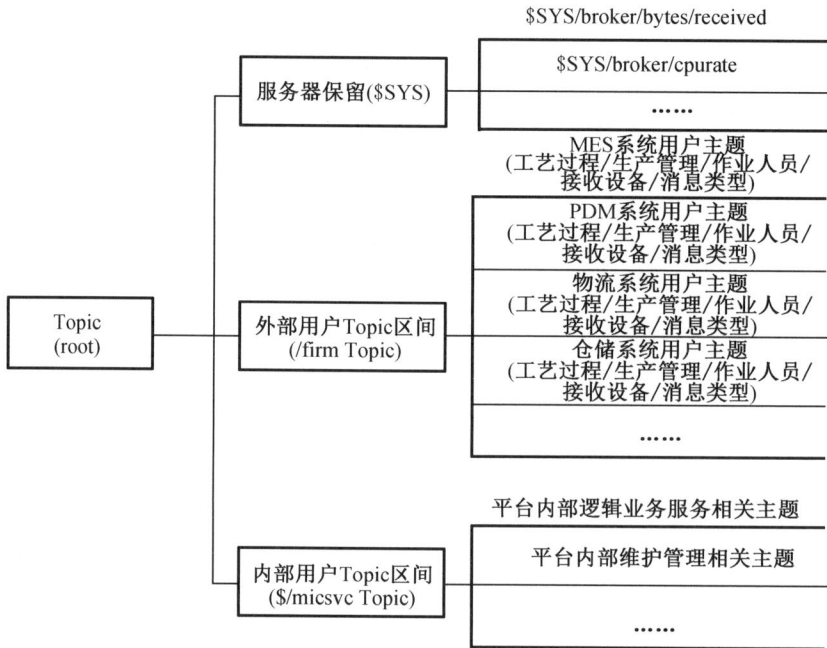

图1-80　船舶制造现场主题树

由图1-80可知,主题被分为三大区间。$ 开头的主题不会被"#"通配符匹配到,所以平台使用$SYS开头的主题来发布系统的状态统计信息,使用$/micsvc Topic开头的主题来发布平台内部服务间调用。用户分为外部用户和内部用户,内部用户指平台的开发、维护人员,外部用户指船舶分段制造现场各信息化系统注册用户,每个用户会在平台注册时被分配给一个专有的firm Topic区间,值类似于"0x90001001~0x900010ff",对于在特定外部用户下的主题,按消息分类筛选架构以树状形式分层细化。

另外,考虑平台的可扩展性,预留主题拆解扩展接口,设置主题多属性字段,在后期根据消息内容将一个主题拆解为多个子主题分别推送。分析和了解主题这一概念有助于"船舶制造现场海量数据传输消息服务平台"的系统设计。

1.7.3　作业消息数据封装及动态生成技术

作业消息数据封装及动态生成技术为解决消息来源的问题,根据消息构成体系中的消息分类,形成各类消息的基本组成及数据结构标准,同时,为了将船舶设计、建造过程中不断增加的数据以消息的形式及时推送给作业者及消息接收设备终端,采用消息动态生成技术,通过连接船厂使用的信息管理系统(CAD、OA、PDM、ERP、MES等)的数据库资源,构建消息资源池服务,一方面使用数据触发生成消息机制,在特定数据发生变化的时候动态生成消息(如任务分配消息、设计变更消息),另一方面使用消息定时生成机制,按指定周期或智能选择的周期动态生成消息(如统计报表消息),动态生成的消息符合消息数据的标准。

1.7.3.1 消息资源池构建

船厂设计、建造及管理过程中不断产生数据,数据涵盖船舶设计、计划、生产、物资、成本、建造策划、生产实绩、作业区域、作业阶段等。各项数据存在于船舶制造现场各信息系统中,各信息系统数据交互需要基础设施及中间平台支持。本节通过对消息资源池构建技术的介绍,详细说明如何为信息系统间异构数据交互提供载体。

1. 船舶制造车间数据来源

船舶生产相关信息系统种类众多,各软件采用的数据库不同,主流数据库包括 MYSQL、SQL Server、Oracle、达梦、金仓等。且同一生产信息数据因数据所属系统的厂家不同导致信息系统的数据库表结构、数据存取技术、数据加密方式、数据编码规则等存在差异。

船舶制造相关信息系统可分为研发设计类信息系统、生产制造类信息系统、运维服务类信息系统、经营管理类信息系统。典型的信息系统如 CAD 属于研发设计类信息系统,OA、ERP 属于经营管理类信息系统,MES、PLM 属于生产制造类信息系统。研发设计信息化系统又可细分为:产品设计类、工艺流程设计类、过程控制设计类、产线设计与实现类、仿真类及试制试验类。生产制造信息化系统可细分为:生产计划管理类、生产作业管理类、物料管理类、设备管理类、工装管理类及质量管理类。运维服务信息化系统可细分为:数据收集监控类、预测性维护类、应急处理类、节能服务类、健康评价类及售后服务类。经营管理信息化系统可细分为:采购管理类、产业链协同类、风险管控类、销售管理类、物流管理类、安全管理类、认证管理类、项目管理类、人才管理类、组织管理类、辅助决策类、企业资产类及过程优化类。

一般设计的消息资源池中的数据来源于以上船厂各信息系统,消息资源池可实现以上信息系统中不同物理意义、不同格式数据的异构。以上信息系统通过将各自数据放入消息资源池,实现数据共享,打破"信息孤岛"。

2. 消息资源池技术选型

构建面向船舶制造车间现场的消息资源池,为船厂内各信息系统数据交互提供中间载体,可采用消息资源池相关技术。信息系统间的信息交互属于异步通信范畴,目前,国内外已为解决异步交互问题提出成熟的异步交互模型,以及形成实现了异步交互模型的成熟的产品。本节针对国内外现有技术及产品,基于现有技术及产品设计"船舶制造现场海量数据传输消息服务平台"。

(1)发布/订阅模型

发布/订阅是一种消息转发模型,在这种机制下,消息的多个发布者与多个订阅者之间不需要直接建立连接进行通信,而是通过建立在消息代理机制中的主题作为中介互相通信。发布者将需要交互的消息发送至中间的消息代理,而不需要知道有哪些订阅者存在,然后由消息代理将消息发送给相应的订阅者。订阅者可以表达自己对一个或多个类别消息感兴趣,只接收感兴趣的消息,同样也不需要知道是哪个发布者发布的该消息。这种发布者与订阅者之间的解耦合关系使系统具有可扩展性,可以支持更为动态的网络拓扑结构。发布/订阅模型如图 1-81 所示。

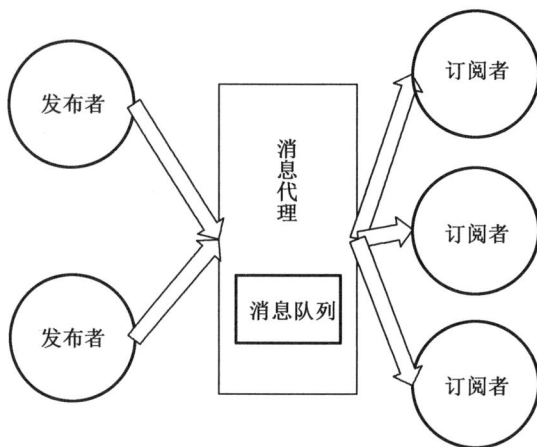

图 1-81　发布/订阅模型

发布/订阅模型也是一种面向服务框架的实现技术,由于其具备事件过滤、服务自动发现以及动态扩展的优点,现在已经在分布式系统中得到了广泛的应用。事件驱动架构中事件发布者和订阅者之间松耦合的特性,以及发布订阅过程主动性的特点使其在处理复杂、实时的应用场景时更具有优势。

在基于消息发布订阅模型的模式中,通信服务双方从提供者与调用者关系变成了上下游关系:下游服务会事先在消息代理中订阅一些感兴趣的消息主题,当上游服务向其中一个消息主题发布消息后,下游服务会获取消息通知从而完成通信。和传统的同步通信方式相比,基于消息发布/订阅模型的异步通信双方不再有直接的依赖关系,从而在通信过程中不需要感知对方的物理环境的变化,也不需要同时保持在线。此外,由于消息代理在上下游服务之间充当了消息缓冲的作用,我们可以控制下游服务的消息接收频率以避免服务由于性能问题在突然增加的请求压力下崩溃,而且就算遇到下游服务整体宕机的最坏情况,我们也可以利用消息代理的消息存储功能在下游服务恢复可用状态后进行消息补偿性推送以避免请求丢失,这可以很好地保证系统的稳定性。最后,由于消息发布/订阅模型本身就支持多对多的关系,所以当有新服务需要依赖一个已有的服务时我们只需要新增一个订阅关系即可,不会对原有的服务作修改,这也提高了系统的可扩展能力。

(2)消息队列

消息队列能够帮助业务系统进行解耦,提升开发效率和保证系统稳定性等诸多好处。目前,出现了有许多主流的消息中间件,如阿里巴巴开源的分布式消息中间件 RocketMQ,Apache 软件基金会开发的 Kafka,再如使用 Erlang 编写的一个开源的实现了高级消息队列协议的消息中间件 RabbitMQ。它们都具有消息队列最基础的特性,实现了 JMS 通信协议但各自又有自己的优缺点以及使用场合。

（3）中间件

中间件包含多种功能不同的中间件,消息中间件是其中发展比较迅速的一种。消息中间件主要是基于队列的存储转发机制,根据消息的属性,按照一定的路由策略将消息发送到正确的接收方。消息中间件通过为应用程序提供使用接口,屏蔽了分布式系统中的差异性,为通信的双方建立通道,提供通信的方式,实现了分布式系统应用间的信息交换与资源共享。

（4）主流消息队列产品对比

①Kafka

Apache 软件基金会开发的 Kafka,其主要是用来解决百万级别的数据中生产者和消费者之间数据传输的问题,在处理大量数据的情况下,能够提供超高的吞吐量,ms 级的延迟,具有极高的可用性以及可靠性,而且分布式可以任意扩展。但是其具有消息重复消费以及消息丢失的问题,功能较为简单,主要支持简单的 MQ 功能。

Kafka 是一种高吞吐量的分布式发布订阅消息系统,在经过开源的操作之后,其开源社区涌入了数以万计的开发者协同开发,使其性能得到了进一步的提升。Kafka 具有许多的特征,针对持久化设计了只需 O(1) 复杂度进行磁盘读写的数据结构,这种数据结构能够保证在进行 TB 量级消息量的存储时稳定性能得到长时间的保持;系统保证消息的高吞吐量,即使是一般的硬件设备,该中间件也能够保证数十万的 TPS;支持使用多种方法实现消息的分区,即使用 Kafka 服务器及消费集群来进行;支持在分布式计算框架中进行数据的加载;Kafka 主要定位于大文件的日志传输,具有无限的消息堆积能力,高速的消息数据持久化。

但是当 Kafka 单机超过 64 个队列时,其加载时内存及 CPU 的使用会出现明显的飙升,随着队列的继续增加,其响应时间逐渐增长。同时 Kafka 对异常的处理能力有限,当集群中 broker 宕机后便会出现消息的乱序,不能保证消息消费的稳定与准确;当消息消费失败后,不提供消息的重新消费,因此,Kafka 不适合应用于对数据完整性、稳定性较强的场景。

②RabbitMQ

由 LShift 实现的用 Erlang 语言编写的 RabbitMQ 消息中间件,主要由 broker 实例、Exchange 交换器、Queue 队列以及绑定关系组成,并且 Exchange 可支持多种类型,如 direct 类型、fanout 类型、Topic 类型与 headers 交换机类型,使用者可以根据使用场景选择相应的交换机类型。RabbitMQ 采用信道通信,不采用 tcp 直接通信,从而减少了 tcp 三次握手和四次挥手所带来的创建和销毁的开销,具有高可用、高开发的优点。还有消息确认机制和持久化机制,可靠性高,并且在易用性、扩展性、高可用性等方面表现不俗。

RabbitMQ 产品最为完整地实现了 AMQP(Advanced Message Queuing Protocol,高级消息队列协议)。该协议以面向消息为原则,是进行中间件产品开发时众厂商默认遵守的一个标准。得力于 RabbitMQ 使用 Erlang 语言开发,其语言的并发处理能力较强,使得其性能表现优异,同时为用户提供了丰富的可视化管理界面,加之其客户端提供了多种语言的接口,能够有效支持目前较为流行的多种程序设计语言,使其在互联网公司有较大规模的应用。但是,由于使用的 Erlang 这一难度较大的语言,使得推广受到很大的困难,并且 Rabbit 不支持集群的动态扩展也使其大规模的使用难以进行。

另外,RabbitMQ 提供了两种方式允许消费者获取消息。这两种方式分别是通过 basic. consume 命令和通过 basic. get 命令。使用第一种方式订阅消息,RabbitMQ 将队列中的消息主动推送给消费者,消费者在这条通道上将阻塞接收所有的消息。使用第二种方式,是主动获取队列的消息,获取一条消息后就取消了相应队列的订阅,后续的消息不会主动推送到该消费者。

③RocketMQ

阿里巴巴开源的分布式消息中间件 RoketMq,其服务端使用 JAVA 编写,客户端支持 JAVA 以及 C++,是一种基于发布订阅的队列模型消息中间件,它能够严格保证消息发送顺序,采用长轮询加丰富的拉取模式支持消息持久化,具有一定的实时性消息订阅机制。其支持 10 亿级别的消息堆积,在面对大量的消息堆积时,性能也很强悍。但它只有发布和订阅的消息方式,消息类型只支持 Message,并且对于消费者来说,通过拉取方式将消息保存到本地,消费完再向服务器返回,在网络异常的情况下可能会出现重复。

RocketMQ 虽然是开源的项目,但是与阿里巴巴公司内部使用的并不完全相同,而是一个对外公开的不完整的版本。首先,文档支持上相当不完整,由于使用了自己设计的一套协议开发,并没有在中间件核心区实现 JMS 协议,因此对于已有系统而言不能兼容,需要用户根据自身需求重新调用 RockeMQ 中间件发布订阅接口进行重新开发,以兼容原有系统。其次,大规模使用时,RocketMQ 在存储过程中会产生一系列的碎文件,需要定时使用人工手段进行清理,且其吞吐量有待进一步的提高。

④ActiveMQ

中间件产品 ActiveMQ 是一种开源的、基于 JMS1. 1 实现的、面向消息的中间件产品,可以高效的、可扩展的。ActiveMQ 随着公司维护难度的加大,同时满足用户的各种需求,决定对源码进行开源,开源社区中的开发人员都可以根据自身需要进行量身定制属于自己公司的中间件产品。ActiveMQ 总体来说是一个比较成熟的产品,开源时间较长,也使得其功能较为齐全,被大量的开源项目引用使用,使用 JAVA 开发,各种协议支持能力较好,支持 OpenWire、STOMP、REST、XMPP、AMQP 等目前主流的协议,与 RabbitMQ 相似,其客户端支持 Java、C、C++、Python、PHP、Perl、. net 等开发语言,兼容性较强,已经在很多公司得到应用,但并不是在大规模的场景中使用,同时对于 ActiveMQ 有较多现成的文档。

但是,根据其使用用户的反馈,ActiveMQ 消息丢失情况也经常发现,对于旧版本的维护较差,同时 ActiveMQ 不适用于上千个队列的应用场景。

综上所述,消息队列 RocketMQ、Kafka、RabbitMQ 都有其适用场景,阿里巴巴的 RoketMQ 适用于大的吞吐量场景,Kafka 在大数据领域的实时计算以及日志采集被大规模使用,RabbitMQ 消息队列适用于对数据可用性和可靠性要求很高的场景。各种消息队列对比见表 1-12。本系统对数据的可用性和可靠性要求较高,因此在以上综合对比下采用 RabbitMQ 来设计与实现船舶制造现场消息资源池。

表 1-12 各种消息队列对比

	RocketMQ	ActiveMQ	Kafka	RabbitMQ
成熟度	一般	成熟	成熟	成熟
持久化	支持	内存、文件、数据库	内存、文件	内存、文件
分布式集群	支持	支持	支持	支持
负载均衡	支持	支持	支持	支持
吞吐量	较大	25 000 m/s 左右	100 000 m/s 左右	18 000 m/s 左右

3. 可扩展集群的搭建方案

建设"船舶制造现场海量数据传输消息服务平台",为船舶制造现场 CAD、OA、PDM、ERP、MES、PLM 等信息化系统提供系统间数据交换的消息资源池,需对平台部署方式进行研究。船舶制造属于离散型制造,生产工艺流程复杂,设计、生产、管理等生产活动产生海量数据,同时,船舶制造相关信息化系统间数据交互需求量大,单服务器部署架构的应用无法支撑船厂各应用系统间的数据交互,所以"船舶制造现场海量数据传输消息服务平台"需采用集群的方式部署。建设"船舶制造现场海量数据传输消息服务平台"需搭建代理服务器集群、应用服务器集群及消息队列集群,如图 1-82 所示。

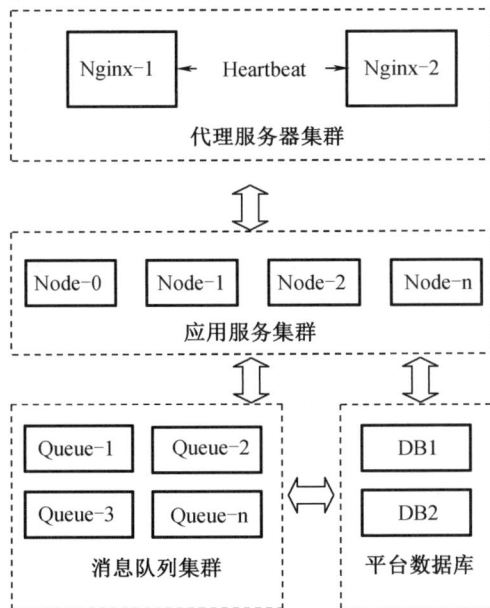

图 1-82 集群逻辑关系

（1）反向代理服务器集群搭建方案

反向代理服务器位于用户与目标服务器之间,对于用户而言,反向代理服务器就相当于目标服务器,即用户直接访问反向代理服务器就可以获得目标服务器的资源。用户不需要知道目标服务器的地址。

反向代理服务器通常可用来作为 Web 加速，即使用反向代理作为 Web 服务器的前置机来降低网络和服务器的负载，提高访问效率。对于"船舶制造现场海量数据传输消息服务平台"的反向代理服务器，其本身工作负荷量并不大，但考虑系统的高可用性，采用 2 台服务器形成反向代理服务器集群。一台服务器作为主机，另外一台服务器作为备机，将备服务器连接在主服务器上，当主服务器发生故障时，备服务器投入运行，把主服务器上所有任务接管过来。

平台采用 Nginx 搭建反向代理服务器，Nginx 作为反向代理服务器可以实现负载均衡，同时也可以作为静态文件服务器。它的特点就是并发支持大，把 Nginx 作为网关入口来统一调度分配后端资源。但是如果 Nginx 宕机了，就会导致整个后台服务无法使用；或者当并发量真的非常大时，一台 Nginx 还是有极限的，所以这个时候就需要针对 Nginx 进行主从备份，保证服务高可用、集群来分担并发压力。

（2）应用服务器集群搭建方案

"船舶制造现场海量数据传输消息服务平台"应用服务器集群的作用是承载平台主程序运行，接收代理服务器集群分配的消息推送任务，针对不同的消息类型、推送终端类型及业务类型，提供不同的推送服务，与代理服务器配合实现平台主程序的高可用与负载均衡。即应用服务器采用多台服务器连接，这些服务器一起分担同样的应用任务，改善平台的响应时间，同时，每台服务器还承担一些容错任务，一旦某台服务器出现故障时，将这台服务器与平台隔离，并通过各服务器的负载转嫁机制完成新的负载分配。系统集群方案需要解决的问题以及解决方案的选择如下。

①满足平台在最大支持连接数和稳定性上的要求。选择采用去中心化分布式集群架构，保持对集群每个节点较高的利用率，以满足平台支持船厂多信息化系统及终端设备同时保持连接的要求。同时去中心化架构使集群节点的地位相同，防止某一节点因其职责的不可替代性而成为平台高可用性的瓶颈。

②自动化管理集群节点，并支持集群横向扩容。集群单节点使用 Docker 虚拟化技术进行部署。

③集群对外提供接口的统一，以及负载均衡问题。集群多个节点都可以对外提供消息的发布和订阅请求处理服务，但是每个节点的地址不同且容易变化。需对集群中所有节点进行端口统一暴露，并提供负载均衡。

A. 集群节点搭建

首先，平台选用 Docker 来承载单节点 broker。原因是其能够独立每个节点，降低与部署环境的耦合，方便在不同的环境中快速部署。Docker 技术将平台所有的应用服务和大部分基础组件封装成 Docker 镜像文件，将初始化进程写入 DockerFile。最终，给每个服务和基础组件配置自己的 yaml 文件，并通过运行该 yaml 文件，启动镜像文件，生成对应容器。Docker 也有其不足之处，Docker 镜像生成的容器在维护其状态、定制化启动和多个容器的管理上存在很多不便（例如 Docker 容器意外挂掉只能手动重启，每次镜像 run 出来的容器，其内部 IP 是随机分配的，使 Docker 容器间的通信变得很艰难）。这些问题需要在平台集群方案中进行解决。

其次,根据需求分析可得,集群系统所服务的线上平台面向的客户数量和并发量十分庞大,单节点无法满足其性能上的需求。且线上平台要求系统在尽可能多的时间保证其可用性。所以系统要求分布式部署集群。

根据分布式系统的 CAP(Consistency、Availability、Partition tolerance)理论对其进行取舍,选择满足可用性和分区容错性,放弃一致性。因为系统在长时间的运行当中,不可避免会出现一个或者部分节点宕机,或者某节点与其他节点的通信受到阻碍。根据实际应用场景推断,物联网环境的最主要应用场景是实时上报和获取统计值,对于部分上报数据的丢失存在较大的容忍性。但是平台不允许其消息推送系统出现暂时性宕机,不对外提供服务。所以最终选择牺牲一致性,保证更高的可用性。

选用 Dockerfile 来创建定制化镜像文件。Dockerfile 是一个文本格式的配置文件,可通过编写该配置文件快速创建自定义镜像。Dockerfile 由多行命令语句组成,一般而言分为四部分:基础信息、维护者信息、操作指令和启动时应执行指令。Dockerfile 核心文件的配置可用于规定 Docker 镜像启动前要做的初始化工作。

B. 集群部署方式

平台基于 Kubernetes 搭建去中心化应用服务器集群,利用 Kubernetes 来管理 Docker,可以解决 Docker 在部署和运维的一些不便之处。借用 Kubernetes 进行集群,可以将集群设计为更为松散的去中心化分布式集群,向节点传递业务请求的任务交给集群所属的 service 去处理。

选择去中心化的分布式集群架构是根据系统的需求和限制来决定的。首先,借用 Kubernetes 集群使这种设计具有可行性。其次,从可用性角度考虑,避免管理节点的健壮与否直接决定系统能否对外提供服务。最后,从性能角度考虑,集群可以更充分利用每个节点的处理能力,保障集群对整体系统性能的提升。保证平台不会因为某些节点异常或节点间通信异常而导致系统的不可用,即系统总能对外提供服务。同时,在这种架构中每个业务处理节点的地位是平等的,功能也相同,避免了某个节点成为系统性能瓶颈,可以更大限度地发挥每个节点的处理性能。

集群借助 Kubernetes 进行服务注册与发现,集群在建立后,每个节点所在的 Docker 容器会被包装在一个 pod 中,接收被分发到各自节点的业务请求并进行处理。

C. 集群节点管理设计

当镜像文件生成后,使用 run 命令即可运行该镜像,生成一个容器。这里引入 Pod 这一概念。Pod 直译是豆荚,可以把容器当作豆荚中的豆子,把一个或 n 个关系紧密的容器包在一起就是一个 Pod。在 Kubernetes 中不需要直接操作容器,而是把容器包装成 Pod 再进行管理。这样加一层封装除了方便部署管理以外,另一个很重要的原因是 Docker 容器之间的通信受到 Docker 通信机制的限制。在 Docker 中,容器之间需要通过 link 方式才能互相访问各自提供的服务(端口)。而大量容器之间互相的 link 是一个繁重的工作。通过 Pod 这一概念将多个容器封装在同一个虚拟的"主机"内,从而实现容器之间通过 Localhost 就可以互相通信的效果。

然而集群需要不止一个节点,封装并不能对多个节点进行管理和统一部署。所以选用

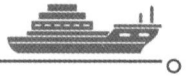

Replication Controller(简称 RC)来解决这一问题。RC 与单个 Pod 一样,都可以通过运行各自的 yaml 文件来创建。RC 的独特之处在于可以通过修改 yaml 文件中的参数一次性创建多个 Pod,批量修改所有 Pod 中的环境变量等参数。从运维角度来看,RC 还可以控制 Pod 的数量。RC 保证在同一时间能够运行指定数量的 Pod,以使集群在大量时间内总是稳定可用。如果实际 Pod 数量比指定的多就结束掉多余的,如果实际数量比指定的少就启动缺少的。当 Pod 失败、被删除或被终结时 RC 会监测到这一情况,创建新的 Pod 来保证总体数量的稳定。所以,选择使用 RC 来部署和管理集群节点。

(3)消息队列集群搭建方案

"船舶制造现场海量数据传输消息服务平台"的核心功能是为船厂各信息化系统提供数据交换提供媒介,核心功能组件为消息发布订阅组件。目前,国内外存在多个成熟的消息发布订阅产品,平台集成 RabbitMQ,使 RabbitMQ 作为平台的消息发布订阅组件,消息队列集群搭建即为 RabbitMQ 集群搭建。

消息中间件 RabbitMQ,一般以集群方式部署,主要提供消息的接收和发送,实现各服务/应用之间的消息异步传输。平台以 RabbitMQ+HA 方式进行部署。RabbitMQ 是依据 Erlang 的分布式特性(RabbitMQ 底层是通过 Erlang 架构来实现的,所以 rabbitmqctl 会启动 Erlang 节点,并基于 Erlang 节点来使用 Erlang 系统连接 RabbitMQ 节点,在连接过程中需要正确的 Erlang Cookie 和节点名称,Erlang 节点通过交换 Erlang Cookie 以获得认证)来实现的,所以部署 RabbitMQ 分布式集群时要先安装 Erlang,并把其中一个服务的 cookie 复制到另外的节点。RabbitMQ 集群中,各个 RabbitMQ 为对等节点,即每个节点均提供给客户端连接,进行消息的接收和发送。节点分为内存节点和磁盘节点,一般的,均应建立为磁盘节点,为了防止机器重启后的消息消失。

1.7.3.2 消息封装技术

1.数据封装技术概况

(1)概念

数据封装(data encapsulation),即把业务数据映射到某个封装协议的净荷中,然后填充对应协议的包头,形成封装协议的数据包,并完成速率适配。解封装,即封装的逆过程,拆解协议包,处理包头中的信息,取出净荷中的业务信息数据,封装和解封装是一对逆过程。

数据包利用网络在不同设备之间传输时,为了可靠和准确地发送到目的地,并且高效地利用传输资源(传输设备和传输线路),事先要对数据包进行拆分和打包,在所发送的数据包上附加目标地址、本地地址,以及一些用于纠错的字节,安全性和可靠性较高时,还要进行加密处理等,这些操作就叫数据封装。而对数据包进行处理时,通信双方所遵循和协商好的规则就是协议。

从上面的分析可以看出,数据包封装实际上很复杂:要达到可靠、准确及高效的目的,必须考虑很多影响因素,并有针对性地采取防范措施。在实际应用中,组网的数据封装按功能分层进行,目的很简单,就是为了能将复杂系统分解为很多模块,各模块独立,互不影响,每个模块(每层)之间用接口进行连接和交互,并互相提供服务。这样不仅更容易实现功能,而且使整个系统具有良好的兼容性和可扩展性。

(2)原理

数据封装是将协议数据单元(PDU)封装在一组协议头和尾中的过程。在 OSI7 层参考模型中,每层主要负责与其他机器上的对等层进行通信。该过程是在 PDU 中实现的,其中每层的 PDU 一般由本层的协议头、协议尾和数据封装构成。

每层可以添加协议头和尾到其对应的 PDU 中。协议头包括层到层之间的通信相关信息。协议头、协议尾和数据是三个相对的概念,这主要取决于进行信息单元分析的各个层。例如,传输头(TH)包含只有传输层可以看到的信息,而位于传输层以下的其他所有层将传输头作为各层的数据部分进行传送。在网络层,一个信息单元由层 3 协议头(NH)和数据构成;而数据链路层中,由网络层(层 3 协议头和数据)传送下去的所有信息均被视为数据。换句话说,特定 OSI 层中信息单元的数据部分可能包含由上层传送下来的协议头、协议尾和数据。

例如,如果计算机 A 要将应用程序中的某数据发送至计算机 B 应用层。计算机 A 的应用层联系任何计算机 B 的应用层所必需的控制信息,都是通过预先在数据上添加协议头。结果信息单元包含协议头、数据、可能包含协议尾,被发送至表示层,表示层再添加为计算机 B 的表示层所理解的控制信息的协议头。信息单元的大小随着每一层协议头和协议尾的添加而增加,这些协议头和协议尾包含了计算机 B 的对应层要使用的控制信息。在物理层,整个信息单元通过网络介质传输。

计算机 B 中的物理层首先接收信息单元并将其传送至数据链路层;其次计算机 B 中的数据链路层读取包含在计算机 A 的数据链路层预先添加在协议头中的控制信息;再次去除协议头和协议尾,剩余部分被传送至网络层。每一层执行相同的动作:从对应层读取协议头和协议尾,并去除,再将剩余信息发送至高一层。应用层执行完后,数据就被传送至计算机 B 中的应用程序接收端,最后收到的正是从计算机 A 应用程序发送的数据。

网络分层和数据封装过程看上去比较杂,但又是相当重要的体系结构,它使得网络通信实现模块化并易于管理。

(3)数据封装的过程

数据封装的过程大致如下:

①用户信息转换为数据,以便在网络上传输;

②数据转换为数据段,并在发送方和接收方主机之间建立一条可靠的连接;

③数据段转换为数据包或数据报,并在报头中放上逻辑地址,这样每一个数据包都可以通过互联网络进行传输;

④数据包或数据报转换为帧,以便在本地网络中传输。在本地网段上,使用硬件地址唯一标识每一台主机;

⑤帧转换为比特流,并采用数字编码和时钟方案。

OSI 模型共分为七层,从下到上依次为:物理层、数据链路层、网络层、传输层、会话层、表示层、应用层,每层都对应不同的功能。为了实现对应功能,会对数据按本层协议进行协议头和协议尾的数据封装,然后将封装好的数据传送给下层,各层的数据封装过程如图

1-83 所示。

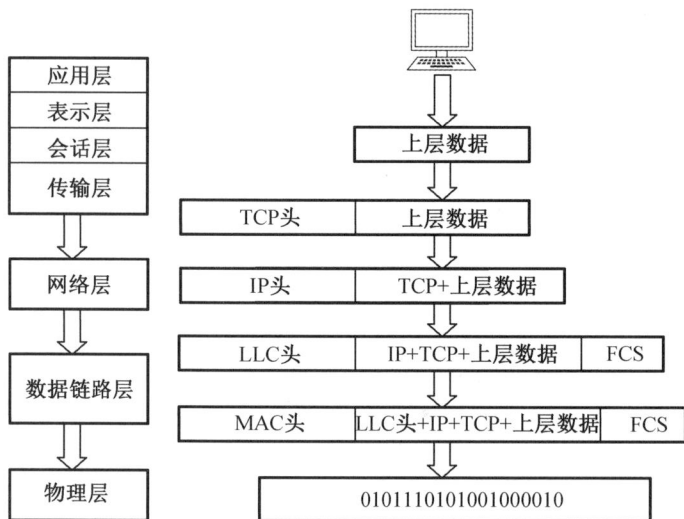

图 1-83　数据封装过程

其中在传输层用 TCP 头已标识了与一个特定应用的连接,并将数据封装成了数据段;网络层则用 IP 头标识了已连接的设备网络地址,并可基于此信息进行网络路径选择,此时将数据封装为数据包;到了数据链路层,数据已封装成了数据帧,并用 MAC 头给出了设备的物理地址,当然还有数据校验等功能字段等;到了物理层,则已封装成为比特流,就成为纯粹的物理连接了。

需要说明的是,应用最为广泛的 TCP/IP 协议可以看作是 OSI 协议层的简化,它分为四层:数据链路层、网络层、传输层、应用层,其各层对应的数据封装与 OSI 大同小异。

2. 消息传输方式

船舶制造相关信息系统通过面向船舶制造现场的消息资源池共享数据,需解决如何将数据发送至消息资源池,此过程属于系统间数据交互。实现系统间数据交互,需对数据进行封装传输,各信息系统与消息资源池有各自独立的磁盘和缓存,船厂各信息系统与消息资源池以消息的形式传递数据,需要遵循相同的数据传输协议。

(1)系统间数据传输协议

各信息系统向消息资源池发布消息,可以采用 HTTP(S)、Socket 编程以及 TCP/IP 协议等方式实现。

TCP 是传输层协议,主要解决数据如何在网络中传输的问题,面向连接,三次握手保证通信可靠。TCP 协议是以二进制数据流的形式解决传输层的事,但对上层的应用开发极不友好,所以面向应用层的开发又产生了 HTTP。

HTTP 是应用层协议,主要解决如何包装数据(文本信息),是建立在 TCP 协议之上的应用。HTTP 规定了网络传输的请求格式、响应格式、资源定位和操作的方式等。但是底层采用什么网络传输协议,并没有规定,不过现在都是采用 TCP 协议作为底层传输协议。传输的数据包比较大,传输完毕断开连接,速度比较慢,安全性差,但开发效率高,容错性好。

Socket 是针对 TCP 或 UDP 的具体接口实现,提供了在传输层进行网络编程的方法。Socket 由网络层的 IP 地址和传输层的端口号组成,可以唯一标识网络中的一个进程(网络层的 IP 地址可唯一标识主机,传输层的端口号则可以唯一标识主机的一个进程)。Socket 是在应用层和传输层之间的一个抽象层,它把 TCP/IP 层复杂的操作抽象为几个简单的接口,供应用层调用以实现进程在网络中通信。Socket 是一种"打开—读/写—关闭"模式的实现,服务器和客户端各自维护一个"文件",在建立连接打开后,可以向自己的文件写入内容供对方读取或者读取对方内容,通信结束时关闭文件。在使用上,Socket 比较复杂,但是效率比较高,属于长连接。如图 1-84 所示。

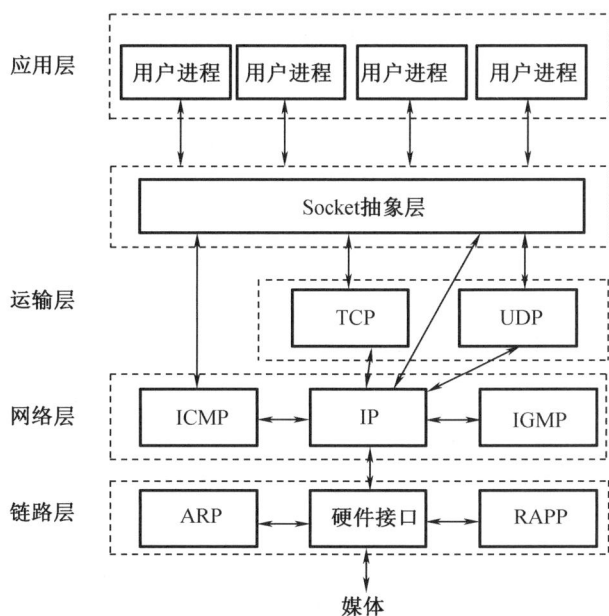

图 1-84 Socket 结构说明

(2)RabbitMQ 与生产者通信方式

船厂各信息系统作为消息生产者与 RabbitMQ 进行通信采用信道(Channel)方式,具体流程为:首先通过 RabbitMQ 对外接口调用 Socket 命令,再通过 Socket 创建 TCP 连接,最后在 TCP 连接中创建信道。

信道即用于复用一个物理连接。根据 AMQP 协议的规定,客户端与消息代理首先建立连接,在连接建立之后还需要在连接上创建信道,实现通信。信道是逻辑上的连接,因而一个连接上可以建立多个信道。使用信道,是因为建立物理连接的建立和释放开销很大。如果一个客户端有多个线程需要与消息代理通信,则需要建立多个物理连接,这给客户端与消息代理都带来了很大的处理压力,通过信道,则可以减少系统的压力。采用此方式出于以下几方面考虑。

①TCP 的创建和销毁开销大,创建需要三次握手,销毁需要四次分手。

②如果不使用信道,那么引用程序就会使用 TCP 的方式连接到 RabbitMQ,高峰时每秒成千上万条连接会造成资源的巨大浪费(一条 TCP 消耗资源,成千上万的 TCP 会非常消耗

资源),而且操作系统每秒处理 TCP 连接数量也是有限的,必定会造成性能瓶颈。

③信道的原理是一条线程一条信道,多条线程多条信道共同使用一条 TCP 连接。一条 TCP 连接可以容纳无限的信道,既使每秒造成成千上万的请求也不会造成性能瓶颈。

3. 基于主题的消息设计

本章所指的"船舶制造现场海量数据传输消息服务平台"以 RabbitMQ 作为其消息队列组件,基于主题管理消息,平台接口处理船舶制造车间各应用系统的消息发布请求,根据各应用系统的请求进行相应的处理,主要是对数据进行处理,包括数据的分割或者封装,使其成为一个符合通信标准的消息格式。

消息即应用程序生成的消息,由消息头和消息体组成。消息头中包含消息的多种属性,由生产者在产生消息时指明。消息的属性包括消息是否需要持久化、消息的路由键、消息的优先级等。消息体是生产者产生的应用数据。

设计通用的服务,通过统一的消息接口将船厂各信息系统中的数据接收到消息资源池服务器中,船厂各信息系统相关数据发布服务可以通过注册操作接入到平台中。服务注册,即接入资源池的应用程序需要先进行注册,提供应用程序编码(应用程序的唯一标识符)、应用程序名称、应用程序描述、应用程序部署机器 IP 地址、应用程序负责人等信息。消息中的逻辑 Topic 的概念作为消息发布订阅的基础单元,并为外部服务提供了一个简单的使用模型,只需要以下四个步骤就可以实现消息在发布方服务以及订阅方服务之间的流转。

(1)发布方服务创建一个逻辑 Topic。

(2)订阅方服务订阅该逻辑 Topic(发布方服务本身也可以订阅)。

(3)发布方服务往该逻辑 Topic 中发布消息。

(4)服务实现了基于推送地址的消息自动推送的功能(推送地址在订阅逻辑 Topic 时指定),并针对可能出现的消息推送失败情况提供了消息重新推送处理(重新推送策略也是在订阅逻辑 Topic 时指定)以避免消息丢失。此外,服务还提供了对消息消费和推送过程的监控以及数据缓存等功能,保证了系统的高性能和高可用性。

1.7.3.3 消息触发

消息触发技术可使船厂各信息系统建立消息生成以及发送机制,向资源池发布消息,实现消息的动态生成。

因数据交互频率存在差异,船舶制造现场各信息系统间数据交互存在两种形式:一种是多个信息系统间存在以固定频率(例如 5 分钟一次)交互数据的需求;另一种是多个信息系统间存在不以固定频率交互数据的需求,此种情况,一个信息系统不定期产生数据,当它产生数据时,则将数据共享给其他系统。

通过"船舶制造现场海量数据传输消息服务平台"实现船舶制造现场各信息系统间的数据交互虽然属于异步通信,但平台须在负载范围内确保数据的时效性,平台收到数据提供者的数据时,会根据推送策略和 QoS 迅速将数据推送给数据接收方。平台本身不改变船舶制造现场各信息系统间数据交互的频率,即信息提供方若以固定频率向平台发布数据,则平台以固定频率向数据接收方推送数据,信息提供方若以非固定频率向平台发布数据,则平台以非固定频率向数据接收方推送数据。信息交互的频率由信息提供方主导。

船舶制造现场各应用系统作为信息提供方时,可根据信息产生的频率以定时的方式或事件触发的方式生成消息,该过程可通过 Quartz 技术框架结合平台提供的依赖包完成。

1.7.4 自适应消息推送策略

自适应消息推送策略将解决消息按照什么协议推送的问题,根据动态生成的消息以及消息接收终端的运行参数,基于自适应调度算法,形成自适应消息推送策略,该策略在操作终端向服务器发送连接请求时,获取消息接收设备终端的运行参数(终端识别 ID、操作系统类型、硬件运行状态、推送方式等)进行参数分析,根据分析结果为接收设备终端分配推送方式,并通过建立多优先级队列处理不同等级业务消息;通过采用动态分配推送方式的推送策略,在保证接收设备终端正常运行的前提下,让作业者更快地获得推送消息。

1.7.4.1 消息接收终端运行参数获取

"船舶制造现场海量数据传输消息服务平台"需根据终端的操作系统类型、传输协议支持情况等采用不同的推送服务,向消息推送终端推送消息。平台暂采用配置的方式获取终端运行参数。

"船舶制造现场海量数据传输消息服务平台"的客户端包括业务方可视化界面客户端和平台方可视化界面客户端。当一台终端在平台上订阅消息时,通过平台方可视化界面客户端配置其运行参数。平台推送消息时,调用配置的运行参数即可选择合适的推送服务。

1.7.4.2 消息推送方式

1. 主流推送方式

(1) HTTP

HTTP 是网络分层结构中应用层的一种网络通信协议,具有格式简便易于实现、传输快速等特点,被广泛应用在 Web 浏览器应用和服务端之间的通信。基于 HTTP 实现的推送技术主要手段有以下两种。

①Ajax 轮询

Ajax(Asynchronous JavaScript and XML)轮询的原理就是基于 HTTP,让浏览器每间隔一段时间发送一次 HTTP 请求,询问服务端是否有新消息。每次请求独立,均需要重新建立 HTTP 连接。Ajax 轮询最大的问题在于冗余的 HTTP 连接和请求,当服务端数据未更新时,服务器同样要处理连接请求构建新的 HTTP 连接,当访问量大时,服务端资源消耗过大,造成资源浪费。

Ajax 的出现,改变了 Web 浏览器请求数据必须刷新页面的弊端,能够在不刷新页面的条件下由浏览器直接发送请求,通过修改 Dom 的方式直接改变页面局部数据变化,实现了异步请求,提供了用户体验。通过 Ajax 技术实现消息推送的原理就是相当于在 Web 应用和服务端之间构建了一个中介,由浏览器内部实现异步的网络连接和请求。浏览器的内置对象 XMLHttpRequest 就是用来处理异步的 HTTP 请求的,本质上也是浏览器和应用服务器之间构建一条 HTTP 连接,然后向服务端发送请求,可以在不刷新浏览器的情况下实现网络通信。因此,利用 Ajax 异步请求的特点,以周期性发送请求的方式即可实现推送技术。如图 1-85 所示。

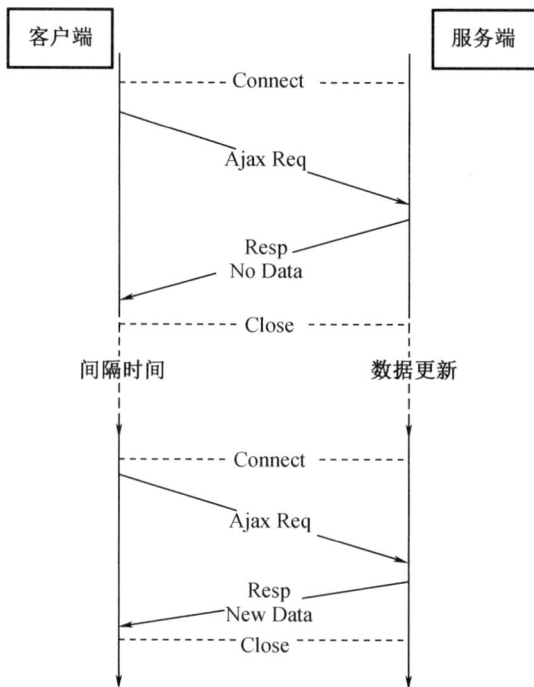

图 1-85　Ajax 轮询推送消息通信过程

②长轮询

长轮询(long poll)原理和 Ajax 原理类似,都是采用轮询的方式。不过长轮询采取的是阻塞模型。即当客户端新请求到达服务端后,如果没有新的消息,则服务端进行阻塞等待,不立刻返回空信息给客户端,当服务端收到有新的消息到来的信息之后才返回客户端所需数据。客户端收到新的响应后再次进行请求。相对于 Ajax 轮询来说,长轮询减少了请求的数量,但服务端需要保持连接占用的资源,当请求量大时,服务端大量连接阻塞,导致无法对外提供服务,服务器资源占用过多的问题依然没有解决。

长轮询实现的推送原理基于 TCP 协议面向连接的特性。但是网络中的连接是一种虚拟的概念,并不是真正存在一条连接。当网络中某一段出现网络不通或者服务端程序停止了,客户端无法检测到这些情况,只能无限等待服务端的响应信息,这将导致客户端有可能进行无谓的等待。当使用长轮询来实现推送技术时,一般要设置超时时间,当请求超时后立马放弃等待,尝试重新发送请求,这样客户端通过重新发送请求能够检测是否服务器可达。

Ajax 轮询和长轮询都是基于 HTTP 建立请求,原理上都是不断地与服务端建立 HTTP 连接,然后客户端向服务端发送请求,获取新的数据。这体现了 HTTP 的被动性,即服务端的数据只能被动等待客户端的请求而发送。如果客户端不主动发送请求，服务端的数据更新无法主动发送给客户端。在请求量高的情况下，两种推送的实现方案均会造成服务端资源的浪费，甚至导致服务器压力过大，服务因此而崩溃。综上，目前的两种推送方案无法避免服务器负载过大和消息不及时的问题，尤其针对流量大的应用。在大流量推送需求场景下，采用这两种方案均需要更多的资源，需要横向扩展服务器的处理能力，增加企业成本。而相当一部分的资源并没有发挥出实际的作用，浪费在了无效的请求或过长的连接资源占用上。

（2）WebSocket

WebSocket是一种有状态的协议，它实现了多路复用，全双工通信，客户端和服务端都可以向对方发送消息，并且不需要发送多余的请求信息（如HTTP的状态行、请求头等）。WebSocket建立连接通过HTTP的部分握手来实现，客户端和服务端之间创建了一条持久的长连接，并进行双向数据通信。

WebSocket是HTML5规范中提出的一种新的网络协议，与HTTP一样属于应用层协议，底层同样基于TCP。WebSocket是一种全双工通信的协议，客户端和服务器之间可以进行双向通信，服务器能够通过持久的连接通道主动向客户端发送消息。客户端和服务器之间的WebSocket连接的构建只需要一次握手即可完成，相对于HTTP来讲，基于WebSocket协议来实现消息推送能够更加节省网络带宽和服务器资源，并且能够实现真正意义上的服务器推送（push）技术。

WebSocket连接的双方能够进行异步的通信，异步通信是指当客户端或服务器在监听WebSocket对象上的事件，如构建连接和消息接收事件时，不需要等待监听的结果，等待事件真正发生时，通过回调函数的方式处理。全双工的异步通信使得基于WebSocket的网络通信延迟更低，通过毁掉的方式告知调用者事件的发生，无事件发生时，应用程序可以去处理其他的事务而不需要进行阻塞等待。

WebSocket实现了客户端和服务器之间的全双工异步通信。客户端和服务端之间通过WebSocket建立持久连接。连接双方共同维护这条持久连接，当某一方执行的连接关闭后此连接便完全关闭。基于WebSocket的这些特点，能够构建真正的服务器推送技术，实现消息实时推送。如图1-86所示。

WebSocket定义的编程接口API基于事件驱动模型，运行在Web浏览器上的应用程序和服务端应用程序通过监听WebSocket对象上的事件进行相应的处理。客户端不需要以轮训的方式从服务器拉取（pull）数据的更新，通过异步的回调函数就可以处理从服务端推送来的数据。持久连接和双向通信的特点，令基于WebSocket实现的服务器推送技术更加高效和节省服务器资源。

2. RabbitMQ推送方式

由于RabbitMQ是使用Erlang开发的，而Erlang就是为分布式而生的，所以RabbitMQ便于集群。RabbitMQ集群有两种推送模式：普通模式、镜像模式。

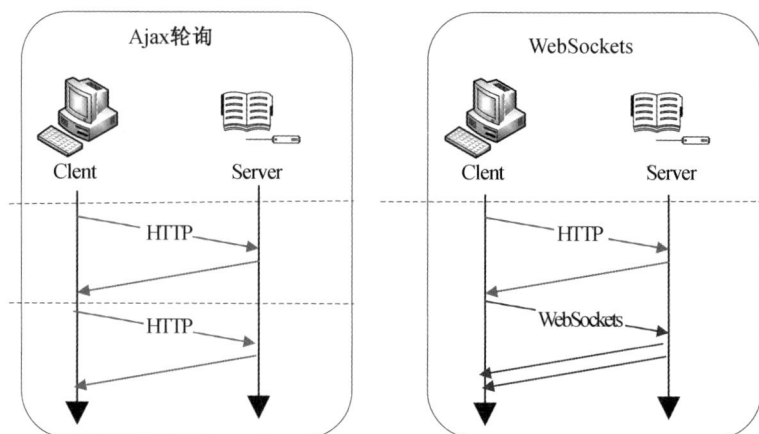

图 1-86　Ajax 轮询和 WebSocket 对比

普通模式也是默认模式,对于 Queue 来说,消息实体只存在于其中的一个节点,A、B 两个节点只有相同的元数据。当消息在 A,消费者从 B 中取消息时,消息会从 A 中传递到 B 中。

镜像模式是 RabbitMQ 的 HA 方案。其与普通模式的唯一不同之处在于,消息会在 A、B 两个节点中同步。当然这种模式带来的副作用也是显而易见的。除了降低系统性能以外,如果队列数量过多,网络带宽将会受到影响。所以这种情况只运用到对高可靠性要求的场合上。

另外,RabbitMQ 的集群中有两种节点:内存节点与磁盘节点。内存节点只保存状态到内存中,而磁盘节点是在内存与磁盘中都存储状态的,所以通常而言一个集群中需要一个磁盘节点来提高可用性。内存节点运行效率一般比磁盘节点要高。

1.7.4.3　多优先级队列技术

1. QoS 服务质量设计

QoS 服务质量,即消息可靠性,QoS 规定了三种通信服务质量:"至多一次""至少一次"和"只有一次"。根据实际应用场景选择服务质量保证参数,需要综合考虑数据传输可靠性、系统低功耗和网络带宽等。

"至多一次",不保证可靠交付,代表尽最大努力交付,消息有可能会发生丢失,这种情况下消息发布完全依赖底层的网络环境。该情况适合用在丢失某几次消息记录无所谓的环境下,如环境传感器数据。

"至少一次",保证可靠交付,消息至少会有一次达到收端,但可能会发生消息重复的情况。

"只有一次",保证消息的可靠交付,且只到达一次。该情况适合用在消息多次达到或丢失都会导致不正确结果的情况下。

"船舶制造现场海量数据传输消息服务平台"设计了三种消息推送质量模式。服务质量 1,至多一次,即消息内容发完即丢弃。服务端收到这个级别的消息,不会对消息内容进行缓存,而是直接发布给当前订阅它对应的主题的客户端,不感知消息是否收到。服务质量2,至少一次,需要确认回复以确保消息到达,但可能会发生因网络波动而导致消息多次发送和接收。服务质量3,只有一次,是最严格的消息服务质量,需要确认回复以确保消息只到达一次。

2.优先级队列调度策略分析

"船舶制造现场海量数据传输消息服务平台"若要实现不同等级业务消息的转发,需要建立不同优先级的消息队列并执行相应的调度算法。这也是平台的关键内容。目前常用的调度算法有很多,如存储转发算法、加权公平队列调度算法、加权循环队列调度算法等。它们通过确定队列中数据分组得到服务的顺序,使不同等级的业务分组得到不同等级的服务。流程如图1-87所示。推送平台接收到在平台上注册过的应用服务器发送的消息后,根据消息的优先级把消息分发到相应的优先级队列上,采用相应的调度算法控制优先级队列中消息的读取和发送。

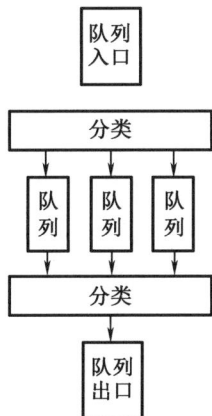

图1-87 队列调度结构

(1)加权公平队列调度算法

加权公平队列调度算法是参考理想的通用处理器共享模型的调度算法。加权公平队列调度算法及其改进算法都引入了虚拟时钟和虚拟时间函数的概念。基于该虚拟时间,为到达消息分组计算其虚拟开始时间和虚拟完成时间,并以虚拟开始时间作为调度的优先顺序。加权公平队列调度算法在业务流受漏斗约束的情况下可以提供精确的带宽保证和最大时延上限,并且数据包的转发不受其他业务流特性影响。

(2)严格优先级队列调度算法

在严格优先级队列调度算法中,调度器首先服务高优先级消息,只有当较高优先级消息队列为空时才服务较低优先级消息队列。这样可能会使低优先级队列处于饥饿状态。为了避免队列饥饿,需要推送服务器了解应用服务器的业务特性,以确保映射到高优先级消息队列的业务类不超出一定比例。

(3)加权循环队列调度算法

加权循环队列调度算法是面向所有业务队列服务的调度算法。这种算法需要系统管理员根据业务特性为各个消息队列分配一个静态的权值,这个权值表示获取调度器服务时间的比重。加权循环队列中的多个队列的调度是循环进行的,调度器会首先处理高优先级的队列,等到这个队列所分配的权值耗尽时,转到次低优先级队列中服务,最低优先级服务完之后又会循环到最高优先级队列中。当某个队列为空时,那么马上循环到下一个队列调度。

此外还有存储转发和虚拟时钟等其他调度算法。每种调度算法都有各自的优缺点,以及相对应的适用范围。调度算法会直接影响推送平台的性能,不同的算法在不同环境下表现差异很大,找到更优的适合实际需求的调度算法是消息推送平台的一个关键问题。

3. 动态权值的加权循环调度算法

在上述几种算法中,加权公平队列调度的算法复杂度过高,并且在推送环境下应用开发者并没有确定的延时要求,并不适宜在推送系统中使用。而严格优先级队列调度存在不能满足低优先级队列服务时间的缺陷,推送系统除在特殊情况下需要维持一条能够绝对优先服务的队列外,其他情况仍然需要考虑低优先级队列的服务时间。加权循环队列调度能够实现带宽分享的公平性,确保每个优先级用户都不会过分占用带宽,本节将基于这一算法作出进一步的改进,形成动态权值的加权循环调度算法,使其达到更优异的性能。

在消息推送环境下,推送服务器需要保持许多条客户端的连接,一条信息将会被重复推送到多个客户端上。因此,权值的单位不再适合以发送消息的字节数为单位,考虑到推送的消息长度较短,记录消息的字节数会使算法的复杂度增加,所以改为记录消息的发送次数。而因为权值的限制,消息发送时,调度器可能会在当前队列发送次数将要超过权值时跳转到下一个队列,因此系统需要记录每条消息的未发送用户,系统开销会相应增大。为了节省系统开销,本文认为消息队列里一条消息应该不中断地发送到所有客户端,由此使得调度器在各消息队列中的时间分配不能再严格遵循设置的权值。为了弥补造成的权值偏差,使用一种动态权值策略的加权循环队列,其中每个队列的所占的权值比重仍需要系统管理者根据实际需要确定,调度器根据初始权值和消息发送次数动态地改变权值。当某一队列的消息发送次数超过其本身设定的权值时,其余队列的权值也会相应地增加,使得调度器服务时间的分配不受过多影响。具体步骤(图1-88)如下。

(1)分配初始权值 Q_i(i 为队列序号)和超额比值 R_i,初始为 1。优先级越高,Q_i 越大。

(2)调度器按优先级从高到低循环访问,N_{sent} 为记录当前队列发送消息次数的计数器。

(3)调度器访问到消息队列 j 时,若该队列有消息发送,则取出发送,直到该信息发送到对应的所有用户,每被发送到一个客户端,N_{sent} 加 1。

(4)该消息发送完后,若 $N_{sent}<Q_j$,该队列继续发送消息;若 $N_{sent}>Q_j$,设 $R_j=N_{sent}/Q_j$,其余所有队列权值 $Q_i=Q_i×R_j$,跳转到下一队列;若队列无消息发送,跳转到下一队列。

(5)跳转到下一优先级队列 k 后,N_{sent} 重置为 0,所有队列权值 $Q_i=Q_i/R_k$,R_k 重置为 1,如此循环。

(6)当所有消息队列都没有待发消息时,停止调度,直到队列中存在待发消息为止。

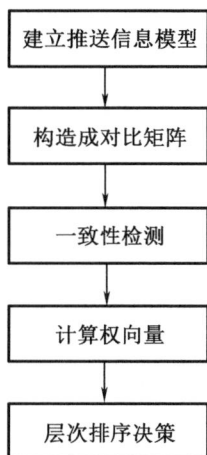

图1-88 初始权重计算流程图

1.7.5 现场作业的消息推送实现与应用验证

现场作业的消息推送技术典型应用案例为"船舶制造现场海量数据传输消息服务平台",借助消息的压缩推送与接收解析呈现技术,将现场作业所需的消息自适应按需推送到指定目标设备终端,消息覆盖图纸工艺数据、轻量化模型、物料需求、质量要求、生产计划、进度、目标工时、实绩工时、质量缺陷、成本等方面。通过实验室环境验证评估消息接收的实时性和完整性,验证本节提出的消息自适应推送策略的合理性,以及消息压缩推送与接收解析呈现技术的有效性。

1.7.5.1 "船舶制造现场海量数据传输消息服务平台"需求分析

"船舶制造现场海量数据传输消息服务平台"需求分析包括功能性需求以及非功能性需求,具体见下。

1. 功能性需求

(1)消息推送功能

消息推送为平台的核心功能,平台接收船厂内船舶制造相关信息系统的数据,并将数据通过消息队列推送给其他船厂应用系统,实现数据的共享,具体包括以下业务流程。

①"船舶制造现场海量数据传输消息服务平台"通过接口向船厂各应用系统提供消息推送服务,并使船厂各应用系统通过可视化界面申请账号、注册主题、发布主题及订阅主题等。

②船厂各应用系统(消息发布者)通过平台提供的依赖包编写消息发布程序,从自身系统提取数据,通过接口将数据发布至平台。

③平台接收船厂各应用系统(消息发布者)发布的数据,根据消息的主题将数据放入消息队列,按推送策略和QoS向船厂各应用系统(消息订阅者)推送数据。

④船厂各应用系统(消息订阅者)通过平台提供的依赖包编写消息订阅程序,接收平台推送的消息。

⑤船厂各应用系统(消息订阅者)接收平台消息后,自行解析使用数据。

(2)平台状态监控功能

平台状态监控功能可以实时查看平台状态信息。平台状态分为平台业务相关的状态和集群部署环境的状态。

前者是指 AMQP 连接建立统计(会话统计)、主题统计、收发消息统计、用户信息统计等。通过统计这些信息,可以使平台管理人员知晓当前活跃用户数量、一段时间内的发布消息总量等,从而了解集群的使用率等信息。还可以查看单一用户的动作频率和状态信息,从而对用户行为进行监控。

后者是指集群所在的服务器的各项指标数据。包括 CPU 状态、内存使用情况、各进程的状态等。能够实时获取系统所在服务器的状态数据的意义,一是方便维护人员日常维护与问题定位;二是及时为系统横向扩容。当发生用户数量不断增多而出现各个节点负荷过重的情况时,系统维护人员可通过各个节点所在服务器的状态数据,定位到这一趋势,从而及时对系统进行横向扩容,保证系统运行平稳流畅。

(3)平台安全功能

平台安全功能指平台需具备用户身份认证、数据加密、权限管理等功能。用户身份认证指船厂各信息系统需通过用户注册,获取平台账号,才被允许使用平台。数据加密指船舶制造现场相关的信息系统的平台账号、密码及传输的数据须具有加密功能,防止用户账号被盗用及数据泄密。权限管理指不同的平台账号的权限不同,具体包括发布权限、订阅权限及监控权限,其中发布权限和订阅权限还细分为对业务相关主题的发布订阅权限和对系统主题的发布订阅权限。应用主题是指船厂生产制造相关的数据主题,系统主题指系统内部服务间调用的主题。

(4)集群部署功能

由于平台对性能和可用性的需求,需对平台进行分布式集群部署。所以要考虑集群节点的维护、集群如何部署等问题。另外,集群扩容的操作应尽可能简便,以便监测到系统性能压力过大时可以及时调整节点数量。

2. 非功能性需求

平台除了需要满足功能性需求外,还需要满足非功能性需求。它是系统能否正确部署生产环境的重要指标,对软件开发有着至关重要的作用。本章将从安全性、易用性、高可用性以及扩展性需求这四个方面进行阐述。

(1)安全性

船厂各应用系统使用平台进行数据交换时,使用各自用户名和密码登录,平台应保证这些账号密码的安全,不被非法人员知晓。

(2)易用性

平台提供的接口需易于船厂各应用系统实现。

(3)高可用性

需求平台具备高可用性。即集群中某个节点运行状态异常不会影响其他节点的正常服务。

（4）扩展需求

需求平台具备动态可扩展,要求在设计集群方案时尽可能使其方便部署和扩展,以使集群更适配线上平台的应用需求。

1.7.5.2 "船舶制造现场海量数据传输消息服务平台"设计

"船舶制造现场海量数据传输消息服务平台"设计包括平台逻辑框架设计、平台功能模块划分、平台功能模块的设计与实现。

1.平台逻辑框架

按照分层思想,平台逻辑框架分为三个层次:应用层、业务逻辑层、基础设施层,如图1-89所示。

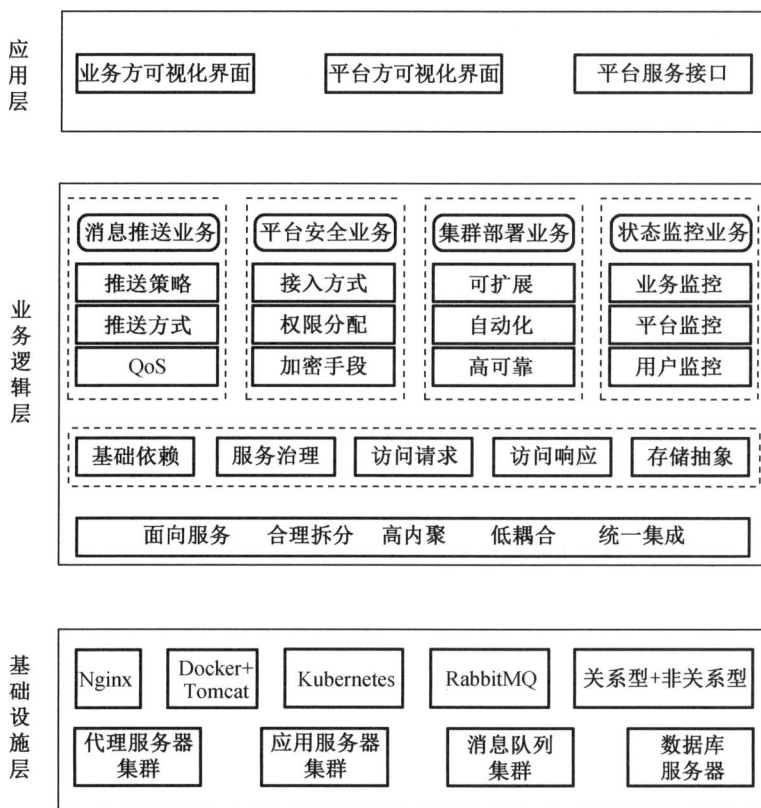

图1-89　平台逻辑架构

各个层次具体说明如下。

（1）应用层

该层次不涉及具体业务逻辑的处理,负责用户请求转发,给用户提供操作平台的入口,收集用户需求命令,帮助用户快速使用本平台,以及平台本身可视化管理。平台用户包括船厂生产制造相关业务信息系统方及平台方。平台应用层组件包括业务方可视化界面、平台方可视化界面,以及平台服务接口。应用层向业务逻辑层发出业务请求,并对下层返回数据进行图形化展示。

业务方可视化界面指船厂生产制造相关信息系统使用的平台客户端可视化交互界面,包括用户入口管理(用户注册、登录、注销)、业务方客户端生命周期管理(业务方客户端的注册、修改、删除)、消息主题生命周期管理(主题注册、修改、删除)。业务方可视化界面由船厂生产相关信息系统根据平台服务接口自行开发。

平台方可视化界面指平台管理人员使用平台的客户端可视化交互界面,包括用户入口管理(用户注册、登录、注销)、平台状态监控交互界面(连接平台的业务方客户端信息、主题信息、消息数量信息、平台性能指标)、集群节点管理交互界面(平台应用服务器的增、删、改、查,以及平台消息队列服务器的增、删、改、查)。

平台服务接口指平台提供的服务接口,平台提供 JSON 格式消息、文档(Word、Excel)、二维设计图纸、三维设计模型、文件(视频、音频)等数据的存储转发服务,平台存储转发基于主题实现。另外,平台还提供业务方可视化界面开发的必要服务接口,例如用户注册、修改密码等。

(2)业务逻辑层

该层为本平台的核心层次。首先,连接船厂各信息系统异构数据资源,接入数据,包括 JSON 格式消息、文档(Word、Excel)、二维设计图纸、三维设计模型、文件(视频、音频)等格式,涉及图纸工艺数据、轻量化模型、物料需求、质量要求、生产计划、进度、目标工时、实绩工时、质量缺陷等内容。操作数据存入 RabbitMQ 消息队列,然后将消息队列中的数据取出,实现面向作业现场消息的推送,并保证数据的可靠性;并且能对平台收到的请求进行身份校验和权限管理以保证系统安全。其次,提供对平台集群节点生命周期的管理,以及平台负荷监控管理和相关功能接口的调用等。

平台采用微服务架构,将整个平台按功能和层次划分为不同模块,再将这些模块以微服务的形式呈现出来。每个微服务都有自己独立的运行机制和与其他微服务通信的机制。相对于单体架构,微服务架构的特点是服务组件化、自治、去中心化,具体体现在以下几个方面。

①一组小的服务。服务的粒度划分相对较小,每个微服务应该针对一个或一种业务能力进行封装。

②独立部署和扩展。每个微服务的部署和运行都是独立的,这种运行方式能够赋予系统更为灵活的组织方式,使得整个系统可以快速交付、灵活迭代。

③独立开发和演化。不同的微服务可以使用不同的技术来实现,不受遗留技术的约束。这样每个微服务可以选用更适合自身职能的技术而不必过多考虑所处的技术环境。

(3)基础设施层

该层指平台的基础设施及基础功能,平台基础设施包括代理服务器集群、应用服务器集群、消息队列服务器集群及数据库服务器,不同的服务器和集群规模可根据实际应用负荷灵活调整。平台代理服务器通过 Nginx 实现应用服务器集群的反向代理,以及应用服务器的负载均衡。应用服务器集群内部部署平台系统代码,接收及反馈用户请求,连接平台数据库及消息队列集群。消息队列集群负责缓存或持久化用户发布的消息,并根据主题订阅情况将消息转发。数据库存储用户信息、客户端信息、主题信息、系统逻辑信息（权限配置、服务管理、安全配置、推送策略、推送结果等）、统计信息等数据。

各层次互相配合工作，共同实现船厂各信息系统的数据异步交互以及交互管理，从而达到数据生产、发布、订阅、使用的自动化和一体化。

2. 平台功能模块划分

"船舶制造现场海量数据传输消息服务平台"主要功能模块包括消息推送模块、安全功能模块、监控功能模块、集群功能模块，如图 1-90 所示。

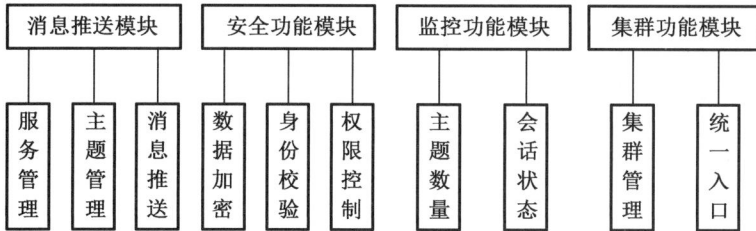

图 1-90 平台功能模块划分

（1）消息推送模块

平台作为船舶制造现场海量异构数据消息资源池，船舶制造相关各信息系统一方面作为消息生产者向平台推送数据，另一方面作为消息消费者，接收平台推送的数据，实现数据共享。平台消息推送功能模块通过选用基于 RabbitMQ 的发布订阅模式，解决了用户一对多消息推送的问题，还解除外部信息系统作为数据生产者与数据使用者之间的耦合。用户发出的业务请求经统一的端口进入系统，再分发至各个节点。每个节点可作为一个单独的RabbitMQ broker，会解析请求、存储订阅请求，并将发布请求中的业务数据剥离出来，根据主题推送到相应的信息系统。主题作为推送逻辑中最重要的概念之一，由系统统一进行设计和管理。主题的不同区域对应不同类型的用户。

（2）安全功能模块

平台作为一个处理大规模并发连接的系统，如何不受外部恶意 Dos 攻击，保证系统的正常运行也是需要考虑的问题。故设计实现一整套系统安全方案显得至关重要。安全模块将整个集群看作一个整体，从三个角度考虑，分别是数据加密、身份校验和权限控制。数据加密层面保证连接建立时和业务数据推送时的数据安全；身份校验层面基于用户名密码校验，对不同类型的用户采用不同的校验手段，形成一个校验链，为系统安全提供保障；权限校验限制每一个用户可进行的操作以及可操作的主题范围，确保用户之间数据不可见，以及避免平台内部数据暴露给外部用户。

（3）监控功能模块

该模块利用平台本身的消息推送功能，将客户端操作行为、主题数量、消息数量、会话状态等业务相关统计信息采集后定时发布到平台预留主题上，以及调用相关命令获取集群所在多个节点的状态信息。最终将这些信息传递至监控相关服务，由其通过可视化组件展示在交互界面上。

（4）集群功能模块

该模块负责平台的集群和部署，以满足平台在连接数和稳定性上的要求。设计并实现集群自动化部署和便捷扩展。同时对外统一暴露端口，方便外部平台用户的终端的设备获取系统提供的服务；对内提供负载均衡，将业务请求分发至平台每一个节点上。

3.平台功能模块的设计与实现

（1）消息推送模块

消息推送功能是平台所提供的服务中最核心的内容。平台的推送功能基于发布订阅模型，为用户提供可靠稳定的 RabbitMQ 消息中间件连接，同时允许用户在某一主题上发布消息、订阅某些主题并接收到其他客户端发布到该主题上的消息。发布订阅模式的主要特点是存在主题这一概念，发布者向消息推送平台发布基于主题 A 的消息，并不感知该消息会推送给谁。订阅者订阅主题 A 后，并不向系统定时轮询，而是等待消息推送系统将该主题上产生的消息主动推送至订阅者。发布者向平台发布基于主题 A 的消息后，平台查找当前哪些订阅者订阅了这一主题并推送出去。

消息推送功能模块的设计，除满足船厂在各信息系统间实现灵活一对多的消息推送外，还实现平台内部服务间调用。平台内部的服务相对封闭，大部分是处理业务类型的，没有对外暴露的接口，也不允许（不利于平台数据安全）。内部微服务通过平台的消息队列，可以在处理完数据后，不需要判断是内部微服务还是平台外部用户对该数据的关心，直接按规则发布出去。这样使得服务之间功能划分更科学，解耦更充分，关联度更低。

消息推送功能模块的主要功能包括响应建立连接请求、处理发布请求、处理订阅请求、主题匹配功能。

①建立 Socket 连接功能

用户需要自己实现平台接口，与平台保持稳定可靠的 Socket 长连接。该功能也是获取系统提供的其他服务的基础。系统收到用户发送的建立连接请求，会验证其身份是否合法，根据验证结果决定是否响应该请求。如合法，将建立连接并通过心跳机制保活，等待用户下一步的请求动作。

②消息发布功能

用户在与系统成功建立起 TCP 连接的基础上，再建立通道，向系统提交针对某一主题发布业务消息的请求。系统会处理该请求，并将其中的业务消息按主题匹配的结果发送给订阅过该主题的其他客户端。

首先通过 Socket 建立用户和系统之间的连接，再在 TCP 连接中建立通道，系统收到其发布请求，查询该用户是否有向指定主题进行发布动作的权限。确定拥有权限后，调用 RabbitTemplate 类中的 send() 方法，将数据发送至 RabbitMQ 消息队列中。并进行主题匹配流程，根据匹配结果确定订阅了该消息的用户。然后判断出仍然在线的用户，通过继承 MqMessageListener 类，重写 processMessage(Message message) 方法来处理从消息队列中取出的数据，向这些用户发送需要推送的数据，并向提出发布请求的用户反馈消息发布成功的提示。最后断开系统与发布消息用户之间的 TCP 连接。图 1-91 为平台处理消息发布请求时序图。

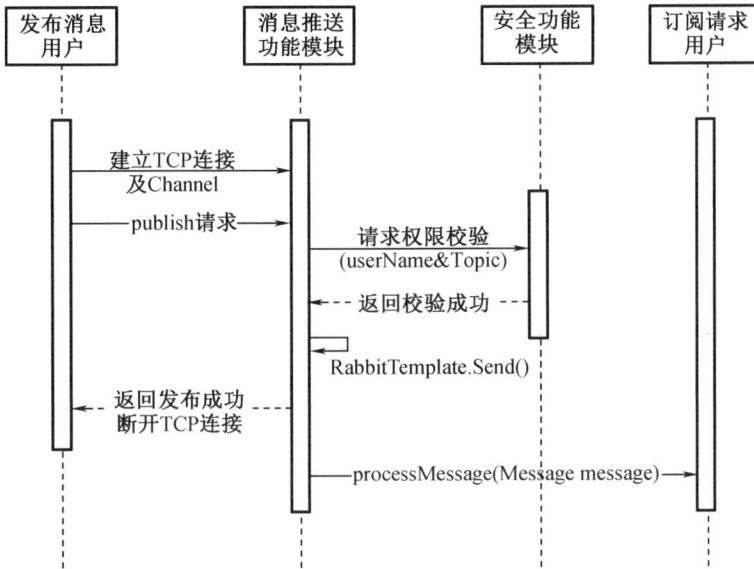

图1-91　平台处理发布请求时序图

模块内部具体处理发布请求流程概括为:遍历主题树找到相匹配的订阅列表,并将消息发送给订阅列表中的每个订阅者。消息默认不保存,但如果消息的 retain 字段被设置为1,则为被设置持久化,需要将此消息持久化,以备新订阅的客户端可以立即收到该主题上之前发布的持久化消息。另外,发往系统主题 \$SYS 空间的消息也会被保存,发往系统主题空间的消息为平台内部监测相关服务消息调用。持久化工作主要通过持久化方法来完成。另外,遍历主题树时还应对"#"和"+"两个通配符提供支持:通配符"#"可放在主题的第一级之外的其他主图片段中,"#"用以表示匹配所有后续层级的主题片段;通配符"+"用来匹配单级主题。另外,消息的服务质量等级不同,其发送过程也不一样。一般消息(QoS 为 0)发送过程如图 1-92 所示。

结合如图所示内容,对消息发布具体过程进行描述,内容如下。首先,将主题按照"/"分成主题片段。遍历主题树根的子节点,并根据第一级主题分片的类型是否为" \$SYS"选择业务主题区间还是系统预留区间进行遍历。判断消息中 retain 标识位是否设置为 1,如果是,则需将该主题的所有后续分片加入主题树中,通过这种方式将该主题存储在主题树中;然后,递归遍历子树,每次选取一个主题分片,将其与当前层次的所有树节点的子节点进行比较,以找到匹配的节点,然后继续递归匹配下一层。递归过程由函数"_sub_search"负责;如果匹配完所有的主题分片或者遇到主题分片为多级通配符时,进入后续消息推送流程;当消息的是否持久化字段 retain 被设置为 1 之后,需要对该消息进行持久化处理。遍历当前主题树节点的订阅列表,将消息放入订阅列表里记录的所有用户对应的消息队列中,等待被发送出去。

③消息订阅功能

用户在与系统成功建立连接的基础上,可向系统提交订阅某一主题或某些主题的请求。系统会处理该请求,将订阅记录写入数据库。

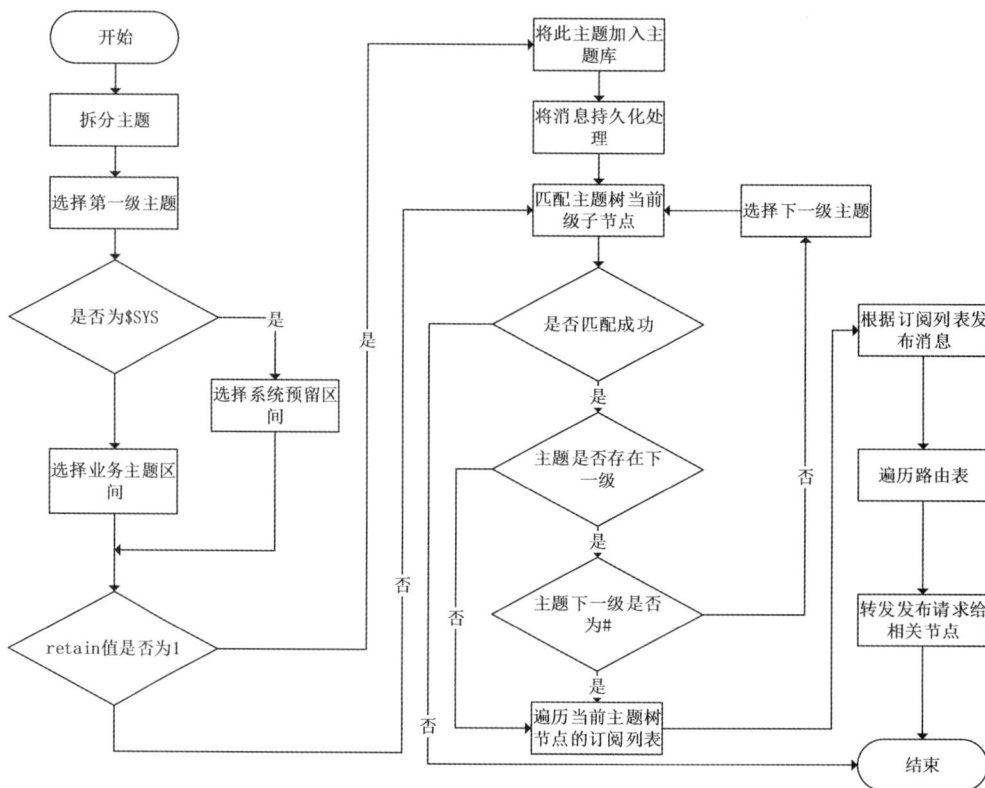

图1-92 消息发布流程

实际应用场景中,用户大部分情况下会同时发送建立连接请求和消息订阅请求,最后根据订阅成功与否决定是否继续维持该连接。当用户设备向平台请求连接时,首先要通过调用安全模块中身份校验接口验证用户身份的合法性,才能将该用户存储到连接表中,接收用户的业务逻辑相关请求。用户连接和订阅的时序图如图1-93所示。

当用户请求建立 TCP 连接时,会调用连接方法 rabbitmq. client. Connection() 与用户建立 Socket 连接,然后将用户的 Username 和 Password 字段提取出来,向系统安全模块请求身份验证,根据返回结果判断是否允许该用户的连接请求。若连接被允许且成功建立,用户会向系统发送主题数据,请求订阅主题数据匹配的所有主题。这时调用发布方法 processMessage(Message message),向系统安全模块发送主题信息,请求对该操作的合法性进行验证。根据返回结果判断是否允许这次订阅操作,进而判断该用户的 Socket 连接是否保持。具体处理订阅请求流程如图1-94所示。

将主题按照层级分隔符"/"分成 Topic 片段,遍历主题树的第一级子节点,找到匹配的节点之后进行后续的处理。依此处理剩余每级 Topic 片段,此过程与系统主题的添加过程相似,如果主题树中不存在某个 Topic 片段,则为主题树添加此节点。匹配到最后一级后,在该子节点所属的订阅列表中添加该用户的信息。最后将订阅主题与处理该请求所处的集群节点身份信息广播给其他集群节点。其他节点收到该广播消息,更新路由表。订阅请求处理完成。

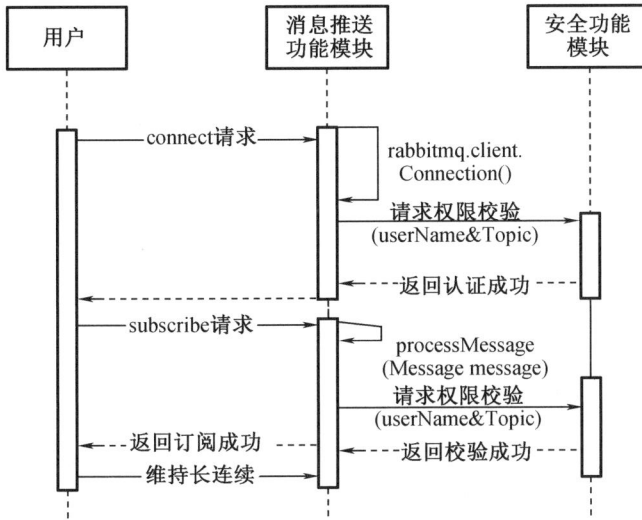

图 1-93 连接和订阅时序图

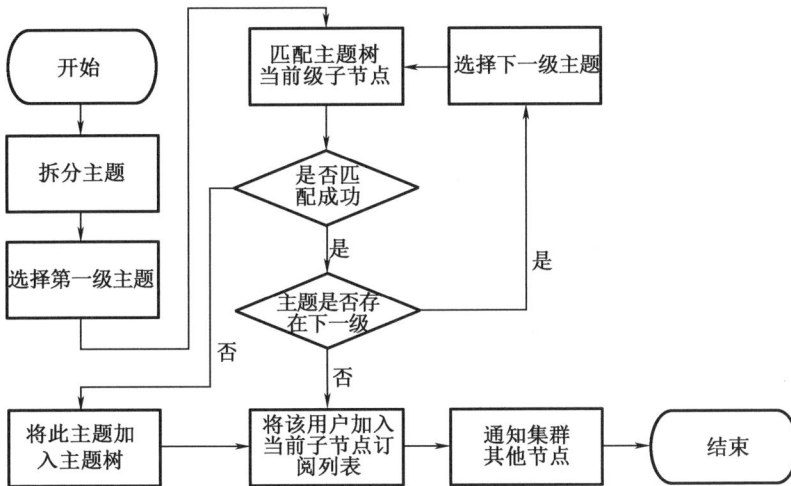

图 1-94 平台处理订阅流程图

④主题匹配功能

该功能在平台处理发布和订阅请求时都会涉及。在处理用户订阅请求时,系统会对订阅请求中携带的主题信息进行解析和匹配。并将解析出的一或多个主题的订阅请求记录下来。同样,在处理发布请求时也会对主题进行匹配。用户可调用平台提供的相关方法来建立连接、发布消息和请求订阅。

(2)安全功能模块

权限管理实现对用户访问平台的控制,按照安全规则或者安全策略控制用户可以访问而且只能访问自己被授权的资源。目前权限管理框架较成熟的有 Spring Security、Apache Shiro 等,考虑"船舶制造现场海量数据传输消息服务平台"整体框架,选择 Spring Security 作为平台安全功能模块的框架,将权限管理封装成独立的微服务,实现模块级别的解耦。由于 ACL 权限控制方式足以满足平台权限管理要求,采用 1 个用户对应 1 个角色的方式,弱化用户、角色、权限的边界。

Spring Security 基于 Spring 框架,提供了一套 Web 应用安全性的完整解决方案,包括用户认证(authentication)和用户授权(authorization)等部分。用户认证指的是验证某个用户是否为系统中的合法主体,也就是说用户能否访问该系统。用户认证一般要求用户提供用户名和密码。系统通过校验用户名和密码来完成认证过程。用户授权指的是验证某个用户是否有权限执行某个操作。在一个系统中,不同用户所具有的权限是不同的。比如对一个文件来说,有的用户只能进行读取,而有的用户可以进行修改。一般来说,系统会为不同的用户分配不同的角色,而每个角色则对应一系列的权限。

对于上面提到的两种应用情景,Spring Security 框架都有很好的支持。在用户认证方面,Spring Security 框架支持主流的认证方式,包括 HTTP 基本认证、HTTP 表单验证、HTTP 摘要认证、OpenID 和 LDAP 等。在用户授权方面,Spring Security 提供了基于角色的访问控制和访问控制列表(access control list,ACL),可以对应用中的领域对象进行细粒度的控制。

因为数据加密功能中建立 SSL 通道与身份认证联系紧密,所以放在一起进行设计。首先,对于数据加密功能,系统同时开启两个端口,一个端口不进行加密,直接建立 TCP 连接;另外一个端口要求必须使用 SSL 进行连接访问,在建立 SSL 加密隧道后再发起 TCP 连接。

其次,对于身份校验功能,先分析平台对用户验证:对于船厂各信息系统注册用户,需要在平台上注册个人身份,得到用以标识身份的用户名和密码后将之发送至平台。平台获取用户名和密码后,通过 HTTP 调用平台登录服务提供的身份校验接口,根据返回值判断是否允许建立连接。

身份认证主要是考虑到防止非法用户通过冒充服务代理端来截取用户的信息。对于加密所用的 SSL 功能,SSL 允许通过证书认证对连接双方进行身份校验。用户可以选择是否对系统进行认证。如选择认证,则需要预先将服务器的 CA 根证书导入用户终端设备,并在 SSL 握手时选择单向校验服务端证书。同理,系统所处的服务端也可通过对用户证书进行校验来验证用户身份。但是考虑到不同用户需要为其生成不同证书,对证书的管理代价庞大,所以最终选择更为容易实现的用户名和密码校验来对用户进行身份验证。方案程序流程图如图 1-95 所示。

对于数据加密,用户通过访问不同的接口选择是否适用 SSL 进行数据加密;对于身份验证,用户可选择在 SSL 握手时验证服务端证书,从而验证系统身份,系统则选择用户名和密码校验的方式校验用户身份。图 1-96 是平台外部用户使用 SSL 加密传输并接入系统的时序图。

系统通过 ACL 进行权限控制。权限控制模块主要提供对 ACL 表的添加、删除和查询功能。ACL 表存储在数据库当中。见表 1-13,其中,"Allow"字段值为 0 表示禁止,1 表示允许;"Access"字段值为 1 表示订阅,2 表示发布,3 表示发布订阅;"Topic"字段中存储的主题允许使用通配符。

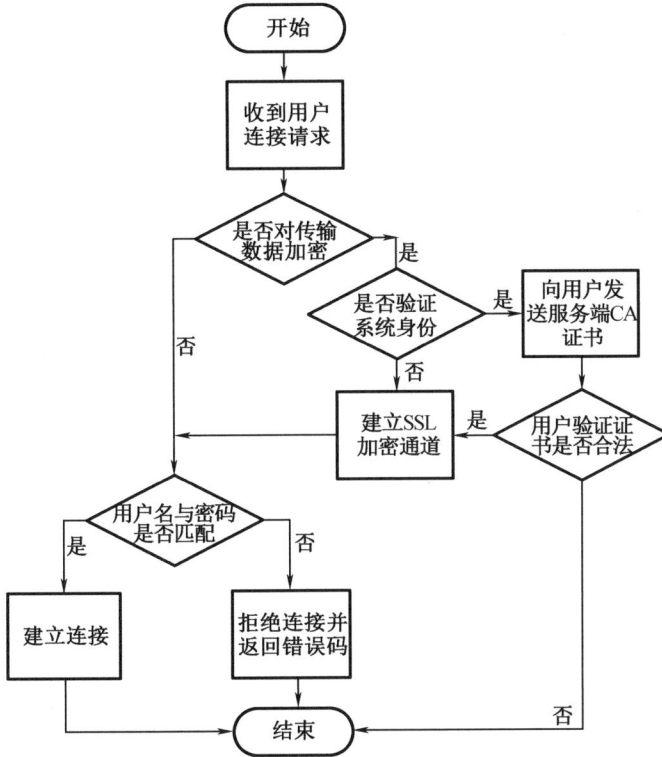

图1-95 数据加密与身份校验功能流程图

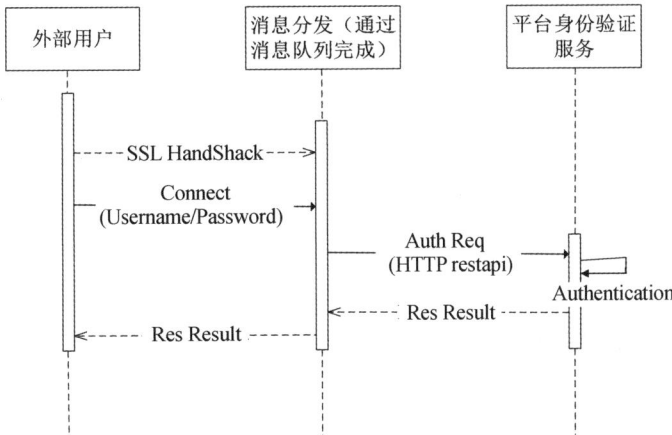

图1-96 用户接入系统时序图

表1-13 权限控制表

字段中文名	字段名	字段类型	约束
规则编号	acIID	Integer(10)	PRIMARY KEY
用户编号	ClientID	Integer(16)	NOT NULL
用户名	Username	String(16)	NOT NULL
是否允许	Allow	Integer(1)	NOT NULL

表 1-13(续)

字段中文名	字段名	字段类型	约束
主题	Topic	String	NOT NULL
权力	Access	Integer(1)	NOT NULL

首先,配置文件"acl. conf"中存储了默认权限设置,在系统启动时被加载到内存中。默认设置一般为禁止所有非管理员订阅"＄SYS/#"的消息,允许其他所有用户的发布订阅行为。其次,默认设置可更改。当系统收到某用户的发布或订阅请求时,会调用权限控制模块,查询该用户是否有基于该主题的发布或订阅权限。权限控制流程如图 1-97 所示。

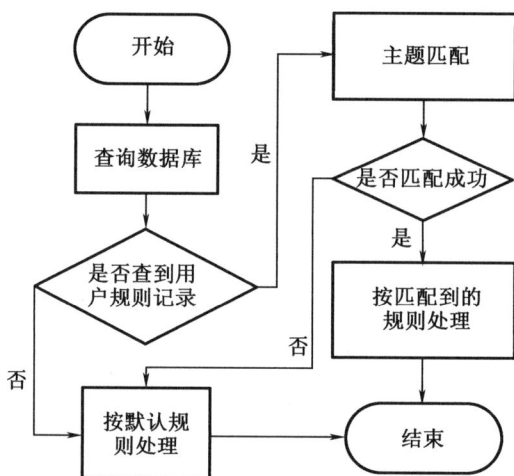

图 1-97　权限控制流程

权限控制具体过程是,先在数据库 AMQP ACL 表中查询该用户的所有规则记录,再逐条规则进行主题匹配。如匹配成功,则按规则要求允许或禁止该请求,权限控制模块结束;如匹配失败或该用户在表中未匹配到记录,则按默认设置规则决定是否允许该请求。ACL 权限控制中对 ACL 表的查询也涉及主题的匹配,与基础推送功能中对主题的处理相同,这里不再复述。

(3)监控功能模块

在主题设计时,为平台预留了第一层级为"＄SYS"的主题区域,平台通过该区域的主题来发布平台相关状态。在平台进行推送业务处理的过程中,该机制随时记录会话数量、话题数量等状态相关数值,并且定期将这些值初步统计后发布到以"＄SYS"为第一层级的话题上。集群性能信息统计同样是模拟这一机制,利用脚本获取到系统所在服务器的 CPU 占用率、内存占用率等数值并计算和发布到对应主题上。当平台监控页面想要获取其下推送模块的状态时,只需订阅相应的话题,就可以实时获取该话题对应的统计结果。常用统计值及其对应话题见表 1-14。

表 1-14 平台状态监控相关主题(后期可添加新统计值)

统计值	对应主题
指定时间内平台收到的字节数/消息数总计	$SYS/bytes/received
指定时间内平台发出的字节数/消息数总计	$SYS/bytes/sent
目前与服务器建立连接总数	$SYS/clients/connected
活跃和非活跃连接总数	$SYS/clients/total
当前内存占用	$SYS/heap/current size
当前 CPU 占用比	$SYS/cpurate

例如,如果想要获取指定时间间隔内的数值统计,只需在上述主题的下一层级加上时间间隔数值即可。例如 $SYS/broker/bytes/received/60s 即为获取平台过去 60 秒内收到消息的字节数。

(4)集群功能模块

平台集群包括反向代理集群、应用服务器集群及消息队列集群,其中,反向代理集群和消息队列集群暂时利用 Nginx 和 RabbitMQ 本身的集群配置文件手动配置和管理。这里的集群功能主要针对服务器集群的管理。选用的技术为 Docker 和 Kurbernetes,通过可视化界面管理集群。

①Docker

Docker 是一个开源的引擎,可以为任何应用创建一个轻量级的、方便移植的、高度自治的容器。开发人员可以打包某个应用及其依赖到一个可移植的镜像文件中,然后使用该镜像文件生成容器并批量部署到任意环境,包括 VMS、Kubernetes、OpenStack 等基础应用平台。

Docker 是一种相对轻量级的虚拟化方式。首先,Docker 容器的运行更为轻便,容器的启动和停止可以在秒级实现,相比之下传统的虚拟机的启动和停止动作要缓慢得多。其次,Docker 容器不需要过多系统资源的支持,正常主机的资源数量可支持数百个容器的正常运行。Docker 对镜像文件的管理方式与 Git 类似,用户可以拥有自己的镜像仓库,通过类似 Git 的操作方式来对其进行管理,包括获取、更新和删除应用镜像。最后,Docker 还可以通过配置文件 Dockerfile 来创建镜像,创建过程完全自动化,提高使用效率。

②Kubernetes

为了解决 Docker 容器在自动管理和批量部署上的难题,我们引入 Kubernetes。Kubernetes 是一个开源的容器自动化运行维护平台,它消除了容器化应用程序在部署、扩展时所必需的许多重复性操作。也就是说,Kubernetes 可以让我们将 n 台主机组合成集群来运行容器,并且帮助我们更加方便、更加自动化的管理这些集群。当我们在真实的生产环境中用到容器时,一般会包含多个容器,而这些容器还一般会跨越多个主机部署。Kubernetes 提供了组织与管理大规模部署容器的能力。Kubernetes 的组织结构使得我们能基于多容器构造服务,在集群的抽象概念上调整和分配这些容器,以及实时管理与维护它们的运行状态。

Kubernetes 将容器分类组成 POD,并使用这一概念作为基本粒度对其进行管理。POD 在一个或一组容器之上进行一层抽象,为其中的容器提供网络通信与存储服务。Kubernetes

的基础结构如图 1-98 所示。

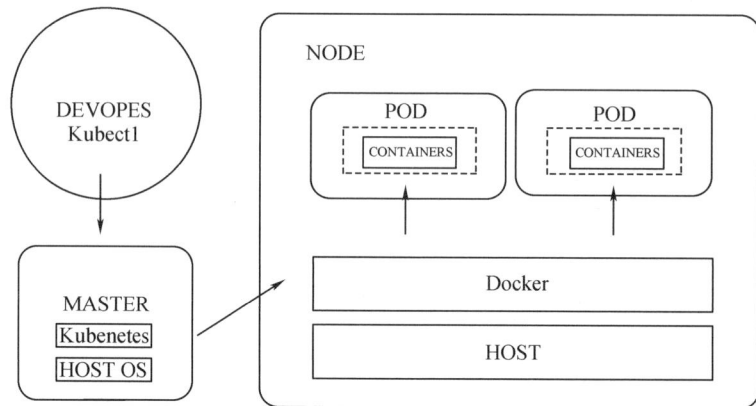

图 1-98　Kubernetes 基础结构图

Kubernetes 运行在操作系统之上,操作着该节点上运行的容器。Kubernetes 主节点从管理员处接受命令,再把指令转交给附属的节点。这种带有大量服务的切换工作自动决定最适合该任务的节点,然后在该节点上分配资源并指派 POD 来完成任务请求。

所以从基础设施的角度,管理容器的方式发生了一点小小的变化。对容器的控制在更高的层次进行,提供了更佳的控制方式,而无须用户微观管理每个单独的容器或者节点。必要的工作则主要集中在如何指派 Kubernetes 主节点、定义节点和 POD 等问题上。Kubernetes 重要概念罗列如下。

A. NODE(节点):这些机器在 Kubernetes 主节点的控制下执行被分配的任务。

B. POD:由一个或多个容器构成的集合,作为一个逻辑整体部署到单一节点。同一个 POD 中所有容器共享主机名、进程间通信(IPC)以及其他资源。POD 将底层容器的网络和存储抽象出来,使得集群内的容器迁移更为便捷。

C. ReplicationController(复制控制器,RC):控制一个 POD 在集群上运行的实例数量。

D. Service(服务):将服务内容与具体的 POD 分离。Kubernetes 服务代理负责自动将服务请求分发到正确的 POD 处,不管 POD 移动到集群中的什么位置,甚至可以被替换掉。

E. Kubectl:这是 Kubernetes 的命令行配置工具。

当 Kubernetes 和 Docker 结合在一起使用的时候,Docker 技术依然执行它原本的任务。当 Kubernetes 把 POD 调度到节点上,节点上的 kubelet 会指示 Docker 启动特定的容器。接着,kubelet 会通过 Docker 持续地收集容器的信息,然后提交到主节点上。Docker 如往常一样拉取容器镜像、启动或停止容器。不同点在于这是由自动化系统控制而非管理员在每个节点上手动操作的,这恰恰解决了 Docker 技术应用于生产环境时暴露出来的问题。

③部署过程

首先,在应用服务器集群上分布式部署 Kubernetes 集群。其次,将平台所有的应用服务和大部分基础组件封装成 Docker 镜像文件,将初始化进程写入 Dockerfile。最后,给每个服务和基础组件配置自己的 yaml 文件,并通过运行该 yaml 文件,启动镜像文件,生成对应容器。将这些容器封装在 POD 中由 Kubernetes 进行统一维护,以保证其长期正常运行。部署过程分单节点生成和集群部署。

A. 单节点生成

选用 Dockerfile 来创建定制化镜像文件。Dockerfile 是一个文本格式的配置文件,可通过编写该配置文件快速创建自定义镜像。

首先,配置相关环境变量,以便于后续集群时通过批量设置环境变量来控制所有节点的初始化行为。调用 broker 启动程序,然后通过 ping 命令轮询检测 broker 是否成功启动。如返回值异常,则经过一段间隔时间后重新调用 broker 启动程序。如果调用 5 次 broker 启动程序后 ping 命令仍未得到返回,则终止 Docker 镜像的启动,等待外部维护 Docker 容器运行状态的机制对该容器进行销毁和重启。

当镜像文件生成后,使用 run 命令即可运行该镜像,生成一个容器。这里引入 POD 这一概念。POD 直译是豆荚,可以把容器当作豆荚中的豆子,把一个或 n 个关系紧密的容器包在一起就是一个 POD。在 Kubernetes 中不需要直接操作容器,而是把容器包装成 POD 再进行管理。这样加一层封装除了方便部署管理以外,另一个很重要的原因是 Docker 容器之间的通信受到 Docker 通信机制的限制。在 Docker 中,容器之间需要通过 link 方式才能互相访问各自提供的服务(端口)。而大量容器之间互相的 link 是一个繁重的工作。通过 POD 这一概念将多个容器封装在同一个虚拟的"主机"内,从而实现容器之间通过 Localhost 就可以互相通信的效果。

B. 集群部署

集群需要不止一个节点,封装并不能对多个节点进行管理和统一部署,所以选用 RC 来解决这一问题。RC 与单个 POD 一样,都可以通过运行各自的 yaml 文件来创建。RC 的独特之处在于可以通过修改 yaml 文件中的参数一次性创建多个 POD,批量修改所有 POD 中的环境变量等参数。从运维角度来看,RC 还可以控制 POD 的数量。RC 保证在同一时间能够运行指定数量的 POD,以使集群在大量时间内总是稳定可用。如果实际 POD 数量比指定的多就结束掉多余的,如果实际数量比指定的少就启动缺少的。当 POD 失败、被删除或被终结时 RC 会监测到这一情况,创建新的 POD 来保证总体数量的稳定。所以,选择使用 RC 来部署和管理集群节点。

将 yaml 文件编写完整,执行命令"kubectlcreate-fiotamqpfork8s-controller. yaml"即可创建指定个数的 POD 形成初步集群。集群中的每个 POD 里封装着一个镜像文件生成的容器。这时集群中所有节点的运行状态都由 RC 维护。当某一个节点运行状态异常时,RC 会监控到异常并尝试修复它,如果修复失败,则会重新创建一个 POD 并将异常节点删除。

C. 集群部署统一入口管理

通过 RC,实现可视化集群管理操作,监控集群节点状态,实现节点的增、删、改、查。

1.7.5.3　船舶制造现场海量数据传输消息服务平台功能

通过搭建试验环境,运行"船舶制造现场海量数据传输消息服务平台",可对平台进行测试,试验环境包括"消息压缩及生产模拟器""船舶制造现场海量数据传输移动应用软件"(固定端测试版)及"船舶制造现场海量数据传输消息服务平台"。

"消息压缩及生产模拟器"具体功能为:

(1)支持文件、传感器报文等数据压缩;

(2)支持压缩后的文件向"船舶制造现场海量数据传输管理平台"发送传输请求;

（3）支持 JSON、传感器报文以及压缩后的文件等数据生成消息，并向"船舶制造现场海量数据传输消息服务平台"发送消息请求。

"船舶制造现场海量数据传输移动应用软件"（固定端测试版）具体功能为：

（1）业务系统的 JSON 数据界面展示；

（2）多类文件的磁盘列表展示；

（3）传感器报文数据界面展示；

（4）传输许可（接入控制及权限管理）

（5）断点续传（配合消息队列缓存，数据校验）；

（6）数据传输（长连接）；

（7）事件处理。

"船舶制造现场海量数据传输消息服务平台"具体功能为：

（1）外部数据通过接口将数据传入，并将数据分配给消息队列；

（2）支持多种推送方式及数据传输协议推送数据。

平台传送系统间的数据过程及平台传送视频文件的数据过程见表 1-15、表 1-16。

表 1-15　传送系统间的数据过程

步骤	操作位置	详细配置
1	船舶制造现场海量数据传输消息服务平台	"消息注册信息管理选项卡" a）消息主题设置控件 注册消息，主题名称"JSON_TRANSPORT_001"； 主题 id"JSON_TRANSPORT_001"； 消息发布者信息"消息压缩及生产模拟器的 IP_消息压缩及生产模拟器程序包名称"； 消息订阅者信息列表"消息订阅者 1 的 IP_消息订阅者 1 程序包名称、消息订阅者 2 的 IP_消息订阅者 2 程序包名称、消息订阅者 3 的 IP_消息订阅者 3 的程序包名称"。 b）消息数据类型代号配置控件 "半结构化"。 c）数据特征代号 "系统底层业务数据"。 d）数据压缩技术名称代号 "空"。 e）数据校验技术名称代号 "空"。 f）数据传输协议代号 "socket"。 g）数据推送方式代号 "长连接"。 h）数据传输优先级代号 "middle"。 i）QOS 配置代号 "normal"。 j）消息消费端操作系统代号 "WINDOWS"。 k）持久化需求配置 "不需持久化"

表 1-15(续)

步骤	操作位置	详细配置
2	消息压缩及生产模拟器	"系统底层数据消息传输"选项卡 a)JSON 数据管理栏 (a)新建 JSON 串控件 输入 JSON 串名称"JSON_TRANSPORT_001",点击新建。 (b)JSON 串查看控件 选择"JSON_TRANSPORT"串。 b)JSON 数据编辑栏 编辑"JSON_TRANSPORT_001"串内容,编辑后点击保存,保存该串的编辑内容。 c)传输协议选择控件 "Socket"
3	船舶制造现场海量数据传输移动应用软件	"系统底层数据消息传输展示"选项卡 a)JSON 串新建 新建名称为"JSON_TRANSPORT_001"的 JSON 串。 b)列表查看 显示已创建的"JSON_TRANSPORT_001"。 c)数据查看 点击"JSON_TRANSPORT_001"JSON 串名称,显示该 JSON 串内容(初始为空)
4	消息压缩及生产模拟器	"系统底层数据消息传输"选项卡 d)传输开始控件 选择"JSON_TRANSPORT_001"串,点击开始按钮
5	船舶制造现场海量数据传输移动应用软件	"系统底层数据消息传输展示"选项卡 c)数据查看 点击"JSON_TRANSPORT_001"JSON 串名称,显示该 JSON 串内容,查看是否接收消息成功。 d)数据删除,点击 JSON 串名称,再点击数据删除按钮,删除该 JSON 串名称
6	消息压缩及生产模拟器	"消息反馈记录展示"选项卡 接收"船舶制造现场海量数据传输移动应用软件"发送的删除消息"Socket",展示删除"JSON_TRANSPORT_001"JSON 串的名称、删除时间

表 1-16　平台传送视频文件的数据过程

步骤	操作位置	详细配置
1	船舶制造现场海量数据传输消息服务平台	"消息注册信息管理选项卡" a) 消息主题设置控件 注册消息,主题名称"FILE_TRANSPORT_001";主题 ID"FILE_TRANSPORT_001";消息发布者信息"消息压缩及生产模拟器的 IP_消息压缩及生产模拟器程序包名称";消息订阅者信息列表"消息订阅者 1 的 IP_消息订阅者 1 程序包名称、消息订阅者 2 的 IP_消息订阅者 2 程序包名称、消息订阅者 3 的 IP_消息订阅者 3 的程序包名称"。 b) 消息数据类型代号配置控件 "非结构化"。 c) 数据特征代号 "视频文件"。 d) 数据压缩技术名称代号 "某有损压缩技术(待查)"。 e) 数据校验技术名称代号 "某有损压缩技术对应校验技术(待查)"。 f) 数据传输协议代号 "HTTP"。 g) 数据推送方式代号 "轮询"。 h) 数据传输优先级代号 "LOW"。 i) QOS 配置代号 "LOW"。 j) 消息消费端操作系统代号 "WINDOWS"。 k) 持久化需求配置 "不需持久化"
2	消息压缩及生产模拟器	"文件压缩消息传输"选项卡 a) 文件类型选择控件 "视频"。 b) 文件后缀选择控件 ".avi"。 c) 文件路径选择控件 "事先准备好的视频格式文件路径"。 d) 文件传输时间设置 "默认时间"。 e) 压缩方法选择控件 "某有损压缩技术(待查)"。 f) 传输协议选择控件 "HTTP"

表 1-16(续)

步骤	操作位置	详细配置
3	消息压缩及生产模拟器	"文件压缩消息传输"选项卡 g)传输开始控件 若点击该控件,指定目录下的指定视频类型文件被传输至"船舶制造现场海量数据传输消息服务平台",且文件被剪切至备份目录
4	船舶制造现场海量数据传输移动应用软件	"文件压缩消息传输展示"选项卡 a)分类展示选项卡 "视频文件列表"。 b)文件查看 选择"视频文件列表"类别展示选项卡,查看新接收的视频文件,双击文件,则调用该类别文件相应查看软件(某视频播放器)。 c)文件删除,选择指定类别展示选项卡,再选择指定文件,点击删除,完成该文件的删除。 d)若文件删除,将该删除消息直接反馈给"消息压缩及生产模拟器"
5	消息压缩及生产模拟器	"消息反馈记录展示"选项卡 接收"船舶制造现场海量数据传输移动应用软件"发送的删除消息(HTTP),展示删除视频文件的名称、删除时间

此过程从应用上注册了一个转发视频文件的消息,实际上的流程如下。

(1)在"消息注册信息管理选项卡"可视化界面中选择了数据特征代号"视频文件"、数据压缩技术名称代号"某有损压缩技术(待查)"后,平台注册了 2 个主题消息:a)逻辑传输视频文件主题消息(该主题消息指向一个 avi 文件传输任务,本身不是一个 avi 文件传输);b)包含"avi 文件压缩待校验信息"的主题消息。

(2)"消息压缩及生产模拟器"向"船舶制造现场海量数据传输消息服务平台"发出 avi 文件传输请求,该请求被平台理解为两个消息发布请求和一个文件传输请求:a)逻辑传输视频文件主题消息发布请求;b)包含"avi 文件压缩待校验信息"的主题消息;c)avi 文件传输请求。

(3)"船舶制造现场海量数据传输消息服务平台"首先接收 c)avi 文件传输请求,avi 文件接收完毕,再同意 a)逻辑传输视频文件主题消息发布请求、b)包含"avi 文件压缩待校验信息"的主题消息的发布。

(4)"船舶制造现场海量数据传输消息服务平台"根据推送策略,将 a)逻辑传输视频文件主题消息消费,消费完毕后立刻发起一个向"船舶制造现场海量数据传输移动应用软件/固定端测试版"传输 avi 文件的任务。同时向"船舶制造现场海量数据传输移动应用软件/固定端测试版"推送 b)包含"avi 文件压缩待校验信息"的主题消息。

(5)"船舶制造现场海量数据传输移动应用软件/固定端测试版"接收 avi 文件及校验信息,在本地完成校验。

1.8　实际应用示例

1.8.1　三维模型轻量化技术

以三维模型轻量化处理技术、模型属性及工艺信息轻量化技术、轻量化模型数据传输技术、三维数据模型轻量化接口等轻量化关键技术作为技术基础,利用三维模型轻量化数据转换工具,将船舶三维设计模型进行轻量化,并消除不同设计软件在数据格式上的差异,建立统一的轻量化模型,具体实现情况如下。

以某船型 1001 分段为例,从三维设计系统中导出模型格式为 DXF,文件大小为36 859 KB,如图 1-99 所示。

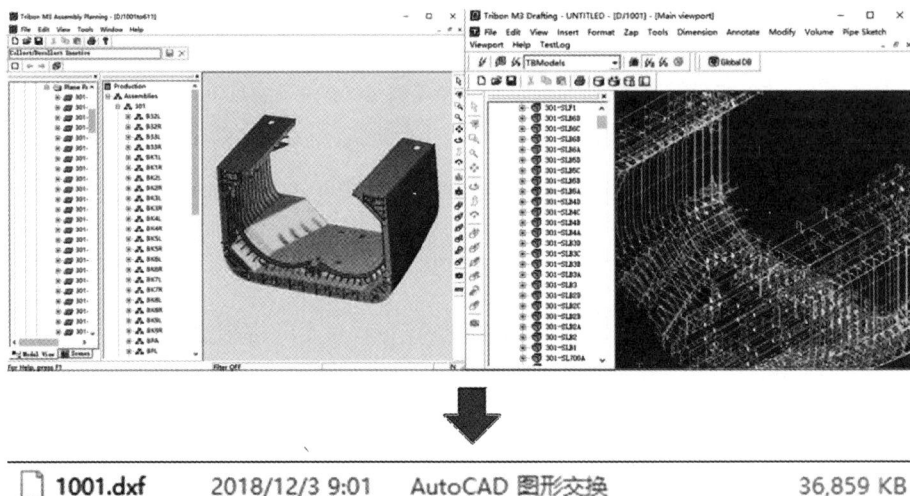

图 1-99　转换前:三维设计模型导出

将 1001 分段模型导入"三维模型轻量化数据转化工具",软件通过对该模型的三维数据结构进行解析、重构及轻量化处理,形成三维轻量化模型,其中可生成的 NVZ 格式的三维轻量化模型文件大小为 1 356 KB,3DXML 格式的三维轻量化模型文件大小为 2 852 KB,如图 1-100 所示。此外,软件还提供轻量化模型三维可视化模块,可对模型信息及数据结构进行可视化查看,如图 1-101 所示。

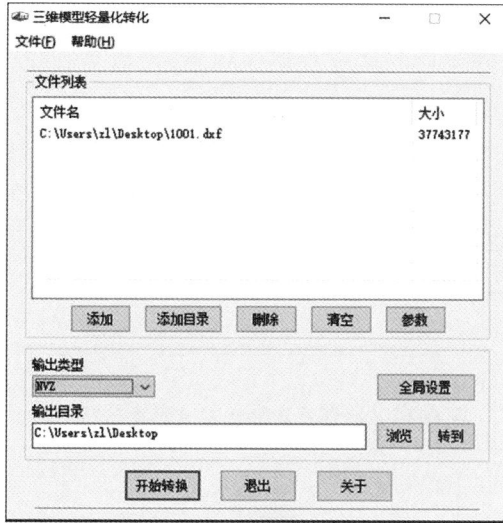

图 1-100 转换后:生产三维轻量化模型

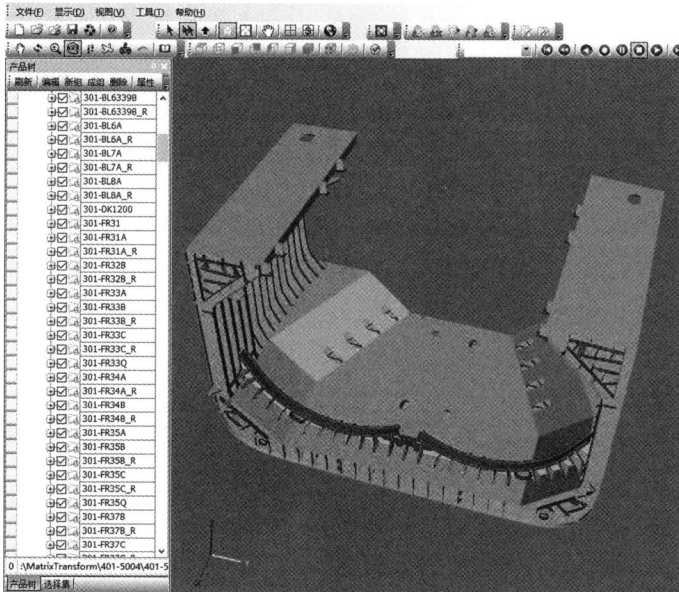

图 1-101 轻量化模型三维可视化界面

1.8.2 事件触发的动态数据传输技术

为提高计划外事件触发的高效性与实时性,探究了基于移动终端的数据传输方式及消息推送方式;针对描述事件的多媒体数据类型,如图像、音频等,探究其数据输入、存储、压

缩及定向传输标准与方式。以中间产品对象——"分段"作为数据集成的汇聚点,聚合各类计划外事件的发生,建立事件驱动的动态数据集成平台,以可视化的界面实时展示各类计划外事件发生现况,同时基于多维评价模型进行影响度、发生频度及时效性的评价,并能够跟踪计划外事件处理全过程,从而辅助生产决策。计划外事件处理能够基于统一且标准化的事件处理流程,事件触发的准确性得到保障,事件处理的效率得到提升,并且能够实现事件处理过程的实时跟踪与监控。

基于事件触发的动态数据传输软件经初步测试,事件的触发准确率能够达到95%(任务书要求指标>90%)(表1-17)。

表 1-17 计划外事件触发准确率分析

类型	计划外事件分类	测试事件数	触发准确数	事件触发准确率
生产计划类	计划拖期	100	98	98%
	计划临时调整	100	100	100%
	计划超期预警	100	100	100%
物资配套类	库存积压	100	98	98%
	库存不足	100	96	96%
	集配不完整	100	96	96%
	物资未及时到货	100	100	100%
设备设施类	设备运行故障	100	100	100%
	设备巡检异常	100	100	100%
生产执行类	工时异常	100	100	100%
	产能异常	100	95	95%
	临时任务穿插	100	98	98%
质量管理类	船东/船检检验意见	100	100	100%
	质量巡查意见	100	100	100%
	进货检验意见	100	100	100%
	FAT 意见	100	100	100%
设计管理类	船东/船检审图意见	100	100	100%
	设计错误修改	100	100	100%
	专业协调修改	100	100	100%
厂区安全类	区域巡检隐患	100	100	100%
	作业安全条件不具备	100	100	100%
车间感应类	车间气体指标异常	100	95	95%
	能源供应异常	100	100	100%

以中间产品对象——"分段"作为数据集成的汇聚点,聚合各类计划外事件的发生,建立事件驱动的动态数据集成平台,以可视化的界面实时展示各类计划外事件发生现况,同时基于多维评价模型进行影响度、发生频度及时效性的评价,并能够跟踪计划外事件处理全过程,从而辅助生产决策。同样的,以船东意见为例,在该平台上能够追踪到从意见产生到最终处理的全过程信息,如图1-102、图1-103所示。

图1-102 事件驱动的动态数据集成平台

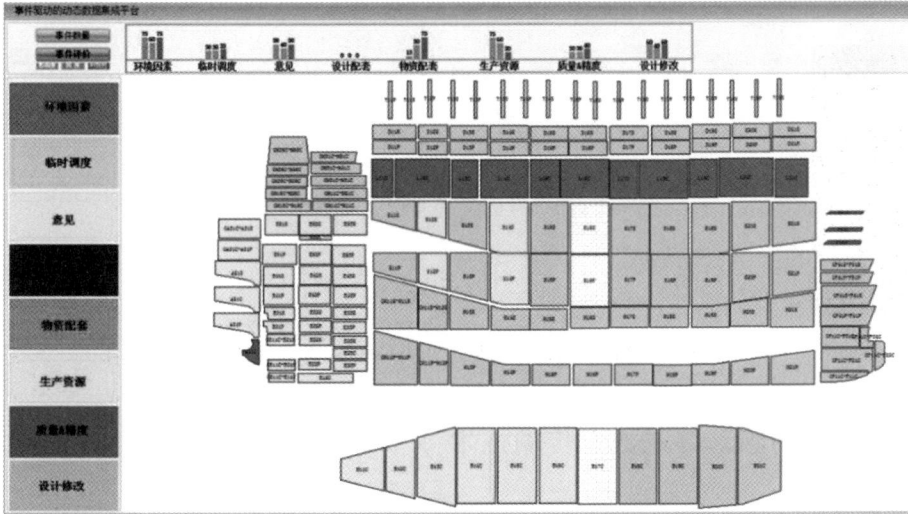

图1-103 事件处理过程查询

1.8.3 海量数据定向分类传输技术

针对海量数据(包括三维模型、文本、视频、图像、结构化数据等)按需传输问题,提出了数据供需分类模型,设计给出船舶制造现场数据供需模型匹配算法,最后提出船舶制造现场数据定向分类传输方案,特别是针对模型下车间、视频传输和计划任务派工等应用场景给出了具体的数据定向分类传输解决方案,达到数据"按需传输"以减轻传输过程中的带宽压力和降低数据终端的计算能力要求的目的。通过验证平台试验表明,利用该海量数据定向分类传输技术,结合制造现场过程管控需求,将需要的三维模型、指导书等信息快速定向传输给相应工位和终端,根据传输数据的类型不同选择合适的传输协议,有助于大幅降低网络传输拥堵,节省网络带宽,提升数据传输可靠性和效率(图 1-104)。

图 1-104　海量数据定向分类传输供需匹配试验

1.8.4　面向移动终端数据传输技术

经过集成测试后发现,在移动终端数据传输相关技术成果的支持下,实现了符合移动设备计算资源限制的身份认证,通过覆盖传输许可凭证(token)的请求、生成、颁发、传输、存储、验证、失效等的全生命周期管理技术,可以有效保护船舶制造现场的数据安全与生产安全。提出的针对数据的同步周期、不同数据量等特征的基于 SyncML 数据同步传输技术方案,实现只在数据有实际变化时才进行数据传输的目的,避免无用或冗余数据的传输,加快移动端的响应速度。通过不同类型数据在移动环境下适用的数据完整性校验算法和适用的断点续传技术,可以有效解决移动传输中数据容错的问题(图 1-105、图 1-106)。

图 1-105　移动端接收记录未读列表

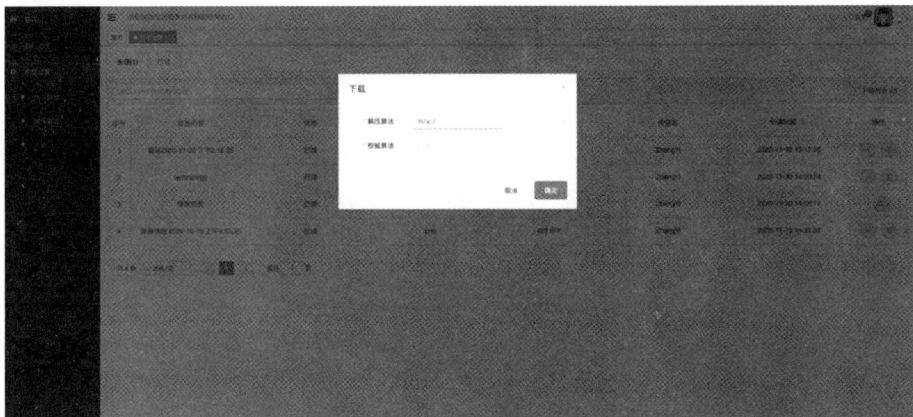

图 1-106　移动端接收数据解压算法和校验算法匹配

1.8.5　面向现场作业的消息推送技术

经过集成测试后发现,在面向现场的作业消息推送技术成果支持下,"船舶制造现场海量数据传输消息服务平台"借助消息的压缩推送与接收解析呈现技术,将现场作业所需的消息自适应按需推送到指定目标设备终端,消息覆盖图纸工艺数据、轻量化模型、物料需求、质量要求、生产计划、进度、目标工时、实绩工时、质量缺陷、成本等方面。通过实验室环境验证评估消息接收的实时性和完整性,验证本节提出的消息自适应推送策略的合理性,以及消息压缩推送与接收解析呈现技术的有效性。

1.9　本章小结

1.9.1　三维模型轻量化技术

三维模型轻量化技术包括船舶三维几何模型的轻量化批处理技术、模型属性及工艺信息处理技术、模型数据传输与加载显示技术、轻量化处理输入输出接口等。在轻量化处理技术中,分析零部件模型轻量化、装配结构获取及轻量化零部件装配;在模型属性及工艺处理技术中,分析原始模型信息提取、制定了轻量化模型与数据存储格式与方案;在轻量化模型数据传输与加载显示中,分析轻量化模型在不同的平台以及设备上的加载与显示;在三维模型轻量化输入输出接口中,分析从船舶三维设计系统中导入三维模型与属性工艺信息,同时制定轻量化模型与属性工艺信息的导出接口。

通过船舶三维模型几何信息轻量化技术的研究,基本能够实现全船所有模型的轻量化,在满足模型正常表达情况下有效地降低了模型文件大小,可避免在传输过程中过度占用带宽问题,降低了对显示模型硬件设备的性能要求。使用该技术处理后的三维模型可快速用于其他的协同设计与制造以及现场三维作业指导。

1.9.2　面向制造现场的数据流传输技术

针对船舶制造过程中产生的海量数据流存在海量性、多源性、乱序性、不确定性等数据特征,研究制造过程海量数据实时高效传输的方法,包括船舶制造车间数据流传输的时间标签、无损数据压缩技术、有损数据压缩技术和数据流传输校验技术等,实现基于时间标签的数据发送前高效压缩和数据接收后的完整性校验以及实时解压展示,控制数据按照计划、节拍进行流动,并减轻传输过程中的流量压力,对加强企业制造过程的控制,提高企业在制造过程的决策速度,保证企业制造生产的安全有序进行、提高企业效率、减少企业损失有着非常重要作用,并在一定程度上对提高我国制造业数据传输能力有着重要意义。(图 1-107)

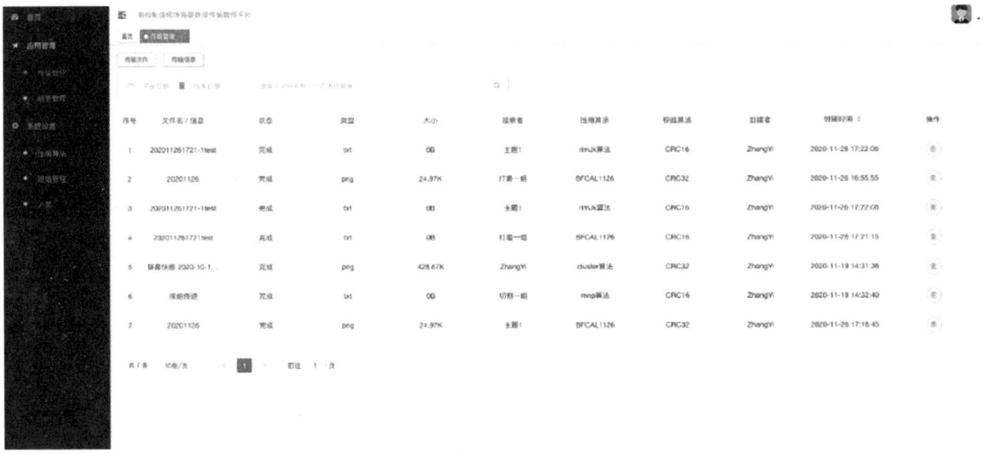

图 1-107　面向制造现场的数据流传输技术试验

1.9.3　事件触发的动态数据传输技术

基于船厂计划外事件的触发机制、自动侦测与处理模型、多维评价、数据聚合集成等方面,建立事件驱动的动态数据集成平台,该平台是独创性的,并且具有较强的应用价值,能够为船厂提供高效的计划外事件平台,覆盖计划、设计、物资、质量、安全等多个业务板块,打通了与船厂多个业务系统的数据传递通道,并且建立了分布于业务系统的多源数据与事件描述数据之间的匹配关系,从而实现对来源于不同业务系统的计划外事件的自动侦测与分类归集。通过事件的准确触发、高效处理,为生产决策提供数据支撑。

1.9.4　海量数据定向分类传输技术

海量数据定向分类传输技术包括数据供需分类建模技术、供需模型匹配技术、数据分类传输技术。针对海量数据(包括三维模型、文本、视频、图像、结构化数据等)按需传输问题,提出数据供需分类模型,设计船舶制造现场数据供需模型匹配算法,可用于船舶制造现场数据定向分类传输方案的制定,特别是针对模型下车间、视频传输和计划任务派工等应用场景,达到数据"按需传输"以减轻传输过程中的带宽压力和降低数据终端的计算能力要求。通过验证平台试验表明,利用该海量数据定向分类传输技术,结合制造现场过程管控需求,将需要的三维模型、指导书等信息快速定向传输给相应工位和终端,根据传输数据的类型不同选择合适的传输协议,有助于大幅降低网络传输拥堵,节省网络带宽,提升数据传输可靠性和效率。

1.9.5　面向移动终端数据传输技术

面向移动终端数据传输技术包括移动终端数据传输许可技术、移动传输过程中数据同步传输技术、移动传输过程中数据容错技术、移动事务处理技术。可实现符合移动设备计算资源限制的身份认证,通过覆盖传输许可凭证的请求、生成、颁发、传输、存储、验证、失效等的全生命周期管理技术,可以有效保护船舶制造现场的数据安全与生产安全。该技术可针对数据的同步周期、不同数据量等特征的基于 SyncML 数据同步制定传输技术方案,实现只在数据有实际变化时才进行数据传输的目的,避免无用或冗余数据的传输,加快移动端的响应速度。通过不同类型数据在移动环境下适用的数据完整性校验算法和适用的断点续传技术,可以有效地解决移动传输中数据容错的问题,实现了车间现场人员在移动过程中事务处理不受影响的目标,提升了移动数据传输的稳定性和可靠性。

1.9.6　面向现场作业的消息推送技术

面向现场作业的消息推送技术包括消息推送分类筛选机制、作业消息数据封装及动态生成技术以及适应消息推送策略。根据船舶制造过程相关的数据、人员、设备等维度对推送的消息进行分层分类,形成船舶制造车间消息筛选架构。基于消息主题,基于船舶制造车间消息筛选架构设计推送消息的主题树,实现消息的可分类筛选,并规范主题描述语法。为"船舶制造现场海量数据传输消息服务平台"主题相关的需求分析、设计及开发提供支撑,同时解决船舶制造车间现场消息的来源问题与推送方式的选择问题。采用主流的推送技术及 AMQP 协议实现产品 RabbitMQ 的推送方式、数据传输的 QoS 机制及优先级队列的调度策略,为"船舶制造现场海量数据传输消息服务平台"消息推送功能的设计与实现提供依据,最终将现场作业所需的消息自适应按需推送到指定目标设备终端。

第2章 制造过程的海量异构数据融合技术

2.1 概　　述

船舶制造过程的互联互通平台是船舶智能制造发展的关键技术之一,必须集中力量研究攻关、力争全面突破,进而支撑船舶生产设计、综合管控和船舶建造的协同作业,从而全面提高船舶制造的质量和效率,降低制造成本,提升船舶产品的竞争力。

我国船舶制造企业经历了一段时间的快速发展,取得了显著的成绩。一方面,在基础设施、制造装备、装备自动化等方面持续投入,建设了切割流水线、中小组立焊接流水线、大吨位船坞/船台等先进的硬件设施。另一方面,国内骨干船舶企业大力推进"数字化造船"建设。实施了 PDM 系统,ERP 系统和 MES 系统,实现了船舶产品的数字化设计,制造过程的生产计划、物流和质量等的信息化管控,显著提高了船舶制造的效率和质量。但是,要发展成为"船舶制造强国",依然面临如下挑战。

(1)船舶制造现场缺乏实时感知系统,无法及时获取船舶制造过程的分段建造计划执行状态、分段场地堆放、物流配送和设备资源利用等数据,致使工艺改进、生产计划协调等决策缺乏实际生产现场的数据支撑。

(2)船舶制造车间尚未构建数据传输到工位的通信网络,致使船舶制造工艺数据、生产任务派工数据和物料配送等数据无法推送到制造现场,致使实际船舶制造"按工艺、按计划的建造"难以贯彻,导致生产混乱和船舶建造精度、质量难以控制。

(3)船舶制造过程的产品、工艺文件、测量精度和计划等海量异构数据信息融合程度低、共享难、孤立分析,导致船舶车间内的工位之间,设计、计划和质量等部门之间的协作程度低。

(4)船舶制造过程未能充分考虑制造现场的环境、设备资源和中间产品的状态等与设计、规划的差异,致使船舶建造过程的稳定性和可靠性较低,严重降低船舶分段建造的一次合格率。

为此,迫切需要开展互联互通的船舶智能制造车间基础平台开发的相关技术。船舶车间智能制造感知技术可实时获取船舶制造过程中的状态信息;构建船舶制造车间的网络通信系统,基于三维模型的海量数据传输技术,可实现基于三维模型的工艺、计划和现场制造过程等海量异构数据的传输;制造过程的海量异构数据融合技术,可实现工艺、中间产品和现场制造过程等异构数据的融合、共享,为生产设计、精度控制和生产计划管控等提供完整的、有效的数据支撑;建立数字化多工位的协同机制,可支持船舶制造过程的协同作业,提高效率;制造现场多数据源协同集成技术,可为提高船舶实际建造的精度控制和一次合格率提供数据支持。

船舶制造车间组网技术、基于三维模型的海量数据传输技术、制造过程的海量异构数据融合技术、数字化多工位协同技术研究和制造现场多数据源协同集成技术,可最终构建互联互通的船舶智能制造车间基础平台。实现船舶设计、制造过程管控和车间制造等三维模型、工艺文件、测量精度和计划等数据互通,制造车间内部"人、机、料"的物物互联,支持船舶设计和制造过程管控的智能化,推进船舶智能制造技术在船舶企业的应用,促进船舶企业的转型升级,提高竞争力。面向制造过程的海量异构数据融合技术对我国船舶智能制造具有重大意义。

2.2 制造过程数据的规范化技术

2.2.1 技术简介

制造过程数据的规范化技术是针对船舶制造过程中涉及的产品、工艺与执行过程等各种异构数据给制造过程信息表示带来不便的问题;通过对制造过程数据的规范模型、匹配关系、格式规范化和分类集成方法进行研究和分析;分别建立制造过程数据的规范模型、数据匹配关联图和数据格式规范化实现平台,生成数据分类集成算法,最终实现对船舶制造过程中产品、工艺与执行过程等各种异构数据的规范化和集成化。

通过对现有数据模型体系表示方法的分析对比,构建了船舶制造过程中涉及的人员和设备单元信息、环境信息、各专业(船体、轮机、电气、管系、舾装)工艺类型信息和工艺设计信息等;产品、工艺与执行过程中各种复杂数据的统一规范化模板,实现制造过程中数据的规范表达。制造过程海量异构数据(图2-1)应包含人员信息、设备信息、场地信息、工装信息、设计信息、制造执行信息等结构化数据,以及非结构化数据。

制造过程数据规范化技术框架如图2-2所示。确定了制造过程数据的匹配结点,构建船舶制造过程数据的产品设计信息、工艺设计信息、执行过程信息和质量要求信息的逻辑关系关联模型。构建数据格式规范化实现平台,实现船舶制造过程中产品、工艺与执行过程中数据格式的规范化。通过对现有集成模型结构方法、数据分类方法的分析对比,生成数据分类集成算法,实现制造过程中数据表达的集成化。

2.2.2 数据规范模型技术

通过对现有数据模型体系表示方法的分析对比,构建了船舶制造过程中涉及人员和设备单元信息、环境信息、各专业(船体、轮机、电气、管系、舾装)工艺类型信息和工艺设计信息等;产品、工艺与执行过程中各种复杂数据的统一规范化模板,实现了制造过程中数据的规范表达。

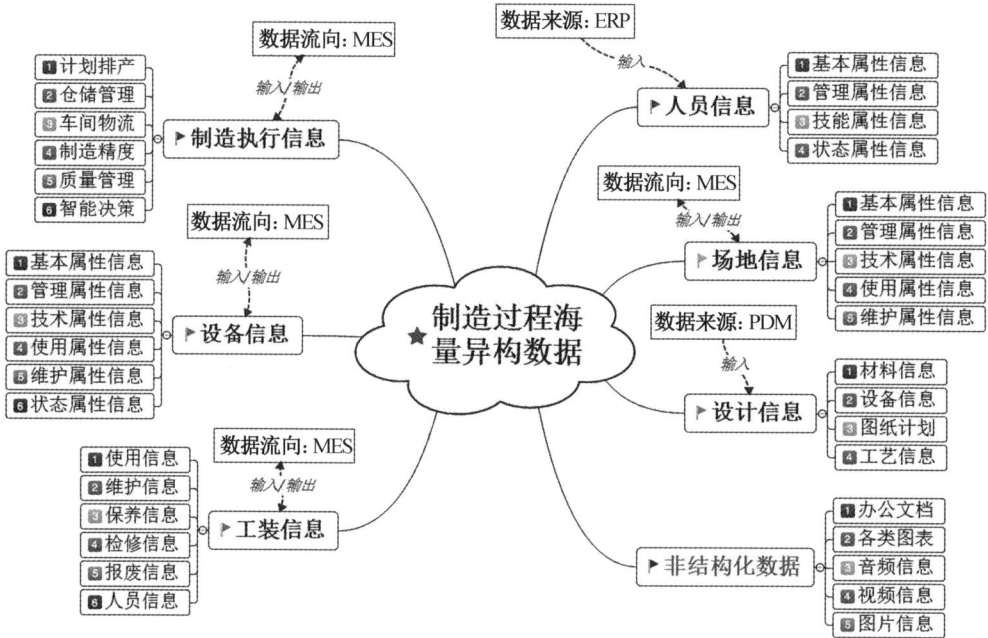

图 2-1　制造过程海量异构数据

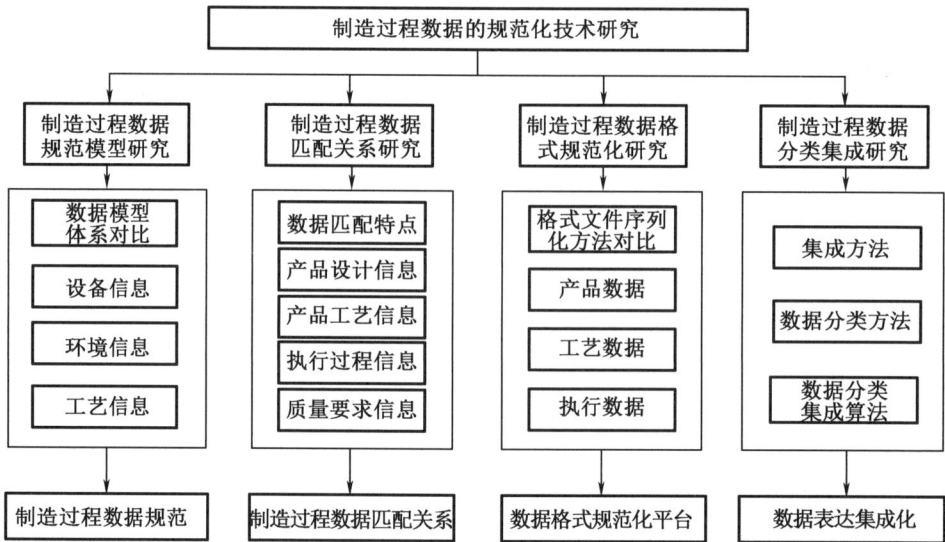

图 2-2　制造过程数据规范化技术框架

　　船体分段智能车间根据分段生产加工工艺路线往往被划分为若干条生产线和若干个工位,而这些生产线和工位又按照一定的逻辑顺序布置在车间生产场地中,不同的生产线或工位使用不同的加工设备来完成特定的生产加工任务,其所产生的中间产品往往通过托盘来进行衔接和管理,整个车间生产组织模式则是以中间产品为导向,以托盘为单位组织生产。对于船体分段车间而言,需要把握其生产组织管理模式的核心,即设计是依据,计划是主线,以中间产品为导向,以托盘为单位组织生产。因此,船体分段智能车间的管理体系应该是以设计信息为基础,以生产计划为核心,以中间产品为管理对象,以托盘管理为手段,多层次多工位协同作业的体系。

以船体分段智能车间的目标图像作为切入点,以船体分段车间工艺路线作为研究基础,梳理出每条工艺路线的工序流程图,再以每一道工序作为最小单位对其涉及的所有生产要素(人、机、料、法、环)进行数据分析,建立了每一道工序与设计、计划及制造过程之间的数据关联关系。

由于现阶段国内船舶企业信息化水平的差异,导致所使用的设计管理软件、生产管理软件等存在着极大的独占性和排他性,面向车间制造过程的 MES 软件更是极为稀少,针对各类车间制造资源缺乏科学有效的统筹管理,车间生产节拍无法实现连续均衡,不同管理层面所使用的信息化管理软件之间缺乏统一的数据格式和标准,给船舶企业实现信息互联互通造成了巨大的不便。因此,构建船体分段智能车间数据模型的核心就是建立标准设计数据库、标准生产管理数据库、标准制造执行数据库等三个统一标准的数据库,以及一个描述各类数据逻辑关系的关联关系库,实现各类数据的同质化和标准化,打通各类信息化管理软件之间的信息流,解决"信息孤岛"的难题。

以船体分段车间工艺路线为基础,对船体分段智能车间中所涉及的 5 条智能生产线、2个智能单元/工站、2 个工位、1 个智能配盘区进行工序化的描述。

通过对组成生产线、生产单元/工站、工位的各道工序进行分析,可总结出一共 27 道工序,并对每道工序指定唯一的工序代码,建立一个位于车间制造执行层的工序表(表 2-1)。

表 2-1　船体分段车间工序代号对应表

序号	工序名称	工序代码	工序功能
1	进料	G1	将原材料正确摆放至加工位置
2	校准(平)	G2	检查板材平整度或型材平直度
3	喷粉划线	G3	在切割之前,将构件装配线标识出来
4	喷码	G4	将零件编码或二维码喷涂在零件表面
5	打码	G5	将零件编码以钢印或激光的形式标识在表面
6	切割	G6	将原材料按照图纸要求切割成零件的过程
7	分拣	G7	使用人工或设备将中间产品根据流向、类型等进行分类的过程
8	配盘	G8	将中间产品根据流向、类型、用途等管理属性分拣到托盘的过程
9	出料	G9	将中间产品及余料清理出加工区域
10	冷弯	G10	将原材料及中间产品在不影响其力学性能的条件下进行弯曲变形
11	开孔	G11	根据图纸要求,在中间产品上开孔的过程
12	开坡口	G12	根据焊接工艺要求,为确保焊接质量而在零部件边缘削斜形成焊接坡口的过程
13	铺板	G13	将钢板放置在胎架上的过程
14	拼板	G14	将两块或更多钢板拼接成一块钢板的过程
15	纵骨装配	G15	将纵骨根据图纸要求安装在指定位置的过程

表 2-1(续)

序号	工序名称	工序代码	工序功能
16	小组立	G16	根据图纸要求将零部件组装在一起形成小组立的过程
17	焊接	G17	根据图纸要求将零部件、纵骨、拼板等焊接在一起组成小组立、中组立、分段等的过程
18	检验	G18	焊接、装配等工序完成后对其质量进行检测的过程
19	安装	G19	将相同或不同的零件、小组件、拼板等安装在一起组成中间产品的过程
20	折边	G20	将中间产品按照图纸要求进行折弯的过程
21	成型	G21	将零部件按照图纸要求进行特殊加工的过程
22	边缘打磨	G22	中间产品的自由边需要进行打磨,以保证装配焊接的质量
23	弯板	G23	将平直的板材按照工艺要求进行弯曲的过程
24	抛丸	G24	除去板材表面氧化皮等杂质,提高外观质量,稳定内部结构
25	喷涂底漆	G25	在钢板原材料上喷涂一层底漆用于保护钢板
26	烘干	G26	为使预处理过程中的钢板油漆漆膜快速风干成型的过程
27	背烧	G27	根据工艺精度要求,将小组立后的中间产品进行背烧的过程

如此,便可将每条生产线、生产单元/工站、工位以及配盘区域的差异性描述统一转换成由诸多工序按照一定的逻辑关系进行排列组合的工序流向图(图 2-3 至图 2-12)。

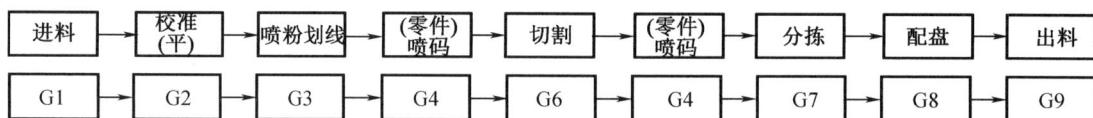

图 2-3 钢材切割智能生产线工序流向

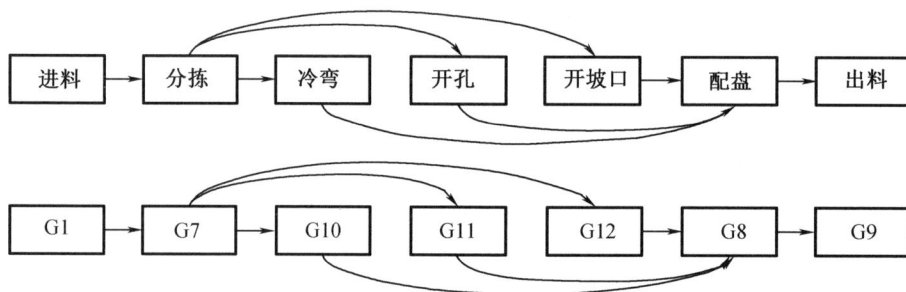

图 2-4 型材加工智能生产线工序流向

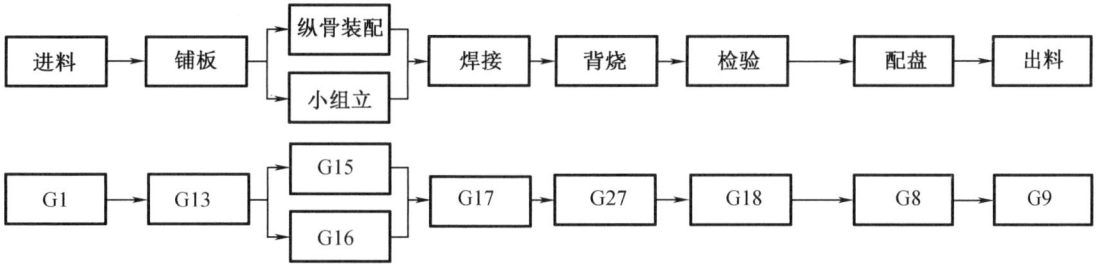

图 2-5　小组立智能生产线工序流向

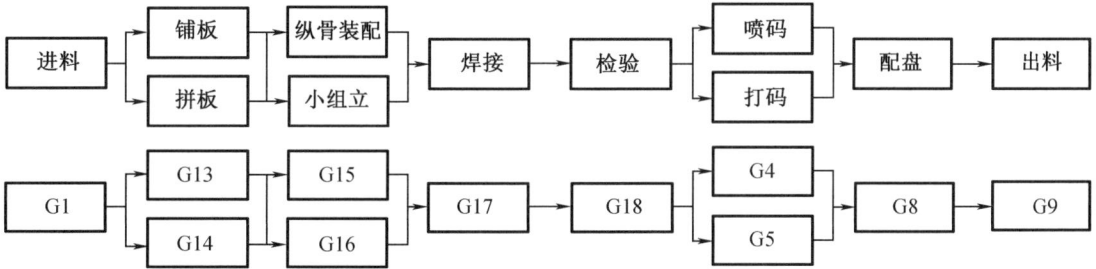

图 2-6　中组立智能生产线工序流向

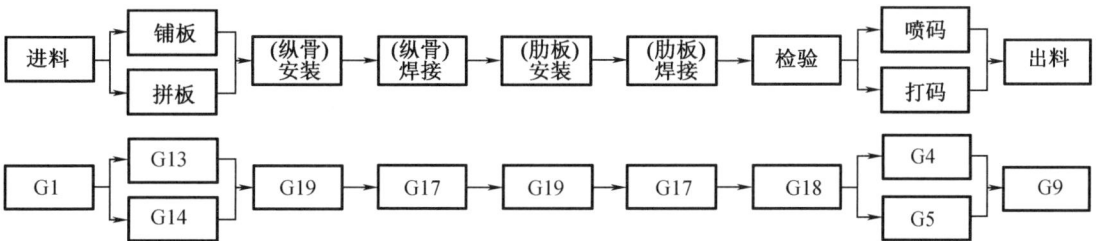

图 2-7　大组立智能生产线工序流向

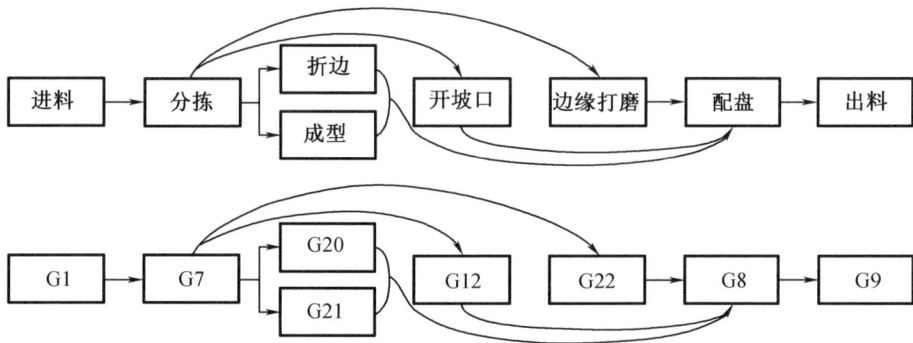

图 2-8　构件加工智能单元工序流向

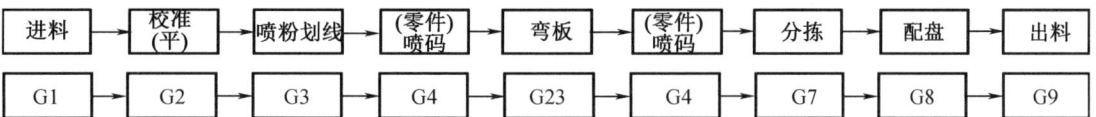

图 2-9　板加工智能单元工序流向

```
分拣 → 配盘 → 出料

G7 → G8 → G9
```

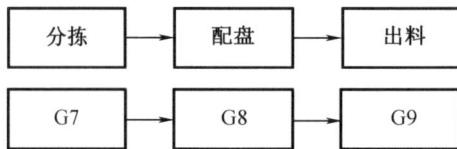

图 2-10　物流管控智能配盘工序流向

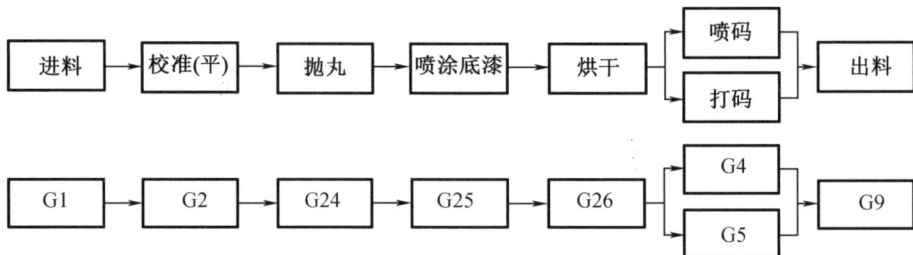

```
进料 → 校准(平) → 抛丸 → 喷涂底漆 → 烘干 →┌ 喷码 ┐→ 出料
                                      └ 打码 ┘

G1 → G2 → G24 → G25 → G26 →┌ G4 ┐→ G9
                           └ G5 ┘
```

图 2-11　板预处理工位工序流向

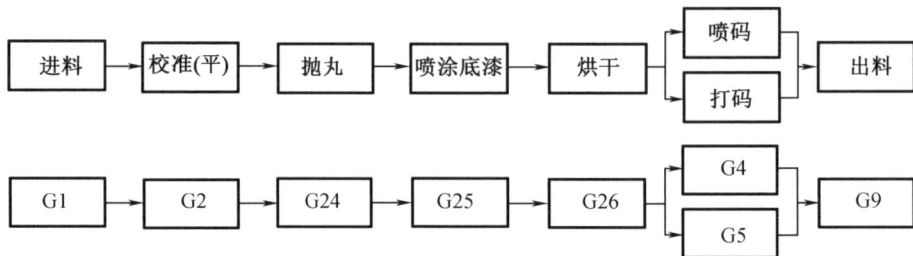

```
进料 → 校准(平) → 抛丸 → 喷涂底漆 → 烘干 →┌ 喷码 ┐→ 出料
                                      └ 打码 ┘

G1 → G2 → G24 → G25 → G26 →┌ G4 ┐→ G9
                           └ G5 ┘
```

图 2-12　型材预处理工位工序流向

2.2.3　数据匹配技术

通过对现有数据匹配关系方法的分析对比,确定制造过程数据的匹配结点,构建船舶制造过程数据的产品设计信息、工艺设计信息、执行过程信息和质量要求信息的逻辑关系关联模型。

针对组成车间生产过程的最小单元——工序,定义与之相关联的设备、场地、人员、工装、中间产品等生产要素信息,在每道工序与车间生产要素之间建立关联关系,从而将原本错综复杂的网状关联关系转换为树状关联关系,为面向船舶智能制造的车间生产流程优化以及生产资源统筹管理定义了全新的数据结构(图 2-13、图 2-14)。

一对一(1:1):一对一关联意味着任何给定的每个(而不是大多数)实例严密地与另一个实体的一个实例对应。

一对多(1:M):一对多关联意味着给定实体的一个实例可以与另一个实体的零个实例、一个实例或者多个实例关联。

多对多(M:N):多对多关联(给定实体的零个、一个或多个实例与另一个实体的零个、一个或多个实例关联)是一种直接模拟很复杂的关联,它经常被分解为多个 1:M 关联。

图 2-13　工序与车间资源的关系图

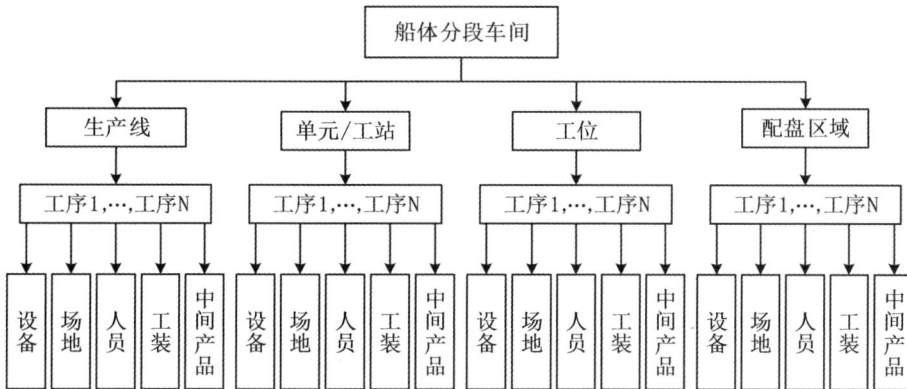

图 2-14　融合数据:船体分段车间生产要素树状结构图

2.2.4　数据格式规范化技术

通过对现有数据格式文件序列化方法的分析对比,构建数据格式规范化实现平台,实现船舶制造过程中产品、工艺与执行过程中数据格式的规范化。数据入口通过导入和数据库同步两种方式实现,系统提供了各对象导入的模板,以"生产资源"下面的分段为例,系统提供自动生成"分段"导入的 Excel 表格。用户需按照字段的说明表填写信息,数据即可成功导入系统(图 2-15)。

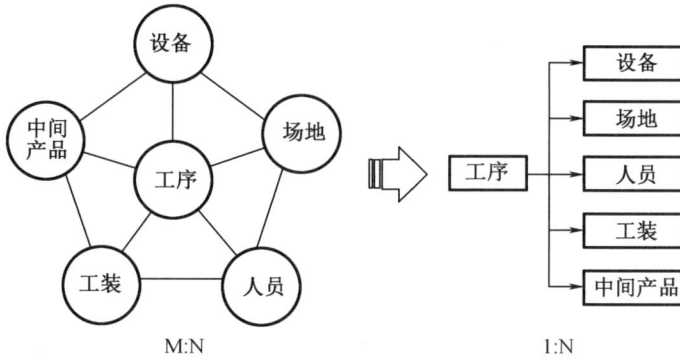

图 2-15　分段导入格式

以"工艺数据"规范化为例,系统支持对象导入格式见表2-2至表2-8。

表2-2　负荷

基表名	LoadLimit		描述	文件类型表	
字段名	中文名称	数据类型	可否为空	是否主键	描述
ID	标识	Int	NOT NULL	是	标识
Month	月份	DateTime2	NOT NULL	否	月份
WorkVolume	负荷值	Float	NOT NULL	否	负荷值
OrderIndex	序号	Int	NOT NULL	否	序号
IsDeleted	是否删除	Bit	NOT NULL	否	是否删除
Description	描述	Nvarchar	NULL	否	描述
WorkPackageID	工作包	Int	NOT NULL	否	工作包

表2-3　计划详情

基表名	ProductPlanDetail		描述	文件类型表	
字段名	中文名称	数据类型	可否为空	是否主键	描述
ID	标识	Int	NOT NULL	是	标识
OrderIndex	序号	Int	NOT NULL	否	序号
IsReadOnly	只读	Bit	NOT NULL	否	只读
Name	名称	Nvarchar	NULL	否	名称
IsMileStone	里程碑	Bit	NOT NULL	否	里程碑
StartName	开始名称	Nvarchar	NULL	否	开始名称
StartDate	开始日期	DateTime2	NOT NULL	否	开始日期
EndName	结束名称	Nvarchar	NULL	否	结束名称
EndDate	结束日期	DateTime2	NOT NULL	否	结束日期
WorkVolume	物量	Float	NOT NULL	否	物量
ReferID	关联计划	Int	NOT NULL	否	关联计划
CompletePercent	完成百分比	Float	NOT NULL	否	完成百分比
IsDeleted	是否删除	Bit	NOT NULL	否	是否删除
Description	描述	Nvarchar	NULL	否	描述
Type	计划节点类型	Int	NOT NULL	否	计划节点类型
X	X坐标	Float	NOT NULL	否	X坐标
Y	Y坐标	Float	NOT NULL	否	Y坐标
M11	旋转矩阵M11	Real	NOT NULL	否	旋转矩阵M11
M12	旋转矩阵M12	Real	NOT NULL	否	旋转矩阵M12

表 2-3（续）

基表名	ProductPlanDetail		描述	文件类型表	
字段名	中文名称	数据类型	可否为空	是否主键	描述
M21	旋转矩阵 M21	Real	NOT NULL	否	旋转矩阵 M21
M22	旋转矩阵 M22	Real	NOT NULL	否	旋转矩阵 M22
DX	旋转矩阵 DX	Float	NOT NULL	否	旋转矩阵 DX
DY	旋转矩阵 DY	Float	NOT NULL	否	旋转矩阵 DY
WorkPackageID	工作包组	Int	NULL	否	工作包组

表 2-4　计划节点

基表名	ProductPlanNode		描述	文件类型表	
字段名	中文名称	数据类型	可否为空	是否主键	描述
ID	标识	Int	NOT NULL	是	标识
ProjectID	工程	Int	NULL	否	工程
BatchID	批次	Int	NULL	否	批次
BlockID	分段	Int	NULL	否	分段
ComponentID	对象	Int	NULL	否	对象
Description	描述	Nvarchar	NULL	否	描述
OrderIndex	序号	Int	NOT NULL	否	序号
IsDeleted	是否删除	Bit	NOT NULL	否	是否删除
WorkSpaceID	工位	Int	NULL	否	工位
SteelPlateID	板材	Int	NULL	否	板材
ProductType	产品结构类型	Int	NOT NULL	否	产品结构类型
ProductID	产品结构	Int	NULL	否	产品结构

表 2-5　派工

基表名	WorkAssignment		描述	文件类型表	
字段名	中文名称	数据类型	可否为空	是否主键	描述
ID	标识	Int	NOT NULL	是	标识
Date	日期	DateTime2	NOT NULL	否	日期
ProjectID	工程	Int	NULL	否	工程
WorkPackageID	工作包组	Int	NOT NULL	否	工作包组
ProductType	对象类型	Int	NOT NULL	否	对象类型
ProductID	对象标识	Int	NOT NULL	否	对象标识
WorkClass	班次	Int	NOT NULL	否	班次

表 2-5（续）

基表名	ProductPlanDetail		描述	文件类型表	
字段名	中文名称	数据类型	可否为空	是否主键	描述
WorkVolume1	物量 I	Float	NOT NULL	否	物量 I
WorkVolume2	物量 II	Float	NOT NULL	否	物量 II
EquipmentID	设备	Int	NULL	否	设备
Operator1	操作人员 1	Nvarchar	NULL	否	操作人员 1
Operator2	操作人员 2	Nvarchar	NULL	否	操作人员 2
StartTime	开始时间	DateTime2	NOT NULL	否	开始时间
EndTime	结束时间	DateTime2	NOT NULL	否	结束时间
IsFeedBacked	是否已反馈	Bit	NOT NULL	否	是否已反馈
Description	描述	Nvarchar	NULL	否	描述
OrderIndex	序号	Int	NOT NULL	否	序号
IsDeleted	是否删除	Bit	NOT NULL	否	是否删除
OrganizationID	班组	Uniqueidentifier	NULL	否	班组

表 2-6　工序

基表名	WorkOrder		描述	文件类型表	
字段名	中文名称	数据类型	可否为空	是否主键	描述
ID	标识	Int	NOT NULL	是	标识
Name	名称	Nvarchar	NULL	否	名称
Code	编码	Nvarchar	NULL	否	编码
Description	描述	Nvarchar	NULL	否	描述
OrderIndex	序号	Int	NOT NULL	否	序号
IsDeleted	是否已删除	Nvarchar	NOT NULL	否	是否已删除

表 2-7　工作包

基表名	WorkPackage		描述	文件类型表	
字段名	中文名称	数据类型	可否为空	是否主键	描述
ID	标识	Int	NOT NULL	是	标识
Name	名称	Nvarchar	NULL	否	名称
Code	编码	Nvarchar	NULL	否	编码
Type	类型	Int	NOT NULL	否	类型
Description	描述	Nvarchar	NULL	否	描述
OrderIndex	序号	Int	NOT NULL	否	序号

表2-7(续)

基表名	ProductPlanDetail		描述	文件类型表	
字段名	中文名称	数据类型	可否为空	是否主键	描述
IsDeleted	是否删除	Bit	NOT NULL	否	是否删除
Color	颜色	Int	NOT NULL	否	颜色
ProductType	对象类型	Int	NOT NULL	否	对象类型
Filter	对象筛选	Nvarchar	NULL	否	对象筛选

表2-8 工作包—产品

基表名	WorkPackage_R_Product		描述	文件类型表	
字段名	中文名称	数据类型	可否为空	是否主键	描述
ID	标识	Int	NOT NULL	是	标识
ProductID	产品结构	Int	NOT NULL	否	产品结构
WorkPackageID	工作包组	Int	NOT NULL	否	工作包组
Description	描述	Nvarchar	NULL	否	描述
OrderIndex	序号	Int	NOT NULL	否	序号
IsDeleted	是否删除	Bit	NOT NULL	否	是否删除
ProductType	产品结构类型	Int	NOT NULL	否	产品结构类型
Duration	周期	Int	NOT NULL	否	周期
Buffer	缓冲	Int	NOT NULL	否	缓冲
WorkVolume	物量	Float	NOT NULL	否	物量
ProjectID	工程	Int	NULL	否	工程

2.3 海量异构数据转换与组织技术

2.3.1 技术简介

船舶制造具有典型的多品种、小批量的特点,船舶产品信息中有多种类型数据,既包含标准公差、结构要素、材料和技术规范等标准数据,也包含中间产品设计(CAD)、稳性、水动力(CAE)等图形和图像信息,且由于船舶本身多专业的复合度较高,通常具有较长的生产周期,船舶产品数据庞大而复杂,手工和半手工组织管理易导致业务领域脱节、技术资料一致性难以保证,知识难以共享,存在信息孤岛,同时占用大量人力资源和空间。

以船舶送审设计、详细设计、生产设计等各阶段数据,以及船舶设备相关的非结构化数据为研究对象,研究基于语义的船舶产品非结构化数据特征识别方法。就单一目标而言,基于属性从属关系建立目标对象与非结构化数据的连接,基于时间属性建立数据间的时序关系,对于多目标而言,将每个目标对象作为一个中心先建立起每个单一目标的数据关联,再基于事件、任务、场景等信息构建多个目标间的关联关系,确定连接各种数据的时空关系纽带,实现多源异构数据的关联组织。

建立了统一 BOM 表、SPD 系统和虚拟仿真系统数据库的共享数据模型,最后合并这些数据模型,建立起能同时支持 SPD 系统和虚拟仿真系统的统一模型数据库,实现设计信息的数据转换、设计信息与产品结构树的集成。具体的技术框架如图 2-16 所示。

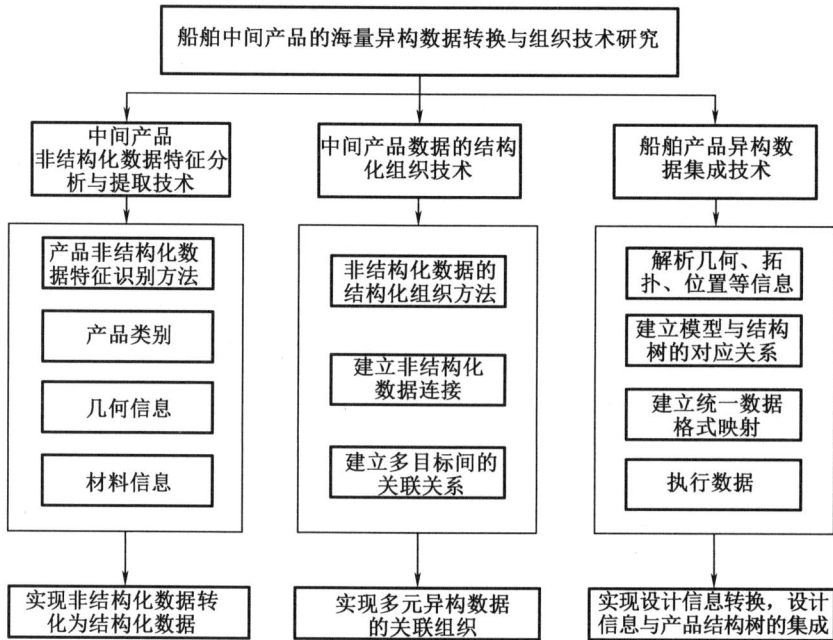

图 2-16　船舶中间产品的海量异构数据转换与组织技术框架

2.3.2　非结构化特征分析与提取技术

以船舶送审设计、详细设计、生产设计等各阶段数据以及船舶设备相关的非结构化数据为研究对象,研究了基于语义的船舶产品非结构化数据特征识别方法,对产品类别、几何信息、材料信息等产品非结构化数据进行描述和表达。

在分析非结构化数据技术中,关键的方法就是对非结构化数据进行特征抽取,而所得到的特征一般都是高维数据。高维特征提取包含"距离"和"降维"问题。理想的特征提取算法具有以下的特点。

(1)具有低 stress 值,stress 值用于衡量距离保持程度,定义公式为

$$stress = \sqrt{\frac{\sum_{i,j}(d'_{ij} - d_{ij})^2}{\sum_{i,j}d_{ij}^2}}$$

其中d_{ij}——对象间实际距离;

d'_{ij}——对象间特征提取后的新距离。

(2)新的高维数据降维的算法复杂度为 O(1) 或 O(N)。

对于非结构化数据首先需要对其进行预处理。此后,需要抽取和变换预处理之后的非

结构化数据。在获得原始特征后,需要生成有效的特征,其主要目的是大幅度降低特征维度,减少算法的计算量。在降低特征维度的同时,还要提升所获得特征的有效性。特征选取需要采用适当的算法,在降低特征维度的同时,尽可能保留对分类有效的信息。当然,如果需要从这些非结构化数据类型中提取更多有价值的内容,就需要更多新的非结构化数据处理和分析的功能。

2.3.3 数据结构化组织技术

数据结构化组织技术是研究产品类别、几何信息、材料信息等非结构化数据的结构化组织方法。就单一目标而言,基于属性从属关系建立目标对象与非结构化数据的连接,基于时间属性建立数据间的时序关系,对于多目标而言,将每个目标对象作为一个中心先建立起每个单一目标的数据关联,再基于事件、任务、场景等信息构建多个目标间的关联关系,确定连接各种数据的时空关系纽带,实现多源异构数据的关联组织。系统数据组织结构如图 2-17 所示。

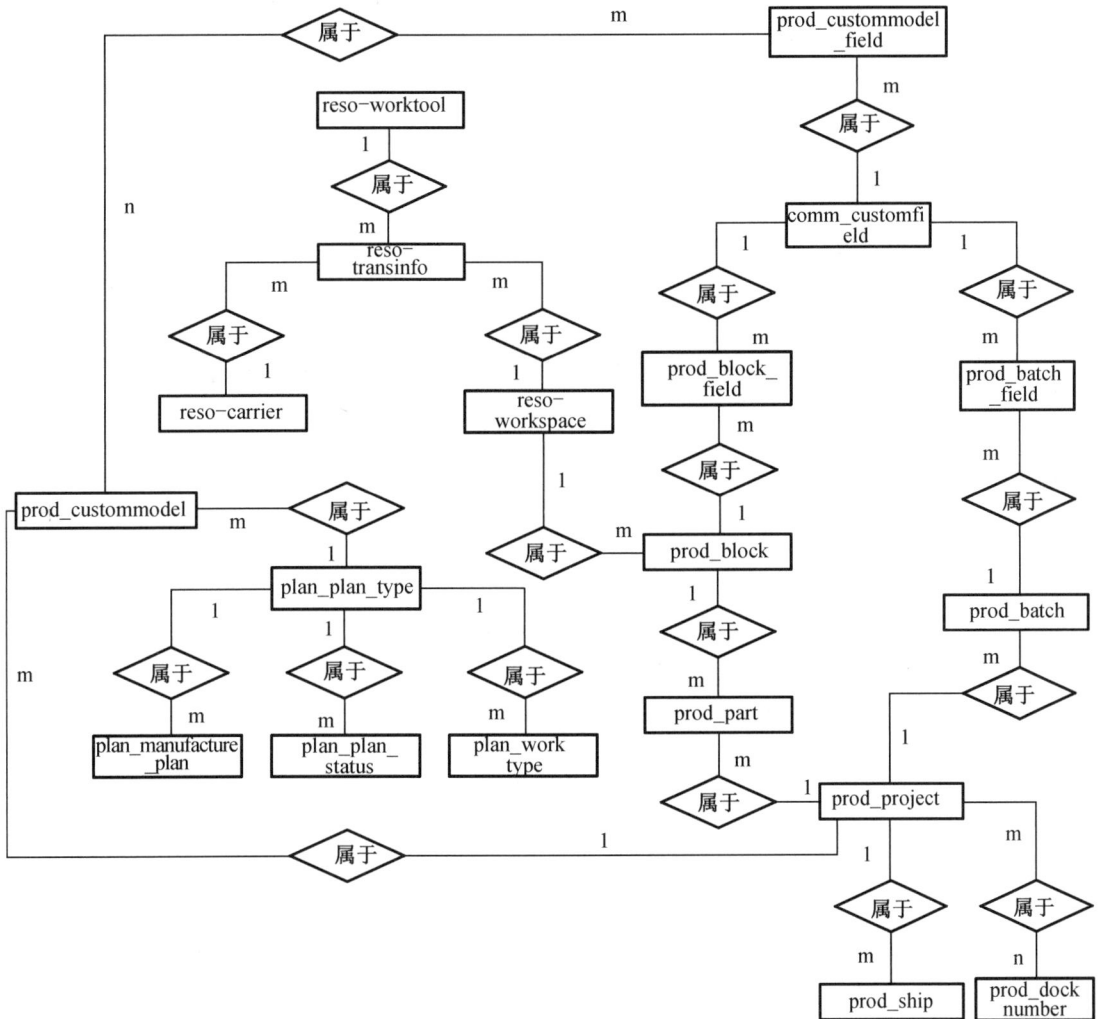

图 2-17 系统数据组织结构图

2.3.4 产品异构数据集成技术

以船舶各设计阶段的数据(送审设计、详细设计、生产设计)为载体,解析并抽取几何、拓扑、位置和装配等信息,建立几何模型与产品结构树的对应关系,按异构系统之间数据匹配原则,建立非结构化数据至统一数据格式的映射,建立统一 BOM 表、SPD 系统和虚拟仿真系统数据库的共享数据模型,最后合并这些数据模型,建立起能同时支持 SPD 系统的统一模型数据库,实现设计信息的数据转换、设计信息与产品结构树的集成。系统产品异构数据集成界面如图 2-18 所示。属性信息来自 SPD、ERP 等系统,左边的结构树是异构之后的结果。

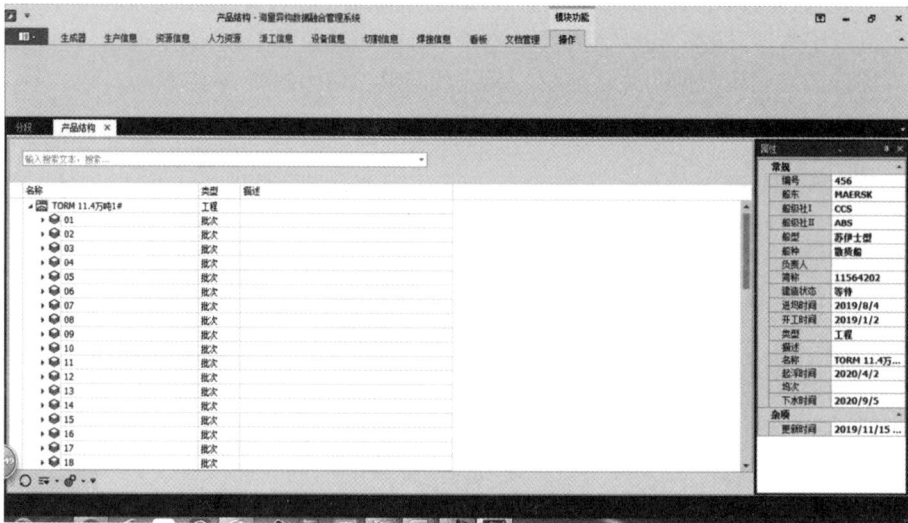

图 2-18　产品异构集成数据

数据集成技术采用"数据仓库方法",数据仓库方法是一种典型的数据复制方法。该方法将各个数据源的数据经过一系列处理后复制数据仓库,对异构数据源的数据进行集中管理。与访问普通的数据库一样,用户可以直接对数据仓库进行访问,如图 2-19 所示。

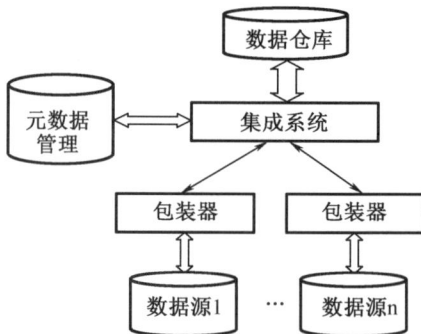

图 2-19　基于数据仓库的数据集成模型

从内容和设计的原则来说,传统的数据库是面向事务设计的,存储的都是实时数据,设计时采用符合范式的设计方式来避免冗余。而数据仓库是面向主题设计的,存储的一般都是历史数据,设计时采用反范式的设计方式来引入冗余。

数据仓库中包含的信息都是历史信息。因为数据被复制、预处理、集成、注释、汇总,并对数据进行语义一致性存储,提高了异构数据集成系统的查询性能。另外,数据仓库支持复杂的多维查询。数据仓库的建立为企业高管理解和使用历史数据进行决策提供了体系结构和工具。

2.4 制造工艺的海量异构数据转换与组织技术

2.4.1 技术简介

制造工艺的海量异构数据转换与组织技术是用于针对船舶制造工艺复杂、信息量大、数据类型多,传统以二维图纸和工艺文件等表达方式无法与精度测量数据集成,工艺规划难度大,易产生理解错误,工艺难以准确地贯彻与执行等问题。船舶制造流程中的原材料、中间产品、焊接、装配等方面信息,基于对信息的自身特征及信息所处环境特征分析,设计非结构化信息标识区域确定算法,利用 WEB 信息标识方法分别对原材料、中间产品、焊接、装配工艺特征进行识别和标识;基于开源 JTIDY 工具,将含有标识信息的 HTML 语言文档转换为 XML 语言文档,并基于 Hadoop 平台设计相应的数据库结构,将转换的 XML 文档中的信息存储到数据库中,实现非结构化数据的结构化组织。

以船舶管子舾装和涂装等为研究对象,研究船舶多源三维模型数据接口技术,以工艺流程为核心,以装配节点为单元的装配工艺设计数据组织模型,分别定义装配工艺活动数据、装配资源数据和装配物料数据模型,在此基础上,结合 PDM 和 SmartViewer,对工艺数据的传递接口和 XML 表达进行规范化,同时设计产品结构接口、三维工艺制作任务接口和三维工艺信息转换接口。

2.4.2 制造工艺文件特征分析与提取技术

船舶制造过程中广泛存在的 CAPP 文件,包含了船舶设计、制造、装配、质检过程中必不可少的工艺信息,以船体、轮机、管系、电气以及舾装等设备相关的海量非结构化工艺数据为研究对象,研究船舶制造工艺文件中的特征信息提取算法,建立工艺信息与几何模型、产品结构树的对应关系。

采用"基于三维模型的特征识别技术"对制造工艺文件特征分析与提取,基于 STEP 文件获取的模型几何数据表示的只是该模型的底层数据,主要是以单个曲面、曲线或点为描述对象的几何信息,这些信息无法直接作为后续的工艺设计阶段的信息输入,因为 CAM 系统都是基于模型的特征进行操作的。因此,需要对模型的几何信息进行分析,找出模型中所包含的特征,获取以特征为单位的数据信息用于工艺设计,这就促进了特征识别技术的产生,其功能如图 2-20 所示。特征识别是指从描述零件 CAD 模型的几何数据中自动提取出具有制造意义的几何形状即特征,作为后续工艺设计阶段的操作对象。特征识别技术的发展对于 CAD 与 CAM 的系统集成具有巨大的促进作用,已经成为当前研究的热点,其技术水平正在不断提高。

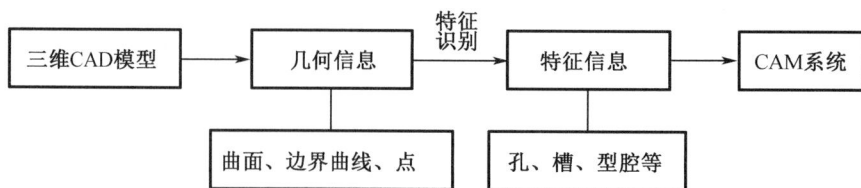

图 2-20　特征识别功能

2.4.3　制造工艺数据的结构化组织技术

制造工艺数据的结构化组织技术是针对船舶制造流程中的原材料、零部件、中间产品、焊接、装配等方面信息,基于统一规则的船舶制造工艺特征识别方法和标识方法,设计船舶制造工艺特征的提取算法,将提取到的非结构化信息存储到关系型数据库中。

船舶装配结构树的层次结构从上至下为船型、区域、分段、组立、部件和零件。在产品装配结构树基础上,构建装配工艺树实现工艺数据的层次化组织和管理,实现装配工艺数据的有序存储和查询。

根据结构化数据的不同,可以将其自身的特征以及相应的数据扩展特征分为不同的数据属性类加以区别,也便于从全局的角度充分理解数据。数据属性类可以被分为基本属性类与扩展属性类。基本属性类主要包括数据本身的相关特征:数据的权限、数据容量、数据来源、数据类型、标签描述等。扩展属性类主要包括从数据使用主体、数据环境、数据交互等方面对数据进行相关的补充说明。扩展属性类又可以分为:主体行为属性类、数据环境属性类、数据关联属性类。详细模型如图 2-21 所示。

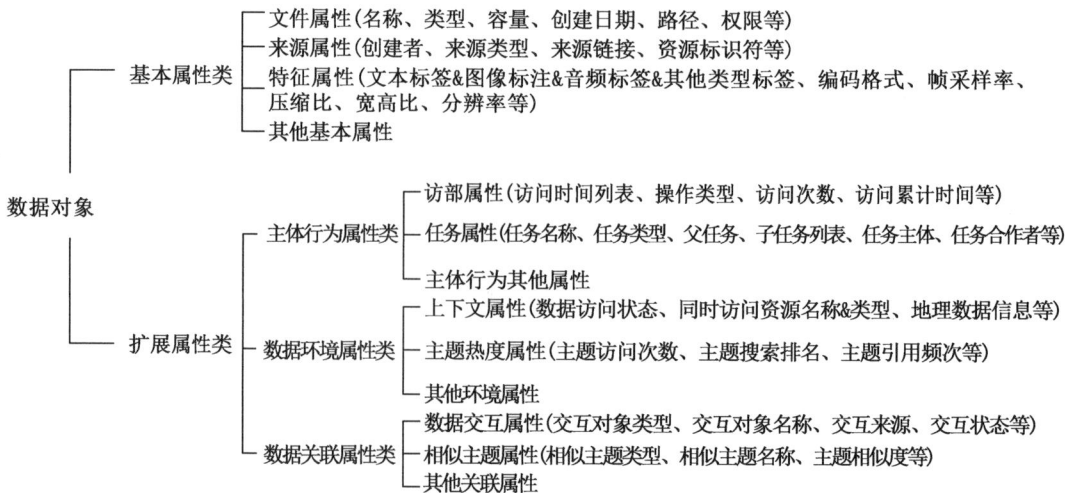

图 2-21　数据模型

2.4.4　制造多源三维工艺数据集成技术

制造多源三维工艺数据集成技术是以船舶管子、舾装和涂装等为研究对象,针对材料、零部件、焊接、装配等多源工艺信息,研究船舶多源三维模型数据接口技术,支持国内船厂对于 CATIA、HD-SPD 和 TRIBON 系统的三维数字化模型,集成船舶 PLM 过程的 EBOM、PBOM 和 MBOM 信息树,为工艺信息的表达和多视图展示提供数据基础。

首先需要明确三维工艺数据的组成与分类,三维工艺设计数据可分为模型数据、工程图样数据、文档数据和结构化数据四类,与 PBOM 树相关节点进行关联,通过 PBOM 树对其进行统一管理,其中,工程图样数据是为了适应某些不具备三维工艺应用的场合。其次需要定义三维工艺数据在各个信息系统的流转过程,面向三维工艺的生产制造是数字化技术的延伸,是实现产品制造过程的数字化,涉及多种信息系统,如 PDM、ERP 和 MES 等。结合已有业务流程,分析了各种信息系统之间的关系,给出了融合系统的数据集成总体思路(图2-22)。

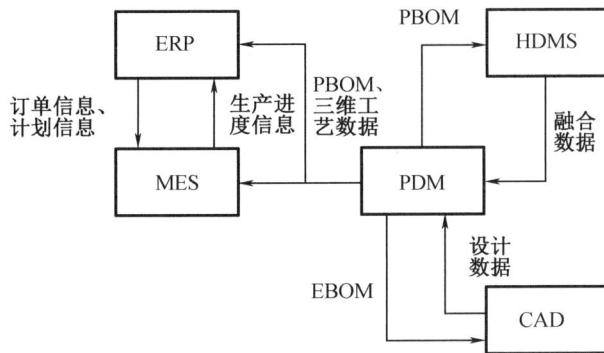

图 2-22　数据集成总体思路

PDM 系统构建产品结构,依据设计意图,构建 EBOM,并将 EBOM 传递给 CAD 系统。设计人员在 CAD 系统中完成三维设计模型构建,并检入 PDM 系统,与 EBOM 保持关联。在 PDM 系统中完成设计数据审签后,依据 EBOM 生成 PBOM,并将 PBOM 传给三维 CAPP 和 ERP 系统。三维 CAPP 系统依据 PBOM 和三维设计模型进行工艺设计,形成三维工艺数据,存储到 PDM 系统并与 PBOM 节点关联。ERP 系统依据 PBOM 进行材料定额、工时汇总,并向 MES 系统发送订单、生产计划、物料库存。

资源需求等指令 MES 系统进行生产任务划分和生产调度,完成生产排产,将订单完成情况,人、机、料、法、环等使用情况反馈给 ERP 系统。同时,以三维工艺数据为载体,在融合系统基础上进一步实现与 ERP、MES 等信息系统的集成,对打通产品全三维数据链路有重要作用。

2.5　工艺执行的海量异构数据组织与转换技术

2.5.1　技术简介

工艺执行的海量异构数据组织与转换技术是针对船舶生产工艺执行的,包括工艺信息查询和检索、工艺性指导文件编制、生产加工(含工艺辅材)准备、生产加工过程跟踪以及产品质检阶段。在工艺执行过程中,以 CAPP 系统、各种二维施工图、工艺性指导文件为主要流通介质,工艺更改过程中由于不同版本和不同阶段的差异造成工艺数据组织混乱、传输不准确等问题。

通过 XML 文件结构转换及数据提取算法,得到 PDF 模板所能识别的 XML 文件以及 PDF 模板所需要的工艺信息,在此基础上,建立了装配工艺执行数据模型和工艺问题处理过程数据模型,实现了现场动态装配工艺数据管理与过程管理有机结合。

2.5.2　工艺执行动态数据特征提取技术

工艺执行动态数据特征提取技术针对船舶管子、舾装和涂装过程中装配工艺执行过程人员动态信息、执行单元以及环境动态异构数据,基于 XML 的工艺执行信息异构文件结构转换及数据提取算法,建立装配工艺执行数据模型和工艺问题处理过程数据模型。

在关系数据库模型中,数据库是关系的集合。由若干个带有同样属性的元素组成的集合构成了一个关系,并且通常都用一个二维的表格来表示一个关系,即由一个个的表构成了数据库。对于每一个表,通常包含多条记录,每一条记录代表一个数据,记录集是由多条记录构成的。由若干的字段组成每一条记录,字段有着各种属性,比如是否允许空、是否主键、数据类型等。对于数据库中的各个表之间,可能存在着依赖关系,这些依赖关系靠外键进行定义。一般由三层模型组成关系数据库,每个字段的值是原子的,不能够包含一系列值。

XML 数据模型可以是任意深度的树。关系模型与结构之间的关键问题是如何定义有效的映射。根据 XML 与关系数据库的关系,可以将元素名称映射为表格,将属性映射为字段,表格中的每一行可以对应一个空元素,字段值对应相应的属性值。

选用基于模型驱动的映射来完成关系数据库向文档的数据映射。关系数据库中的关系模式可以被保留下来,这是基于模型驱动的映射的最大特点。关系模式向 XML 文档的 XML Schema 的转换映射过程如图 2-23 所示。

2.5.3　工艺执行数据结构化组织技术

对于工艺执行相关的资源信息类型,包括装配工艺实例、工艺文件模板、工艺结构关键词、配套信息等数据,工艺执行数据结构化组织技术基于 BOM 的工艺执行资源分类组织方法,同时研究工艺设计数据与工艺执行数据的映射方法,以设计归档状态的工艺流程为过程定义,发放车间实际执行的工艺作为过程实例,工艺从设计归档状态到发放车间状态的转换过程即工艺实例化,通过装配工艺流程与实例流程的演变映射,实现工艺设计与工艺执行的属性要素对应,建立各个工艺流程层级关联关系,从而使现场动态装配工艺数据管理与过程管理有机结合。

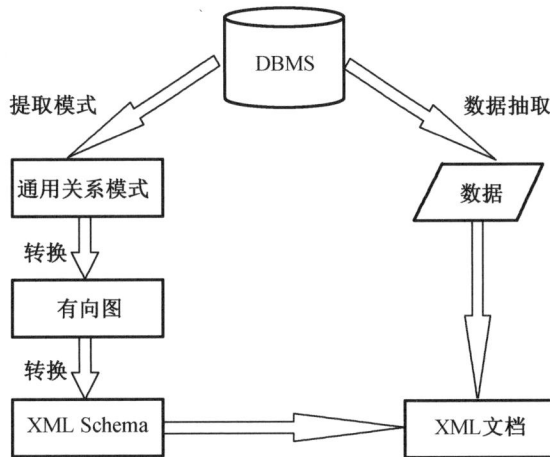

图 2-23 基于模型驱动的映射流程

2.5.4 船舶制造工艺执行过程数据集成技术

针对船舶管子、舾装和涂装,从粒度看生产包括下料预制、单元组装和船台总装三个层级;从周期维度看,包括工艺设计、生产调度、工艺执行、工艺问题反馈等四个阶段;从版本维度看,工艺设计会在一段时间形成一个相对稳定的版本。针对装配工艺在粒度、周期、版本三个维度的演变过程,构建多维度工艺演变模型,定义粒度维工艺流程的嵌套关联、周期维工艺设计与工艺执行的映射关联和装配工艺数据的版本关联,构建多维度装配工艺执行数据集成管理体系。

2.6 产品、工艺和执行过程的海量异构数据融合技术

2.6.1 技术简介

产品、工艺和执行过程的海量异构数据融合技术是针对船舶制造过程中产品、工艺和执行过程海量、多维、异构数据在结构和语义上的模糊性、差异性等问题,完成异构数据存储、组织和高效聚合技术的研究,建立支持多用户决策的多源异构融合模型,提高数据搜索、决策结果的可靠度。

2.6.2 海量异构数据分布式动态存储技术

船舶制造海量异构数据来源于车间传感器和信息系统等。针对企业已有部分信息系

统、底层设备运行数据采集系统较为完善的现状,海量异构数据分布式动态存储技术由传统的关系型数据库向列存储数据库的转化方法、基于多维关联关系的船舶制造海量异构数据一体化存储模式,建立高可靠、高可用的分布式动态存储系统,实现船舶制造海量异构数据的有效组织与管理,为上层应用服务提供可靠、可复用的数据资源。

2.6.2.1　产品、工艺和执行过程海量异构数据分布式动态存储技术

在 HDFS 文件系统基础上建立 HBase 数据库,存储制造过程数据,如实时采集的设备运行数据、属性信息等。在此基础上,分析数据间关联关系,实现按照主题或关键词组织数据。如查询某一设备的运行数据,则自动把对应的产品、计划任务、上下游工序数据等系列相关信息一并呈现。

2.6.2.2　产品、工艺和执行过程海量异构数据增量式索引与快速查询机制

将单一查询按目的数据的组织关系,分解为在大数据平台查询和在现有异构信息系统数据库查询两个方面,将查询请求合理地优化分解为子查询任务,分配到大数据平台节点和各信息系统数据库中执行,最后按照数据间关联关系将查询结果进行组合筛选,返回合理、全面的查询结果。

提供平台标准 API 和 WebService 两种形式的对外接口,实现数据平台的对外服务。对以平台为基础的应用系统,通过 API 和特定封装形式实现快速调用;对其他外部信息系统通过 WebService 提供标准化调用方式。

2.6.2.3　产品、工艺和执行过程海量异构数据高效聚合方法

高效聚合方法总体框架如图 2-24 所示。采用 k-means 聚类分析方法对虚拟机特征进行聚合,该方法的最大特点是在预先不了解数据分类标准的情况下,自然产生不同数据特征的数据的聚集。根据聚类结果得到类别,实现参数的自动分类。

采用数理统计法将虚拟机特征标准化,使得虚拟机特征值能进行相互运算;用 k-means 聚类算法对虚拟机特征数据进行聚类;k-means 聚类所得到的结果需要经过检验才能够确保准确,因此采用多元方差分析(MANOVA)对聚类分析的结果进行检验。如果能够通过检验则说明该类内的虚拟机特征可以看作一类来处理。否则降低聚类结果的相似性,再次进行多元方差分析检验,直至所有类全部通过检验为止。

利用每一个通过检验的类的原始数据建立 T2 控制图。用该控制图对类内所有品种的新的检测结果进行统计过程监控。

2.6.3　海量异构数据高效融合技术

船舶制造过程中,产品、工艺和执行过程的运行特征(或模式)分类和识别是提供船舶制造现场服务和决策等的关键基础,而船舶制造过程的运行特征信息隐藏在产品、工艺和执行过程海量异构数据之后,因此海量异构数据高效融合技术针对海量、多维等特性的制造车间运行特征信息,采用高效聚合方法,挖掘船舶制造车间的隐藏状态和潜在异常,为上

层的船舶制造管控和服务平台提供决策支持。

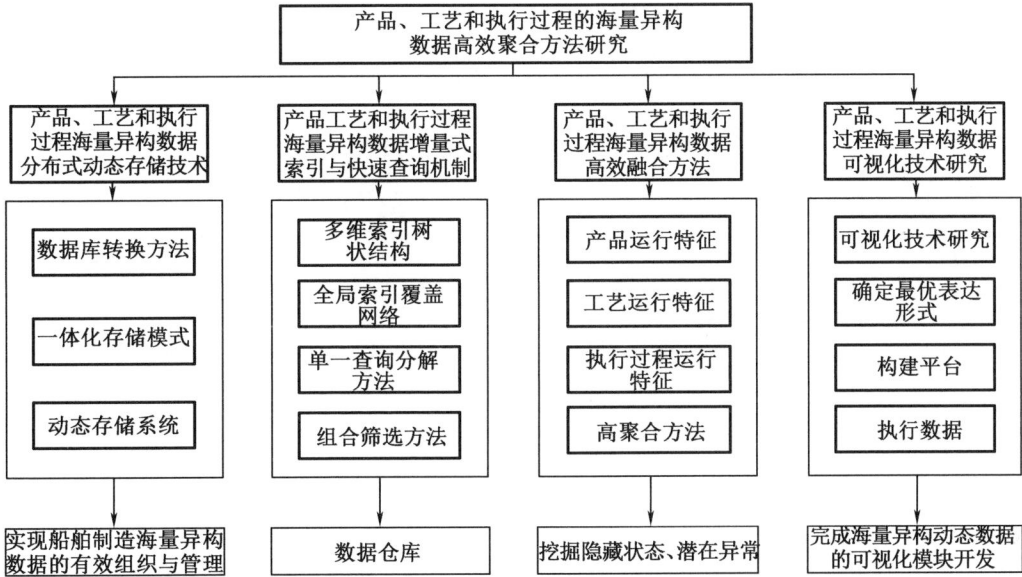

图2-24 产品、工艺和执行过程海量异构数据高效聚合方法总体框架

2.6.3.1 多源异构数据融合结构

海量数据异构融合系统一般采用了一种多数据源的融合结构,如图2-25所示。该数据融合过程考虑了表达用户需求的特征因素和信息的可靠程度,利用上下文知识和领域知识,采用投票法解决数据冲突等问题。

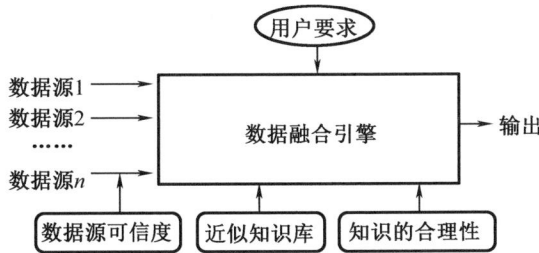

图2-25 多数据源的融合结构

针对上述模型,系统采用了一种支持多用户决策的多源异构数据融合结构模型,如图2-26所示。模型中的数据融合引擎包括数据仓库、决策支持度计算、OWA算子权重向量计算和数据转换与排序4个模块,具体描述如下。

(1)数据仓库通过数据选择、特征提取和统计等操作实现对数据的集成、消除数据的异构性和差异性,为后续的数据处理提供数据源。

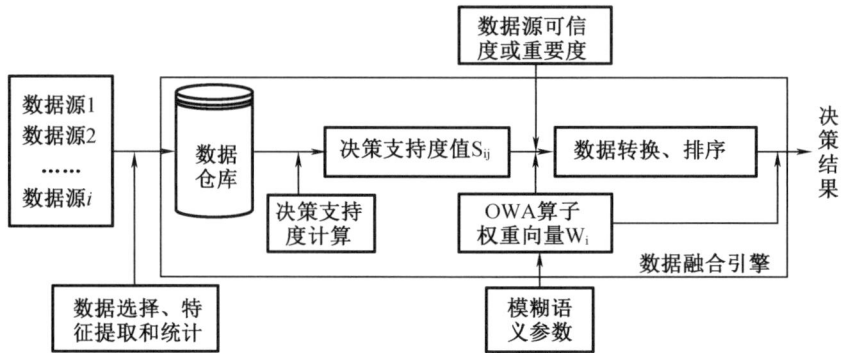

图 2-26 多源异构数据融合模型

（2）决策支持度计算模块根据决策属性从数据仓库获取相关维度的数据，并计算各数据源对决策的支持度值 Sij（数据源 i 对第 j 决策的支持度）。

（3）OWA 算子权重向量计算模块根据决策者提供的模糊语义原则计算出 OWA 权重 Wi，模糊语义参数的选择体现了决策者对数据源的偏好态度。

（4）数据转换与排序根据决策者提供的数据源可信度或重要度，结合 OWA 权重向量 Wi 对 Sij 进行转换，并将转换后的结果按大小顺序排序，最后将排序后的结果通过求和计算出最终决策值。

2.6.3.2 多源异构数据融合算法

1.数据类型及其特点

对数据可以从数量和质量两方面进行描述，数量方面通过数值表示，而质量方面通过语言变量进行描述。根据数据描述方式的不同，本文将数据分为定性和定量两类，重点研究随机变量、二值型、语言程度和采用词汇术语的四类描述（表 2-9）。

表 2-9 数据描述方式

类型	描述方式	备注
定量	随机变量	变量取值服从一定的分布
	二值型	取 0 或 1
定性	语言程度	采用 7 或 9 个等级标准
	词汇术语	描述标准取决于词汇空间

大样本情况下，随机变量服从正态分布，记为：$X \sim (\mu, \sigma^2)$ μ 为期望，σ 为标准差，且满足：$P(\mu - 3\sigma < X < \mu + 3\sigma) = 0.9974$。二值型数据用于描述对事实的肯定或否定，取值空间大多为 $\{1, 0\}$ 或 $\{True, False\}$。表示程度的数据一般采用汉语程度副词来表示，如很好、非常差等，程度等级大多采用 7 或 9 个标准。基于词汇术语的数据采用词汇空间中规定的词汇或术语给出事物定性的描述，词汇个数视具体情况而定。

2. 基于三角模糊数的支持度计算

考虑到多源数据描述中存在着模糊性,可采用三角模糊数计算数据对决策的支持度值。

3. 随机性数据的转换

设:$x_0 \sim (\mu - 3\sigma)$

$$x' = \frac{x - x_0}{6\sigma}$$

若随机变量的取值越大,其对决策的支持度也越大。将区间$[\mu-3\sigma, \mu+3\sigma]$进行$n$等分,则随机数据向支持度的转换可定义为

$$S(x) = \begin{cases} (0,0,0), & x \leqslant \mu - 3\sigma \\ \left(\dfrac{i}{n}, x', \dfrac{i+1}{n}\right), & \dfrac{3\sigma i}{n} + x_0 < x \leqslant \dfrac{6\sigma(i+1)}{n} + x_0 \\ (1,1,1), & x > \mu - 3\sigma \end{cases}$$

若随机变量的取值越小,其对决策方案的支持度越大,则支持度定义为

$$s'(x) > (1,1,1) - s(x)$$

4. 二值型数据的转换

二值型数据采用 1 或 0 进行描述,若数据源中取 1 和 0 的个数分别为 n 和 m,且支持度以取值 1 为依据,则数据源对决策的支持度定义为

$$s(x) = (n/n+m, n/n+m, n/n+m)$$

5. 程度类数据的转换

描述对象好坏程度一般可采用 7 或 9 标准,本文采用 7 等级标准。程度副词的表示分正比型(效率越高越好)和反比型(费用越高越差)。

2.6.4　海量异构数据可视化技术

针对海量异构数据的高度抽象性问题,海量异构数据可视化技术可根据海量异构数据的数据类型、结构特点,确定海量异构数据的最优表达形式,构建船体产品异构数据的汇总图表和三维模型可视化平台、制造工艺的海量异构数据的分类汇总图表、工艺执行的海量异构数据的汇总图表和动态过程仿真平台,完成海量异构动态数据的可视化模块开发。

海量数据可视化系统一般采用一种面向多源异构数据的多维决策分析与可视化方法,结合该方法涉及的主要环节和处理流程,形成如图 2-27 所示的处理框图。

此处理流程数据源分别来自远程 FTP 服务器、远程数据库服务器、局域网数据库服务器和本地数据服务器,数据经过自动抽取与格式转换技术进入到"决策基础数据库",然后经多维数据分析进行数据展示,展示的形式可以是统计表、看板等。

2.6.5　动态数据数据库构建技术

动态数据数据库构建技术从海量异构数据的多元性和关联性等方面,确定海量异构动态数据的概念数据模型、逻辑数据模型和物理数据模型,构建海量异构动态数据数据库

模型。

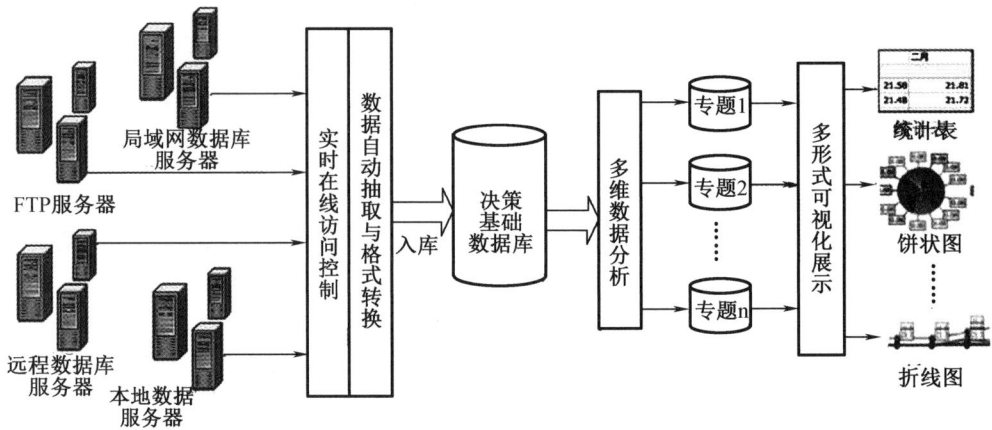

图 2-27   面向多源异构数据的多维决策分析与可视化流程

从船舶制造过程海量异构数据的多元性、关联性、动态性等方面着手,通过对制造过程的海量异构数据分析,构建海量异构动态数据数据库的管理体系,引入海量异构动态数据的可视化技术,搭建海量异构数据管理系统架构,完成制造过程海量异构数据管理系统的开发与测试验证,实现海量异构数据的融合与分析。

考虑海量异构数据的多样性和关联性,确定海量异构数据的数据概念模型、数据逻辑模型和数据物理模型,建立海量异构数据的数据库模型。

针对海量异构数据的高度抽象性,构建船体产品异构数据的汇总图表和三维模型可视化平台、制造工艺的海量异构数据的分类汇总图表、工艺执行的海量异构数据的汇总图表和动态过程仿真平台,实现海量异构数据的形象化表达。

2.6.5.1   数据逻辑模型

动态数据库所涉及的主要模型如下。

1. 资源管控数据模型

资源管控 E-R 图如图 2-28 所示,逻辑结构模型如图 2-29 所示。

2. 计划排产逻辑模型

计划排产 E-R 图如图 2-30 所示,逻辑模型如图 2-31 所示。

3. 物流管控逻辑模型

物流管控 E-R 图如图 2-32 所示,逻辑模型如图 2-33 所示。

4. 仓储管理逻辑模型

仓储管理 E-R 图如图 2-34 所示,逻辑模型如图 2-35 所示。

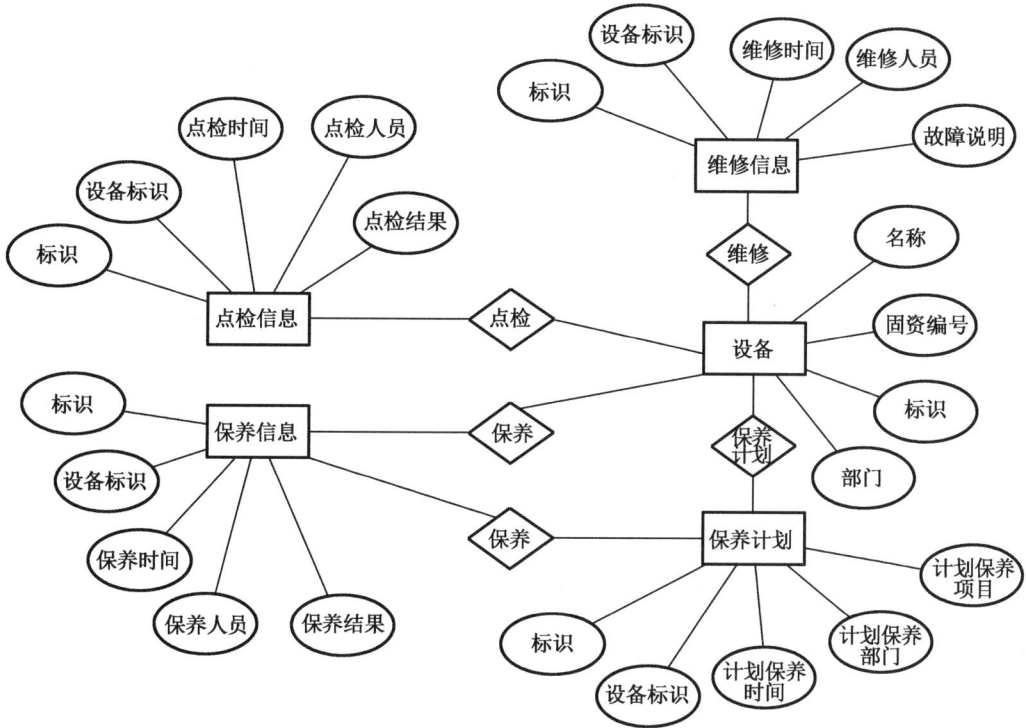

图 2-28　资源管控 E-R 图

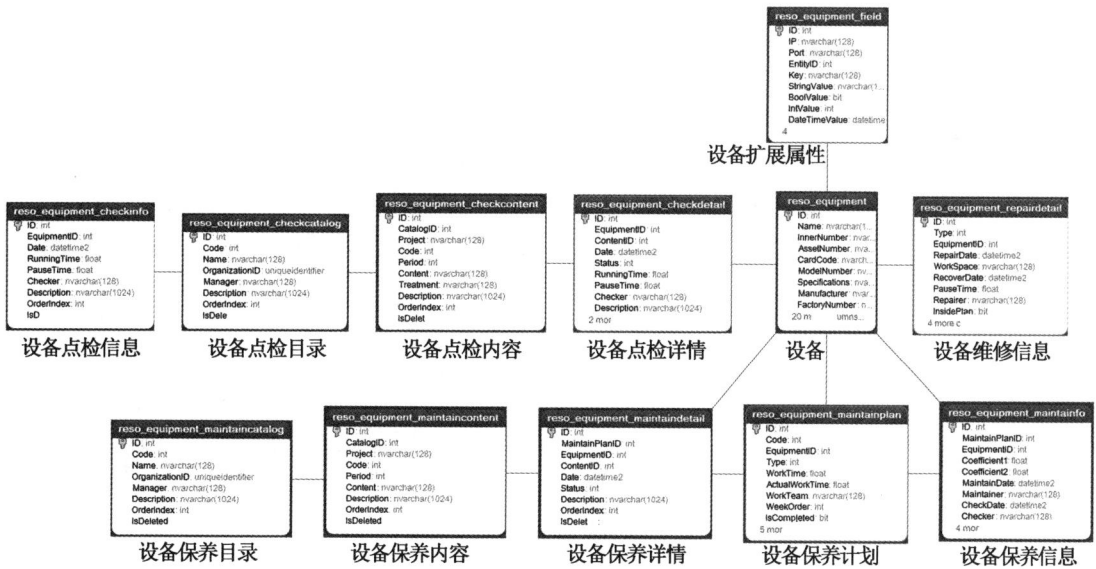

图 2-29　资源管控逻辑模型

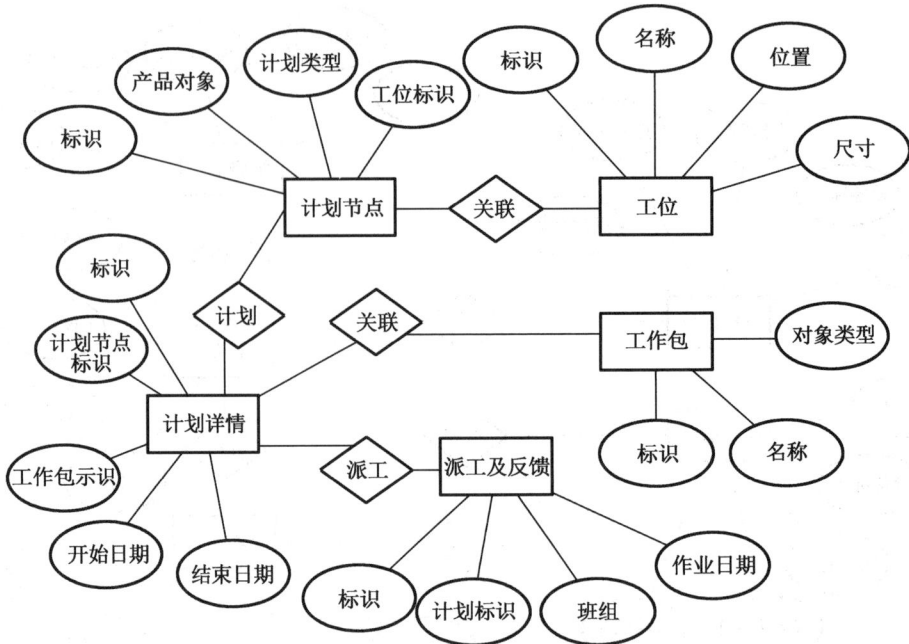

图 2-30 计划排产 E-R 图

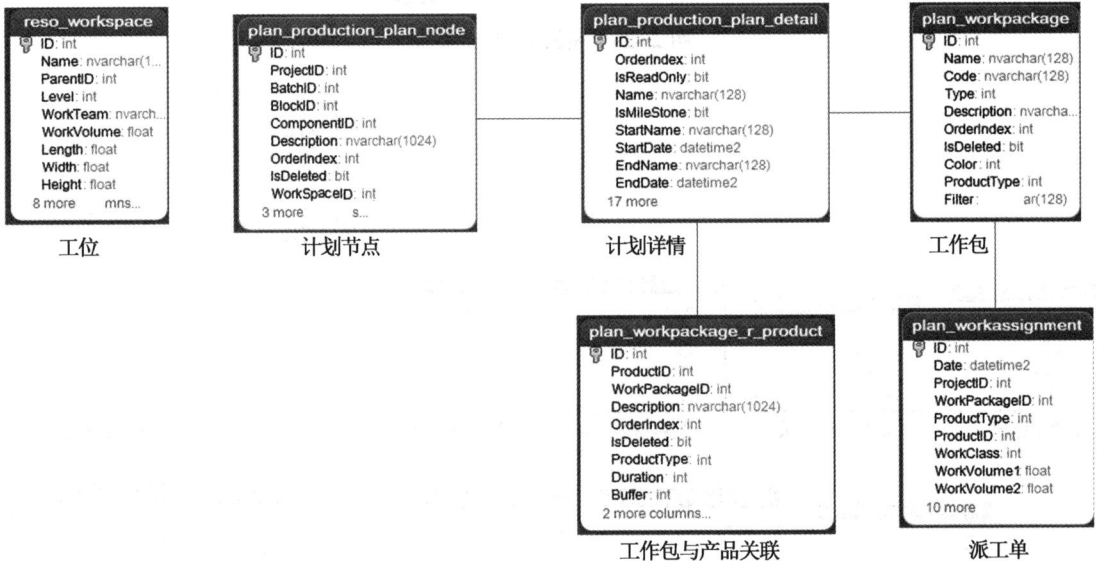

图 2-31 计划排产逻辑模型

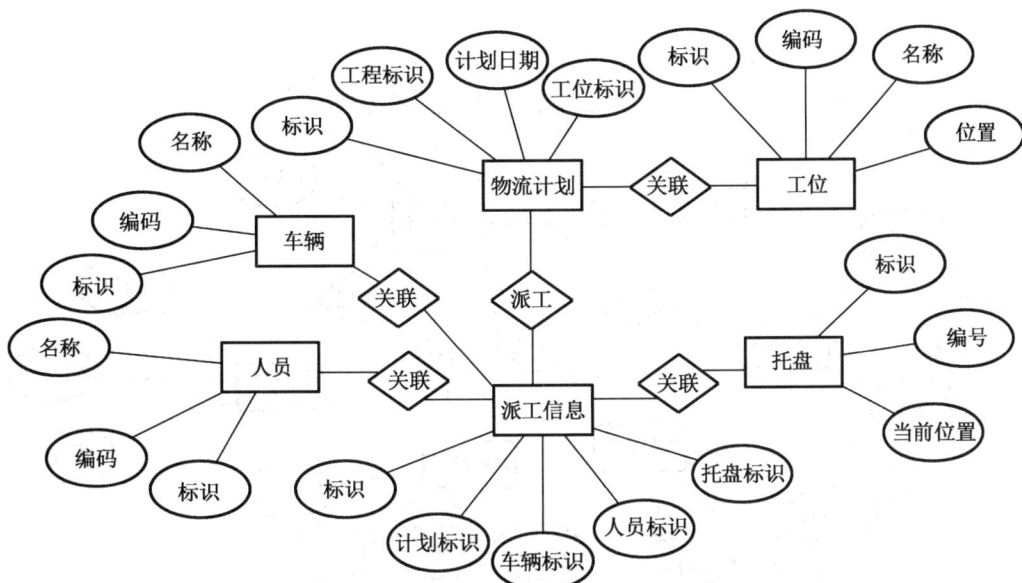

图 2-32 物流管控 E-R 图

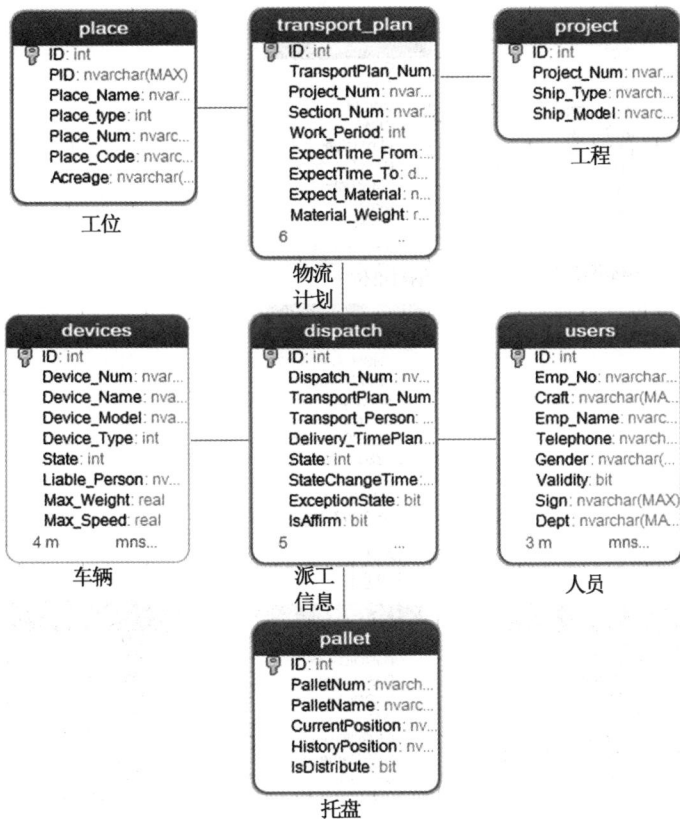

图 2-33 物流管控逻辑模型

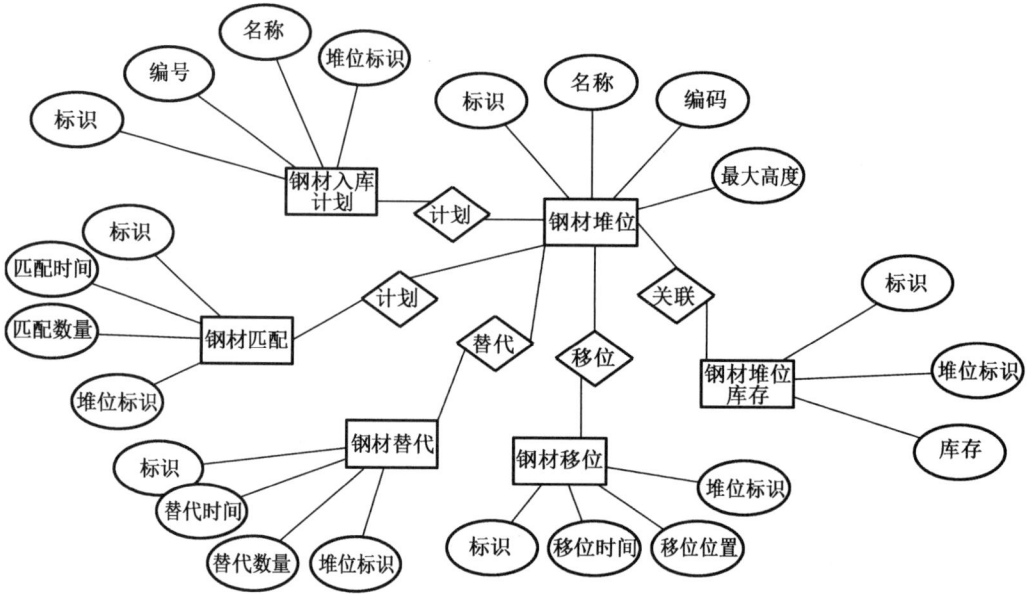

图 2-34 仓储管控 E-R 图

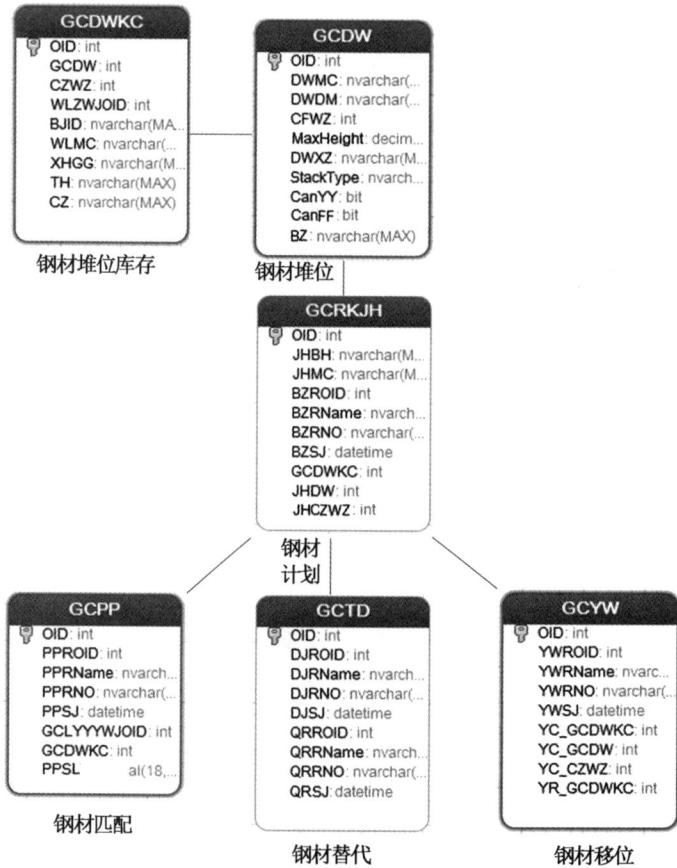

图 2-35 仓储管控逻辑模型

2.6.5.2　核心数据字典

核心数据字典见表 2-10 至表 2-26。

表 2-10　reso_carrier(车辆管理)

表名	reso_carrier		名称	车辆管理	
描述	车辆管理				
索引	ID 为主键				
字段	类型	描述	是否为空	默认	备注
ID	int	车辆 ID	Not Null		
Code	nvarchar	车辆编码	Null		
CardCode	nvarchar	识别号编码	Null		
Specifications	nvarchar	规格	Null		
AssetNumber	nvarchar	固资编号	Null		
FactoryNumber	nvarchar	出厂编号	Null		
InnerNumber	nvarchar	厂内编号	Null		
LoadWeight	float	负荷	Not Null		
MaxLoadLength	int	最大长度	Not Null		
MinShiftHeight	int	最小移动高度	Not Null		
MaxPlateHeight	int	最大板高度	Not Null		
Speed	float	速度	Not Null		
LoadSpeed	float	速度负荷	Not Null		
LoadLength	float	长度负荷	Not Null		
LoadWidth	float	宽度负荷	Not Null		
OrderIndex	int	索引	Not Null		
IsDeleted	bit	是否被删除	Not Null		
UpdateTime	datetime	更新时间	Not Null		
Description	nvarchar	描述	Not Null		

表 2-11　reso_workspace(工位管理)

表名	reso_workspace		名称	工位管理	
描述	工位管理				
索引	ID 为主键				
字段	类型	描述	是否为空	默认	备注
ID	int	工位 ID	Not Null		

表 2-11（续）

表名	reso_workspace		名称	工位管理	
描述	工位管理				
索引	ID 为主键				
字段	类型	描述	是否为空	默认	备注
Name	nvarchar	工位名称	Null		
ParentID	int	上级工位 ID	Not Null		
Level	int	工位级别	Not Null		
WorkTeam	nvarchar	工作组	Null		
WorkVolume	float	工作量	Not Null		
Length	float	长度	Not Null		
Width	float	宽度	Not Null		
Height	float	高度	Not Null		
X	float	X	Not Null		
Y	float	Y	Not Null		
OrganizationID	uniqueidentifier	班组 ID	Null		
Type	nvarchar	类型	Null		
OrderIndex	int	索引	Not Null		
IsDeleted	bit	是否被删除	Not Null		
UpdateTime	datetime	更新日期	Not Null		
Description	nvarchar	描述	Null		

表 2-12 reso_worktool（工装管理）

表名	reso_worktool		名称	工装管理	
描述	工装管理				
索引	ID 为主键				
字段	类型	描述	是否为空	默认	备注
ID	int	工装 ID	Not Null		
Type	nvarchar	工装类型	Null		
Weight	float	重量	Not Null		
LoadWeight	float	重量负荷	Not Null		
IsDeleted	bit	是否被删除	Not Null		
UpdateTime	datetime	更新时间	Not Null		
OrderIndex	int	索引	Not Null		
Description	nvarchar	描述	Null		

表 2-13　reso_tray（托盘管理）

表名	reso_tray		名称	托盘管理	
描述	托盘管理				
索引	ID 为主键				
字段	类型	描述	是否为空	默认	备注
ID	int	托盘 ID	Not Null		
Name	nvarchar	托盘名称	Null		
LoadWeight	float	重量负荷	Not Null		
IsDeleted	bit	是否被删除	Not Null		
UpdateTime	datetime	更新时间	Not Null		
OrderIndex	int	索引	Not Null		
Description	nvarchar	描述	Null		

表 2-14　reso_equipment（设备管理）

表名	reso_equipment		名称	设备管理	
描述	设备管理				
索引	ID 为主键				
字段	类型	描述	是否为空	默认	备注
ID	int	设备 ID	Not Null		
Name	nvarchar	设备名称	Null		
InnerNumber	nvarchar	厂内编号	Null		
AssetNumber	nvarchar	固资编号	Null		
CardCode	nvarchar	识别卡编号	Null		
ModelNumber	nvarchar	型号	Null		
Specifications	nvarchar	规格	Null		
Manufacturer	nvarchar	制造商	Null		
FactoryNumber	nvarchar	出厂号	Null		
OrganizationID	uniqueidentifier	组织 ID	Null		
WorkSpace	nvarchar	工位	Null		
FactoryDate	datetime	出厂日期	Not Null		
AcceptanceDate	datetime	接收日期	Not Null		
StartDate	datetime	开始日期	Not Null		
LifeTime	float	生命周期	Not Null		
AccountDate	datetime	更新日期	Not Null		
TotalValue	float	总价值	Not Null		

表 2-14(续)

表名	reso_equipment		名称	设备管理	
描述	设备管理				
索引	ID 为主键				
字段	类型	描述	是否为空	默认	备注
Weight	float	重量	Not Null		
Code	nvarchar	编码	Null		
Type	nvarchar	类型	Null		
Catlog	int	设备目录	Not Nul		
Brand	nvarchar	品牌	Null		
Grade	int	等级	Not Null		
Manager	nvarchar	管理人	Null		
CheckCatalog	nvarchar	检查目录	Null		
MaintainCatalog	nvarchar	保养目录	Null		
OrderIndex	int	索引	Not Null		
IsDeleted	bit	是否被删除	Not Null		
UpdateTime	datetime	更新日期	Not Null		
Description	nvarchar	描述	Null		

表 2-15　reso_equipment_checkcatalog(设备点检目录)

表名	reso_equipment_checkcatalog		名称	设备点检目录	
描述	设备点检目录管理				
索引	ID 为主键				
字段	类型	描述	是否为空	默认	备注
ID	int	设备点检目录 ID	Not Null		
Code	int	编码	Null		
Name	nvarchar	名称	Null		
OrganizationID	uniqueidentifier	组织 ID	Null		
Manager	nvarchar	管理人	Null		
OrderIndex	int	索引	Not Null		
IsDeleted	bit	是否被删除	Not Null		
UpdateTime	datetime	更新时间	Not Null		
Description	nvarchar	描述	Null		

表 2-16 reso_equipment_maintaincatalog（设备保养目录）

表名	reso_equipment_maintaincatalog		名称		设备保养目录
描述	设备保养目录管理				
索引	ID 为主键				
字段	类型	描述	是否为空	默认	备注
ID	int	设备保养目录 ID	Not Null		
Code	int	编码	Null		
Name	nvarchar	名称	Null		
OrganizationID	uniqueidentifier	组织 ID	Null		
Manager	nvarchar	管理人	Null		
OrderIndex	int	索引	Not Null		
IsDeleted	bit	是否被删除	Not Null		
UpdateTime	datetime	更新时间	Not Null		
Description	nvarchar	描述	Null		

表 2-17 reso_equipment_checkcontent（设备点检内容）

表名	reso_equipment_checkcontent		名称		设备点检内容
描述	设备点检内容管理				
索引	ID 为主键				
字段	类型	描述	是否为空	默认	备注
ID	int	设备点检内容 ID	Not Null		
CatalogID	int	点检目录 ID	Null		
Project	nvarchar	工程名称	Null		
Code	int	编码	Null		
Period	int	周期	Null		
Treatment	nvarchar	保养记录	Null		
Content	nvarchar	内容	Null		
OrderIndex	int	索引	Not Null		
IsDeleted	bit	是否被删除	Not Null		
UpdateTime	datetime	更新时间	Not Null		
Description	nvarchar	描述	Null		

表 2-18 reso_equipment_maintaincontent(设备保养内容)

表名	reso_equipment_maintaincontent		名称		设备保养内容
描述	设备保养内容管理				
索引	ID 为主键				
字段	类型	描述	是否为空	默认	备注
ID	int	设备保养内容 ID	Not Null		
CatalogID	int	保养目录 ID	Null		
Project	nvarchar	工程名称	Null		
Code	int	编码	Null		
Period	int	周期	Null		
Content	nvarchar	内容	Null		
OrderIndex	int	索引	Not Null		
IsDeleted	bit	是否被删除	Not Null		
UpdateTime	datetime	更新时间	Not Null		
Description	nvarchar	描述	Null		

表 2-19 reso_equipment_maintainplan(设备保养计划)

表名	reso_equipment_maintainplan		名称		设备保养计划
描述	设备保养计划管理				
索引	ID 为主键				
字段	类型	描述	是否为空	默认	备注
ID	int	设备保养计划 ID	Not Null		
Code	int	编码	Null		
EquipmentID	int	设备 ID	Not Null		
Type	int	保养类型	Not Null		
WorkTime	float	工作时间	Not Null		
ActualWorkTime	float	实际工作时间	Not Null		
WorkTeam	nvarchar	工作班组	Null		
WeekOrder	int	周序	Not Null		
IsCompleted	bit	是否完成	Not Null		
Date	datetime2	保养日期	Not Null		
CompleteDate	datetime2	完成日期	Not Null		
OrderIndex	int	序列	Not Null		

表 2-20 plan_workpackage (工作包管理)

表名	plan_workpackage		名称	工作包管理	
描述	工作包管理				
索引	ID 为主键				
字段	类型	描述	是否为空	默认	备注
ID	int	工作包 ID	Not Null		
Name	nvarchar	工作包名称	Null		
Code	float	编码	Not Null		
Color	int	颜色	Not Null		
Type	int	类型	Not Null		
ProductType	int	产品类型	Not Null		
IsDeleted	bit	是否被删除	Not Null		
Filter	int	过滤	Null		
UpdateTime	datetime	更新时间	Not Null		
OrderIndex	int	索引	Not Null		
Description	nvarchar	描述	Null		

表 2-21 plan_workorder (派工单管理)

表名	plan_workorder		名称	派工单管理	
描述	派工单管理				
索引	ID 为主键				
字段	类型	描述	是否为空	默认	备注
ID	int	派工单 ID	Not Null		
Name	nvarchar	派工单名称	Null		
Code	float	编码	Not Null		
IsDeleted	bit	是否被删除	Not Null		
UpdateTime	datetime	更新时间	Not Null		
OrderIndex	int	索引	Not Null		
Description	nvarchar	描述	Null		

表 2-22　**plan_production_plan_node**(计划节点)

表名	plan_production_plan_node		名称	计划节点	
描述	计划节点				
索引	ID 为主键				
字段	类型	描述	是否为空	默认	备注
ID	int	ID	Not Null		
ProjectID	int	工程 ID	Null		
BatchID	int	批次 ID	Null		
BlockID	int	分段 ID	Null		
ComponentID	int	部件 ID	Null		
Description	nvarchar	描述	Null		
OrderIndex	int	排序	Not Null		
IsDeleted	bit	是否删除	Not Null		
WorkSpaceID	int	工位 ID	Null		
SteelPlateID	int	板材 ID	Null		
ProductType	int	产品类型	Not Null		
ProductID	int	产品 ID	Not Null		

表 2-23　**plan_production_plan_detail**(计划详情)

表名	plan_production_plan_detail		名称	计划详情	
描述	计划详情				
索引	ID 为主键				
字段	类型	描述	是否为空	默认	备注
ID	int	ID	Not Null		
OrderIndex	int	排序	Not Null		
IsReadOnly	bit	是否只读	Not Null		
Name	nvarchar	节点名称	Not Null		
IsMileStone	bit	是否里程碑	Not Null		
StartName	nvarchar	开始名称	Not Null		
StartDate	datetime2	开始日期	Not Null		
EndName	nvarchar	结束名称	Not Null		
EndDate	datetime2	结束日期	Not Null		
WorkVolume	float	物量	Not Null		
ReferID	int	关联计划节点 ID	Not Null		
CompletePercent	float	完成率	Not Null		

表 2-23（续）

表名	plan_production_plan_detail		名称	计划详情	
描述	计划详情				
索引	ID 为主键				
字段	类型	描述	是否为空	默认	备注
IsDeleted	bit	是否已删除	Not Null		
Description	nvarchar	描述	Null		
Type	int	计划类型	Not Null		
X	float	所在位置 X 坐标	Not Null		
Y	float	所在位置 Y 坐标	Not Null		
M11	real	转换矩阵	Not Null		
M12	real	转换矩阵	Not Null		
M21	real	转换矩阵	Not Null		
M22	real	转换矩阵	Not Null		
DX	float	X 偏移	Not Null		
DY	float	Y 偏移	Not Null		
WorkPackageID	int	工作包 ID	Not Null		

表 2-24　conn_cuttingrealtimestatus（切割设备实时状态）

表名	conn_cuttingrealtimestatus		名称	切割设备实时状态	
描述	切割设备实时状态				
索引	ID 为主键				
字段	类型	描述	是否为空	默认	备注
ID	int	ID	Not Null		
EquipmentID	int	设备 ID	Not Null		
Status	int	状态码	Not Null		
CuttingCurrent	float	切割电流	Not Null		
CuttingTime	datetime2	切割时间	Not Null		
MX	float	机械 X 坐标	Not Null		
MY	float	机械 Y 坐标	Not Null		
MZ	float	机械 Z 坐标	Not Null		
AX	float	绝对 X 坐标	Not Null		
AY	float	绝对 Y 坐标	Not Null		
AZ	float	绝对 Z 坐标	Not Null		
RX	float	相对 X 坐标	Not Null		

表 2-24（续）

表名	conn_cuttingrealtimestatus		名称	切割设备实时状态	
描述	切割设备实时状态				
索引	ID 为主键				
字段	类型	描述	是否为空	默认	备注
RY	float	相对 Y 坐标	Not Null		
RZ	float	相对 Z 坐标	Not Null		
SX	float	剩余 X 坐标	Not Null		
SY	float	剩余 Y 坐标	Not Null		
SZ	float	剩余 Z 坐标	Not Null		
Description	nvarchar	描述	Null		
OrderIndex	int	排序	Not Null		
IsDeleted	bit	是否已删除	Not Null		

表 2-25 conn_weldingrealtimestatus（焊接设备实时状态）

表名	conn_weldingrealtimestatus		名称	焊接设备实时状态	
描述	焊接设备实时状态				
索引	ID 为主键				
字段	类型	描述	是否为空	默认	备注
ID	int	ID	Not Null		
EquipmentID	int	设备 ID	Not Null		
Status	int	状态码	Not Null		
Current1	float	电流 1	Not Null		
Current2	float	电流 2	Not Null		
Voltage1	float	电压 1	Not Null		
Voltage2	float	电压 2	Not Null		
Time	datetime2	时间	Not Null		
FaultInfo	nvarchar	错误信息	Null		
Description	nvarchar	描述	Null		
OrderIndex	int	排序	Not Null		
IsDeleted	bit	是否已删除	Not Null		

表 2-26　qual_quality_checkdetail(质检详情)

表名	qual_quality_checkdetail		名称	质检详情	
描述	质检详情				
索引	ID 为主键				
字段	类型	描述	是否为空	默认	备注
ID	int	ID	Not Null		
Type	int	检查类型	Not Null		
TargetID	int	对象 ID	Not Null		
ContentID	int	内容 ID	Not Null		
Index	int	序号	Not Null		
Status	int	状态	Not Null		
Name	nvarchar	名称	Not Null		
Checker	nvarchar	检查人员	Not Null		
CheckDate	datetime2	检查日期	Not Null		
Result	int	检查结果	Not Null		
Description	nvarchar	描述	Null		

2.6.6　动态数据融合管理技术

针对海量异构动态数据的动态性,开发海量异构动态数据数据库角色设置和升级维护、数据库的多用户操作、海量异构数据的快速操作和实时反馈功能,构建完善的海量异构动态数据融合管理体系。

2.6.6.1　角色设置

HDMS(海量异构数据融合系统)权限管理采用 U-P-R-P 模型,即人员—部门—角色—权限模式,结构如图 2-36 所示。

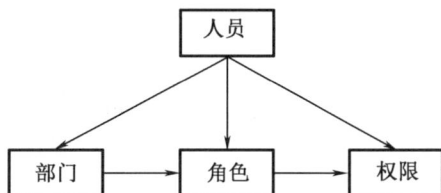

图 2-36　U-P-R-P 模型

HDMS 采用的这种模式需要梳理系统的权限,建立系统的权限列表,以工程为例,权限如图 2-37 所示。

图 2-37　工程权限

在系统的基本管理页面中把查看、导出功能归为一类,增加、删除、修改归为一类,这样设置的便于管理。

2.6.6.2　建立系统角色并关联权限

新建角色,并关联到权限,这样角色就和权限建立了一对多的关系,如图 2-38 所示。

图 2-38　角色权限关联

2.6.6.3　升级维护

软件客户端采用"自动更新"策略对软件进行维护,当系统打开时,检测到新版本会强制进行版本升级,从服务器上下载新的版本进行自动安装,安装后会跳入至登录界面。

2.7　制造过程的海量异构数据融合技术典型应用

2.7.1　制造过程海量异构数据管理系统

针对制造过程的海量异构数据,建立海量异构动态数据的数据库模型,构建海量异构动态数据数据库的管理体系,引入海量异构动态数据的可视化技术,搭建海量异构数据管理系统架构,进行制造过程海量异构数据管理系统的开发,通过测试验证可实现海量动态异构数据的融合与分析。

考虑海量异构数据的多样性和关联性,需要确定海量异构数据的数据概念模型、数据逻辑模型和数据物理模型,建立海量异构数据的数据库模型;针对海量异构数据的动态性,需要进行海量异构数据的数据库角色设置和升级维护功能的开发、数据库的多用户操作、实现海量异构数据的快速操作和实时反馈功能;针对海量异构数据的高度抽象性,需要构建船体产品异构数据的汇总图表和三维模型可视化平台、制造工艺的海量异构数据的分类汇总图表、工艺执行的海量异构数据的汇总图表和动态过程仿真平台,实现海量异构数据的形象化表达。

系统架构如图2-39所示。

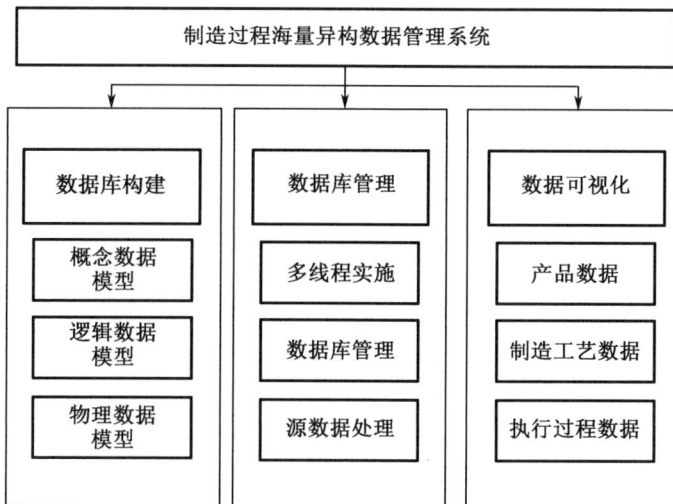

图2-39　系统框架

系统建设目标如下:
(1)产品库、工艺库、工艺执行库构建;
(1)对产品库、工艺库、工艺执行库进行管理;
(2)产品库、工艺库、工艺执行库可视化显示、搜索。

2.7.2　系统功能设计

如图2-40所示,系统功能应从船舶设计软件、管理软件、制造软件等软件中获取基础数据,对数据进行重组,建立"设计信息标准数据库""生产计划管理标准数据库"和"制造执行过程标准数据库",并建立数据关联关系;本系统还能为制造车间的运行提供基础数据。系统总体框架如图2-41所示,各功能模块见表2-27。

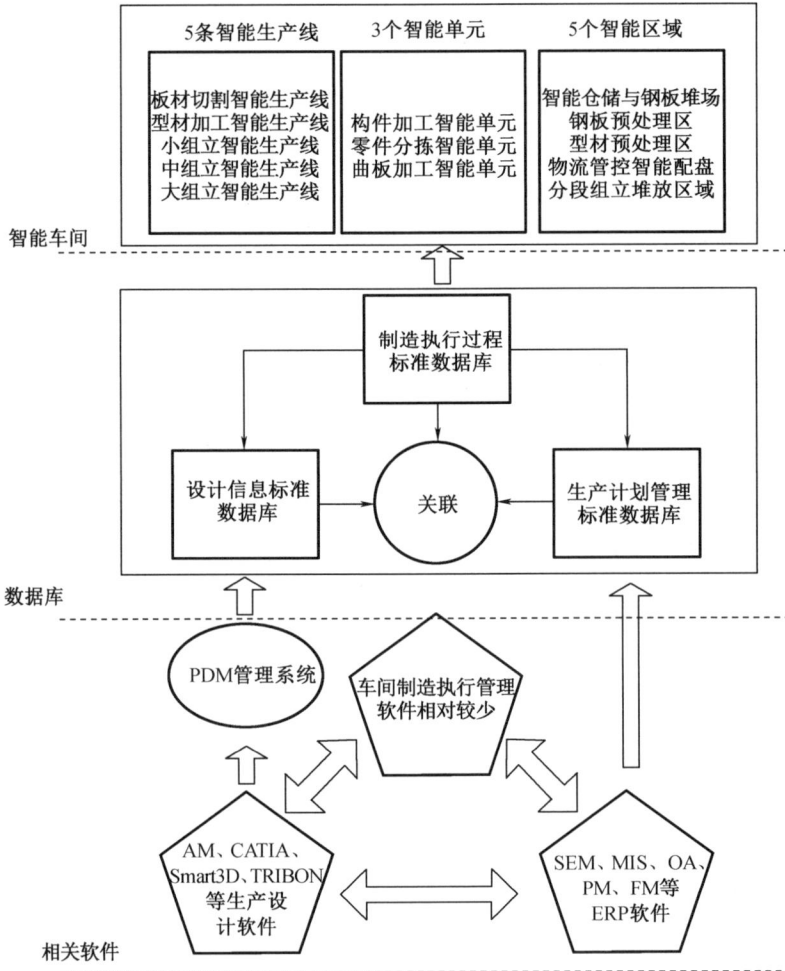

图 2-40　软件处理过程

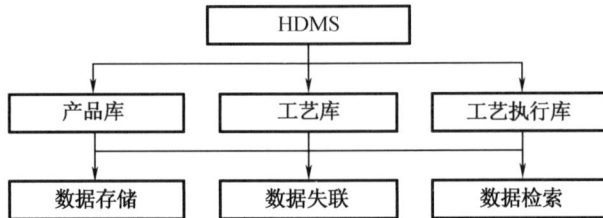

图 2-41　系统总体框架

表 2-27　软件功能模块

编号	模块名	描述
1	产品库模块	实现产品海量异构数据的提取、存储、转换与融合等功能
2	工艺库模块	实现工艺海量异构数据的提取、存储、转换与融合等功能
3	工艺执行库模块	实现执行过程海量异构数据的提取、存储、转换与融合等功能

2.7.3　系统界面设计

2.7.3.1　登录界面

双击"HDMS. exe"，出现以下登录界面，如图 2-42 所示。

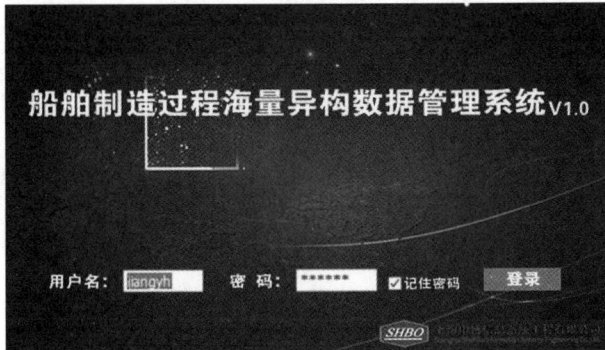

图 2-42　软件登录界面

2.7.3.2　软件的首次访问

软件首次打开界如图 2-43 所示，软件的正常关闭点击标题栏图标"×"。

图 2-43　软件首次登录界面

2.7.3.3　产品库界面

产品库主界面如图 2-44 所示。

图 2-44　产品库主界面

零件主界面如图 2-45 所示。

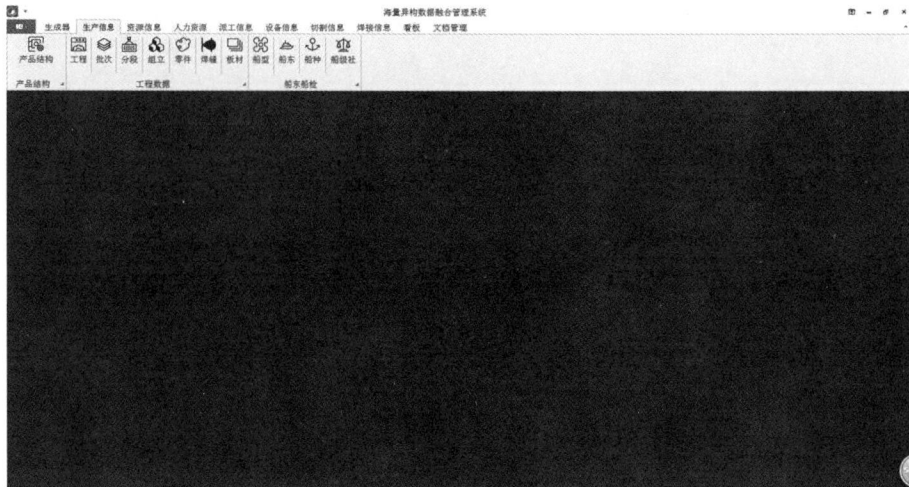

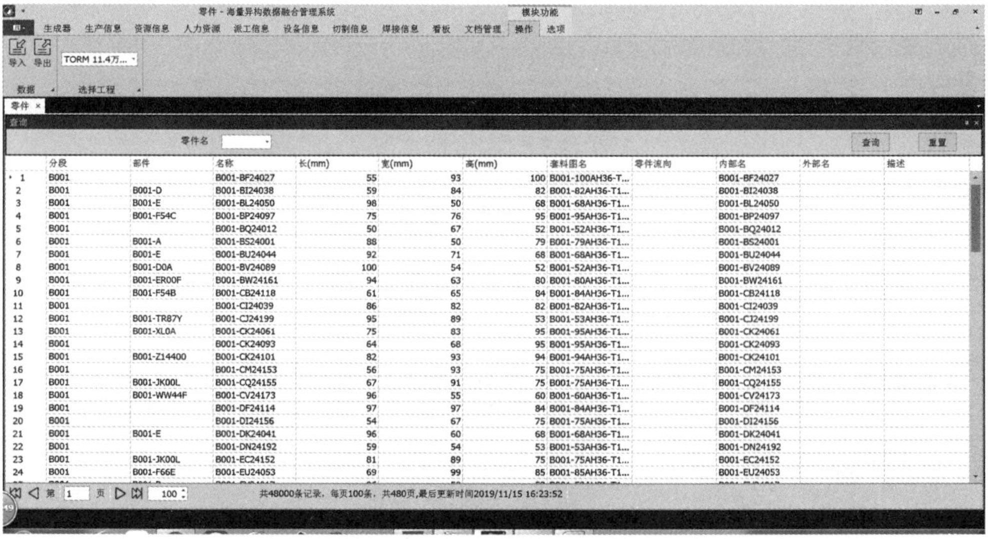

图 2-45　零件主界面

零件导入界面如图 2-46、图 2-47 所示。

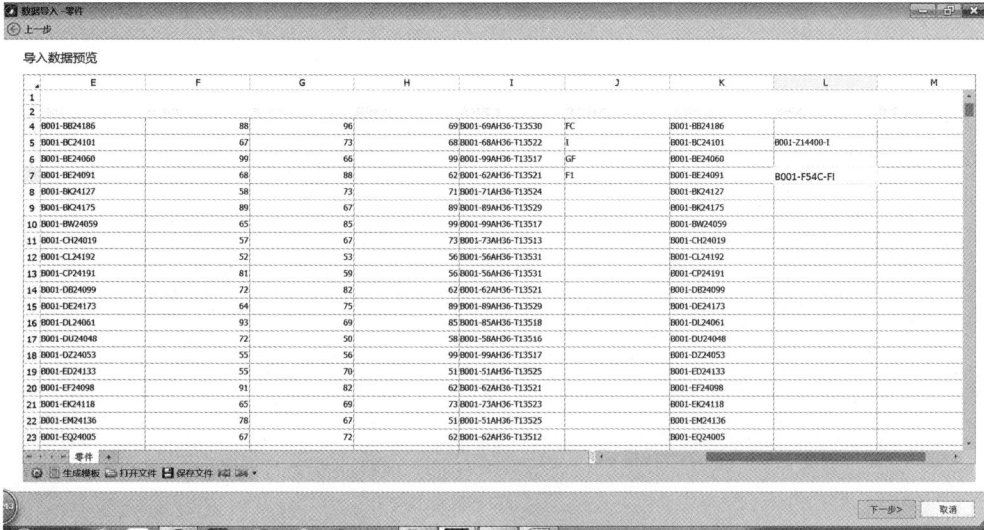

图 2-46　零件导入界面

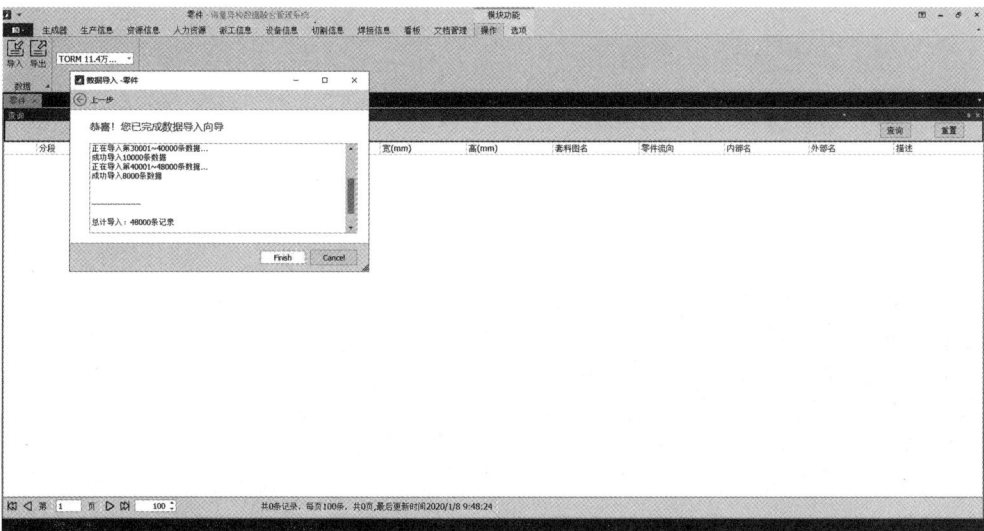

图 2-47　导入成功

2.7.3.4　工艺库界面

工艺库主界面如图 2-48 所示。

图 2-48　工艺库主界面

2.7.3.5　工艺执行库界面

工艺执行库主界面如图 2-49 所示。

图 2-49　工艺执行库主界面

2.7.3.6　报表

报表初始化界面如图 2-50 所示,数据种类报表如图 2-51 所示,数据类型报表如图 2-52 所示,数据来源报表如图 2-53 所示。

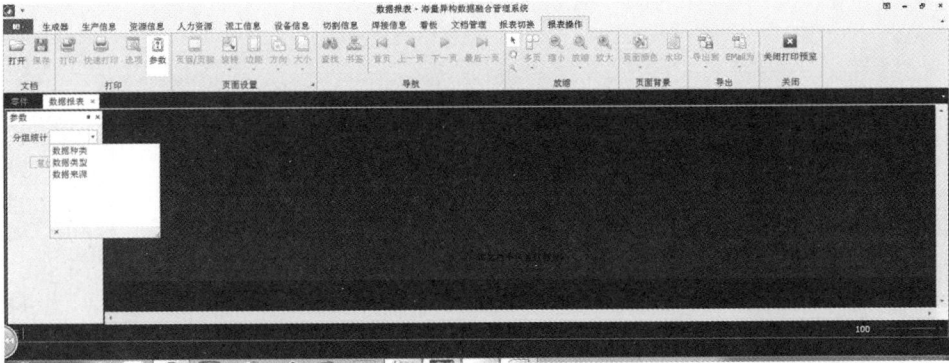

图 2-50 报表初始化界面

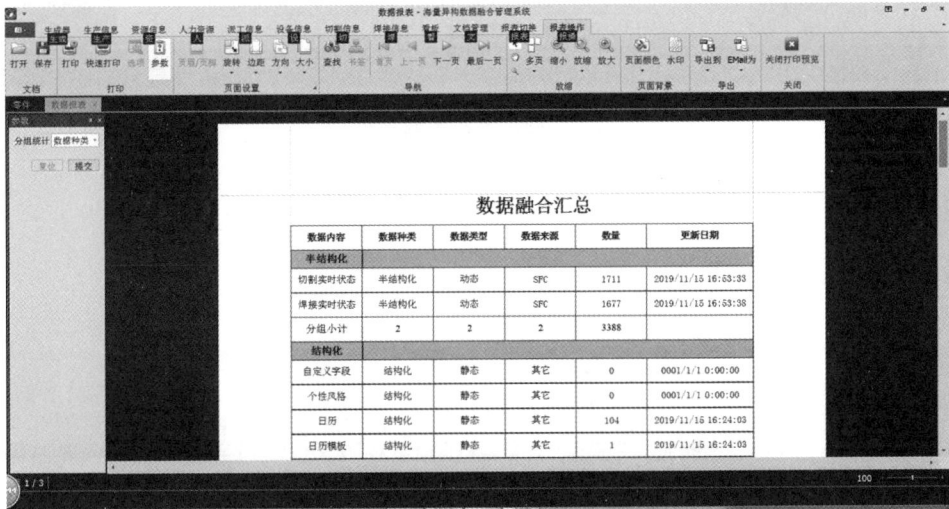

图 2-51 数据种类报表

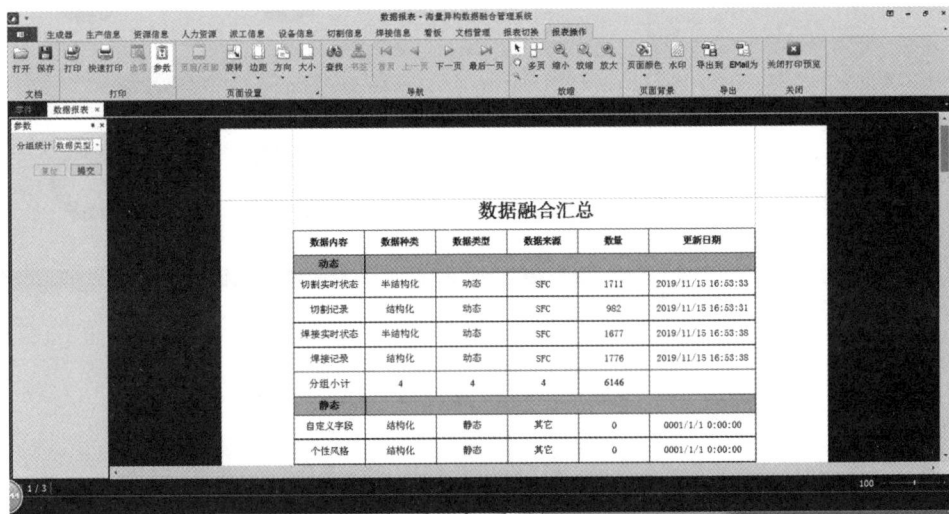

图 2-52 数据类型报表

图 2-53　数据来源报表

2.7.3.7　看板

数据看板如图 2-54 所示。

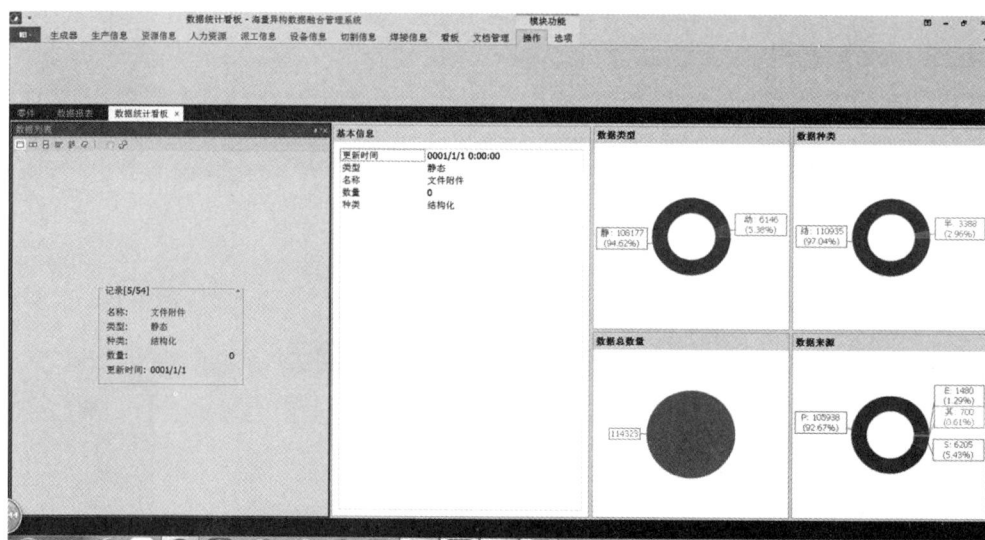

图 2-54　看板

2.7.3.8　文件管理

本系统支持文档的"上传""下载"和"删除"操作,文件上传如图 2-55 所示。

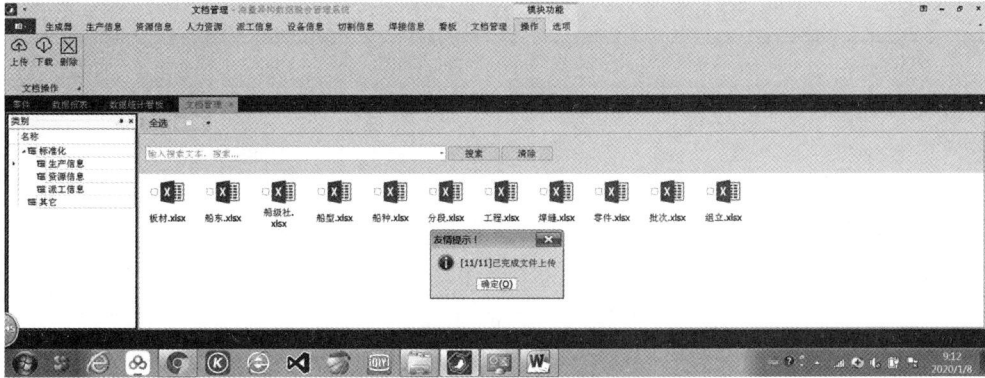

图 2-55　文件上传

2.8　制造过程的海量异构数据融合技术应用效果

2.8.1　技术创新点

海量异构数据管理系统利用了船舶制造过程的海量异构数据组织转换技术,实现了船舶设计、工艺和工艺执行等海量异构数据的组织与转换,主要包括纠正错误、删除重复项、统一规格、修正逻辑、转换构造和数据压缩等功能,为数据融合奠定基础。

突破了船舶制造过程海量异构数据融合技术,实现了船舶设计、工艺和工艺执行等海量异构数据融合,形成统一数据管理平台。

突破了船舶制造过程海量异构数据分布式动态存储技术,从船舶制造过程中海量异构数据上传、HBase 表行键设计、海量异构数据更新与删除和基于 HBase 的小文件存储优化等方面着手,实现了数据分布式存储。

突破了船舶制造过程海量异构数据索引技术,基于分布式文件系统下对分词的处理、索引的创建以及检索技术开展了研究,构建了海量异构数据索引技术框架。

2.8.2　技术应用水平与先进性

数据融合管理系统数据源覆盖产品、工艺、工艺执行,支持不少于 50 种静态、动态异构数据类型,数据融合率不低于 90%。

数据融合管理系统数据源能够覆盖了产品、工艺、工艺执行,支持 54 种静态、动态异构数据类型,完成技术指标要求。数据融合汇总见表 2-28。

表 2-28　数据融合汇总

序号	数据内容	数据种类	数据类型	数据来源	数量	更新日期
半结构化						
1	切割实时状态	半结构化	动态	SFC	1 711	2019/11/15

表 2-28(续 1)

序号	数据内容	数据种类	数据类型	数据来源	数量	更新日期
2	焊接实时状态	半结构化	动态	SFC	1 677	2019/11/15
	分组小计	2	2	2	3 388	
结构化						
1	自定义字段	结构化	静态	其他	0	2019/11/15
2	个性风格	结构化	静态	其他	0	2019/11/15
3	日历	结构化	静态	其他	104	2019/11/15
4	日历模板	结构化	静态	其他	1	2019/11/15
5	文件附件	结构化	静态	其他	0	2019/11/15
6	文件类别	结构化	静态	其他	5	2019/11/15
7	耗材	结构化	静态	SFC	50	2019/11/15
8	切割记录	结构化	动态	SFC	982	2019/11/15
9	焊接记录	结构化	动态	SFC	1 776	2019/11/15
10	工艺节点	结构化	静态	ERP	0	2019/11/15
11	生产负荷	结构化	静态	ERP	468	2019/11/15
12	计划类型	结构化	静态	ERP	0	2019/11/15
13	工艺流程模板	结构化	静态	ERP	0	2019/11/15
14	产品计划详情	结构化	静态	ERP	480	2019/11/15
15	产品计划节点	结构化	静态	ERP	240	2019/11/15
16	派工信息	结构化	静态	ERP	0	2019/11/15
17	派工单	结构化	静态	ERP	13	2019/11/15
18	工作包	结构化	静态	ERP	39	2019/11/15
19	工作包-产品	结构化	静态	ERP	240	2019/11/15
20	工序	结构化	静态	ERP	0	2019/11/15
21	批次	结构化	静态	PDM	60	2019/11/15
22	产品地图	结构化	静态	其他	0	2019/11/15
23	分段	结构化	静态	PDM	240	2019/11/15
24	组立	结构化	静态	PDM	4 800	2019/11/15
25	零件	结构化	静态	PDM	48 000	2019/11/15
26	工程	结构化	静态	PDM	1	2019/11/15
27	船级社	结构化	静态	PDM	10	2019/11/15
28	船型	结构化	静态	PDM	8	2019/11/15
29	船东	结构化	静态	PDM	10	2019/11/15
30	船种	结构化	静态	PDM	9	2019/11/15

表 2-28(续 2)

序号	数据内容	数据种类	数据类型	数据来源	数量	更新日期
31	板材	结构化	静态	PDM	4 800	2019/11/15
32	焊缝	结构化	静态	PDM	48 000	2019/11/15
33	质量检查内容	结构化	静态	其他	26	2019/11/15
34	质量检查详情	结构化	静态	其他	100	2019/11/15
35	质量检查对象	结构化	静态	其他	100	2019/11/15
36	相机	结构化	静态	其他	0	2019/11/15
37	相机设备	结构化	静态	其他	0	2019/11/15
38	车辆	结构化	静态	SFC	9	2019/11/15
39	设备	结构化	静态	其他	20	2019/11/15
40	设备点检目录	结构化	静态	其他	20	2019/11/15
41	设备点检内容	结构化	静态	其他	30	2019/11/15
42	设备点检详情	结构化	静态	其他	30	2019/11/15
43	设备检查信息	结构化	静态	其他	30	2019/11/15
44	设备保养目录	结构化	静态	其他	30	2019/11/15
45	设备保养内容	结构化	静态	其他	81	2019/11/15
46	设备保养详情	结构化	静态	其他	20	2019/11/15
47	设备保养计划	结构化	静态	其他	20	2019/11/15
48	设备保养信息	结构化	静态	其他	20	2019/11/15
49	设备维修详情	结构化	静态	其他	20	2019/11/15
50	托盘	结构化	静态	其他	9	2019/11/15
51	工位	结构化	静态	其他	20	2019/11/15
52	工装	结构化	静态	其他	14	2019/11/15
	分组小计	52	52	52	110 935	
	汇总	54	54	54	114 323	

数据融合率 = [(114 323 - 1 325) / 114 323] × 100% = 98.8%

数据融合管理系统在船舶智能制造车间并发数节点在 50 个以上时,数据特征或关键字自动匹配和快速索引平均处理时延小于 0.1 秒。

以"部件查询"为例,如图 2-56 所示,经测试处理时间为 0.096 秒。

打开"部件"信息管理界面,在查询面板"部件名"文本框中输入"B",回车后执行查询操作,记录回车时和查询结束时间为 0.096 秒。

在船厂进行安装实施后,经现场分别测试证明 58 个用户同时使用该软件进行搜索时,平均延迟分别为 0.081 秒,满足标准要求(表 2-29)。

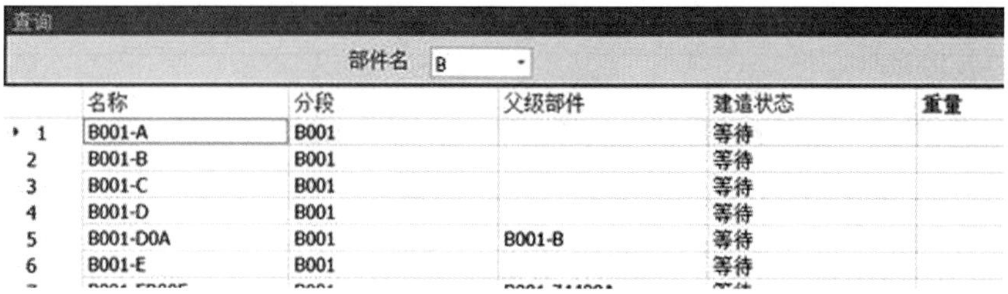

图 2-56　部件信息查询界面

表 2-29　测试结果

序号	数据内容	查询延时/s	序号	数据内容	查询延时/s
1	自定义字段	0.091	28	船型	0.069
2	个性风格	0.096	29	船东	0.050
3	日历	0.067	30	船种	0.066
4	日历模板	0.084	31	板材	0.083
5	文件附件	0.086	32	焊缝	0.099
6	文件类别	0.087	33	质量检查内容	0.074
7	耗材	0.092	34	质量检查详情	0.096
8	切割记录	0.090	35	质量检查对象	0.089
9	焊接记录	0.096	36	相机	0.082
10	工艺节点	0.075	37	相机设备	0.062
11	生产负荷	0.074	38	车辆	0.082
12	计划类型	0.076	39	设备	0.072
13	工艺流程模板	0.082	40	设备点检目录	0.079
14	产品计划详情	0.069	41	设备点检内容	0.097
15	产品计划节点	0.074	42	设备点检详情	0.119
16	派工信息	0.086	43	设备检查信息	0.096
17	派工单	0.067	44	设备保养目录	0.081
18	工作包	0.099	45	设备保养内容	0.080
19	工作包-产品	0.087	46	设备保养详情	0.064
20	工序	0.085	47	设备保养计划	0.086
21	批次	0.073	48	设备保养信息	0.063
22	产品地图	0.079	49	设备维修详情	0.081
23	分段	0.080	50	托盘	0.069
24	组立	0.071	51	工位	0.089
25	零件	0.069	52	工装	0.079
26	工程	0.075	53	切割实时状态	0.096
27	船级社	0.064	54	焊接实时状态	0.099
	平均延时				0.081

2.8.3　技术应用情况

海量数据异构管理系统在骨干船厂应用，并对船舶制造过程海量异构数据管理系统进行演示和交流。服务端安装在服务器的虚拟机上（图2-57），配置如下。

（1）处理器：Intel（R）Xeon（R）CPU E5-2650 v3 @ 2.30GHz（2 处理器）。

（3）安装内存（RAM）：64.0GB（32.0 GB 可用）。

（4）系统类型：64 位操作系统。

（5）服务器系统：Windows Server 2008 r2。

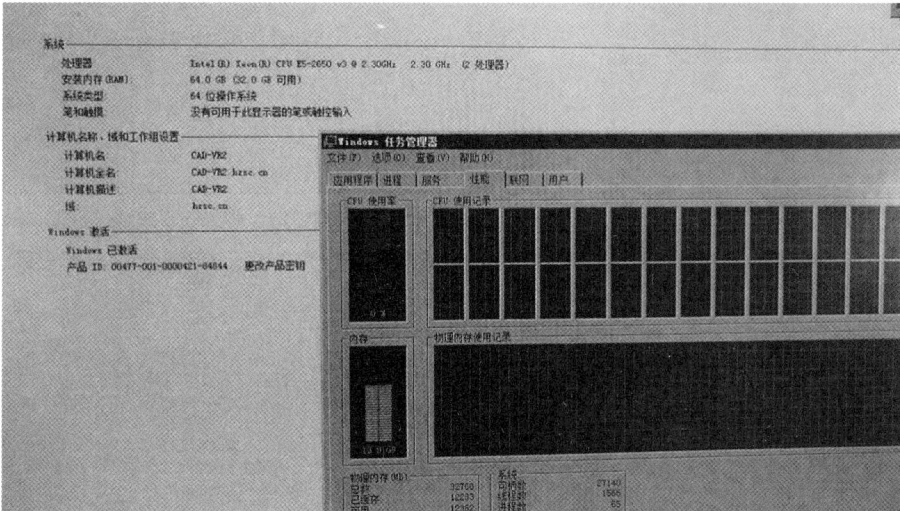

图 2-57　服务器配置

客户端安装在用户本机上，总共安装了58 台，用户通过客户端由内网访问服务器就可以使用，用户选用了 30 个分段数据进行检验。

船舶制造过程海量异构数据管理系统数据主要来源于设计软件（SPD）、产品数据管理软件（SPDM）、企业资源计划管理软件（ERP），主要数据如下。

（1）设计软件（SPD）：SPD 是造船三维设计软件，覆盖船体、管系、风管、电气、铁舾件和涂装等各专业，通过设计人员在计算机中的船舶三维建模，实现在实船建造之前解决专业之间的部件碰撞、零件加工、工艺检查等问题，并生成各种施工图纸、报表和加工信息。

（2）产品数据管理软件（SPDM）：包括设计计划管理、产品结构管理、图文档管理、清单管理。

（3）企业资源计划管理软件（ERP）包括计划管理、质量管理、物流管理、成本管理。

A. 计划管理（SPM）：主要包括工程线表、单船主节点计划、图纸纳期、主要物资设备纳期、先行中日程计划（包括加工、制造、预装、涂装、总组、搭载等计划）、后行中日程计划（包括舱室、设备调试等 9 大项计划）；同时，SPM 中还包括任务包、派工单以及实动工时采集等。

B. 质量管理(SQM):聚焦企业质量管控,贯穿于船舶制造质量的全过程管理,涵盖了从设计、采购、制造到售后的各项质量管理活动。质量系统主要包含有设计质量管理、采购质量管理、制造质量管理、焊接质量控制以及售后服务管理五大模块,通过对设计和生产中产生的质量数据的采集和集中管理来支撑日常的质量管理活动,以此构成了企业的全面质量管理信息。

C. 物流管理(SLMS):源于设计、面向生产的造船物流管理,根据造船设计需求、生产计划进度,实现采购计划、订货合同、入库验收、库存管理、生产领用配送等物流业务的优化管理。

D. 成本管理(SCMS):面向船舶制造企业对造船产品成本的全生命周期管理,覆盖报价、目标、实际、预测等四个成本管理阶段,体现料、工、费等三个成本管理维度。

船舶制造过程海量异构数据管理系统融合了切割车间制造过程数据,主要设备列表见表 2-30。

表 2-30 主要设备列表

设备名称	厂家	型号	地点
数字焊机	OTC	CPVE-500	平直、部件
数控等离子切割机	法利	Trident 4500	切割作业区
数控型钢切割机	HGG	PCL600	切割 C 跨
数控火焰切割机	金凤	KTG-550	理料跨
数控火焰切割机	金凤	AG400	舾装 A 跨
高精度门式切割机	金凤	TG-1050	切割 B、D 跨
火焰直条切割机	金凤	LG-550	切割 D 跨

针对船舶制造过程海量异构数据管理需求,通过建立船舶制造过程海量异构数据管理业务模型,规范制造过程数据,突破海量异构数据组织转换、融合、分布式动态存储和索引等技术,实现船舶设计、工艺和工艺执行等海量异构数据融合和管理,开发的船舶制造过程海量异构数据管理系统,已在骨干船厂落地应用,效果显著,已达到在行业内示范应用的要求。

海量异构数据管理系统落地到骨干船厂的分段数字化制造车间,以 LNG 船平直分段为验证对象。车间布置如图 2-58 所示。系统在行政楼机房部署,一体机、焊机管控系统在平直后道(B/C 跨)部署并能正常使用。调试完成后,海量异构数据管理系统能与焊接管控系统数据库视图进行数据对接,实时获取焊接相关数据。看板部署在 mini 主机上,mini 主机布置在平直后道(B/C 跨),主机能与海量异构数据管理系统正常交互,并将看板内容通过现场大屏显示器展示。焊接系统看板如图 2-59 所示。

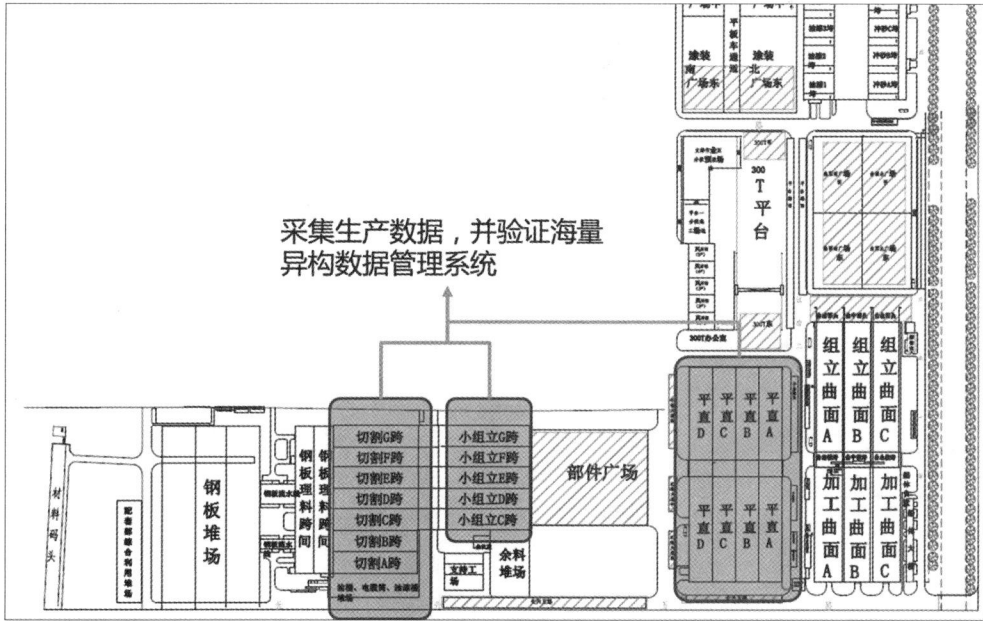

图 2-58　分段数字化制造车间布置图(局部)

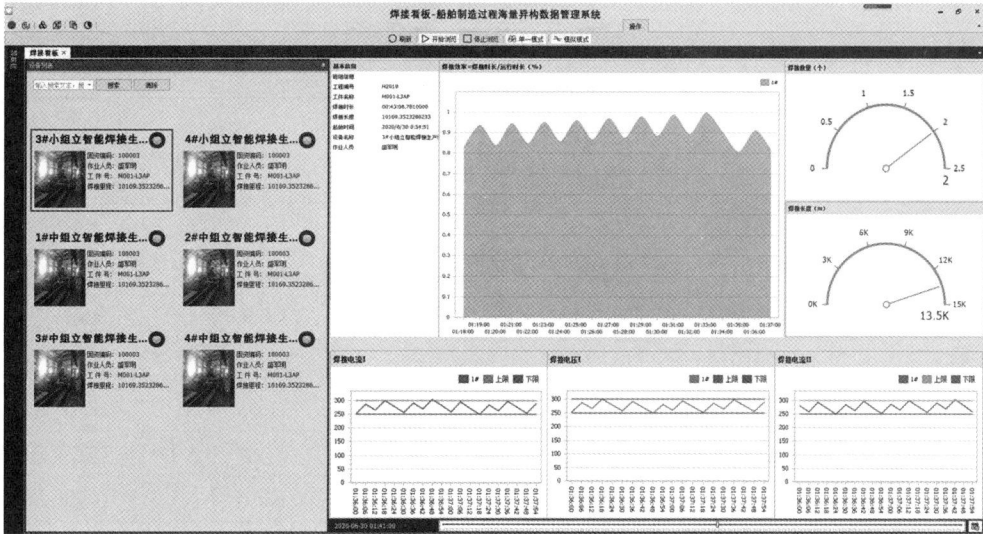

图 2-59　焊接系统看板

海量异构数据管理系统验证时所需的数据及数据来源方式见表 2-31。

表 2-31　系统所需数据和来源

序号	数据内容	数据种类	数据类型	集成方式	数据来源
1	切割实时状态	半结构化	动态	视图	切割管控系统
2	焊接实时状态	半结构化	动态	视图	焊机管控系统

表 2-31（续）

序号	数据内容	数据种类	数据类型	集成方式	数据来源
3	耗材	结构化	静态	Excel 导入	记录文件
4	切割作业记录	结构化	动态	视图	切割管控系统
5	焊机作业记录	结构化	动态	视图	焊机管控系统
6	派工单	结构化	静态	Excel 导入	ERP 系统
7	工作包	结构化	静态	Excel 导入	ERP 系统
8	批次	结构化	静态	Excel 导入	ERP 系统
9	分段	结构化	静态	Excel 导入	ERP 系统
10	组立	结构化	静态	Excel 导入	ERP 系统
11	零件	结构化	静态	Excel 导入	ERP 系统
12	工程	结构化	静态	Excel 导入	ERP 系统
13	船级社	结构化	静态	Excel 导入	ERP 系统
14	船型	结构化	静态	Excel 导入	ERP 系统
15	船东	结构化	静态	Excel 导入	ERP 系统
16	船种	结构化	静态	Excel 导入	ERP 系统
17	板材	结构化	静态	Excel 导入	ERP 系统
18	焊缝	结构化	静态	Excel 导入	ERP 系统
19	车辆	结构化	静态	Excel 导入	ERP 系统
20	设备	结构化	静态	Excel 导入	ERP 系统
21	设备点检目录	结构化	静态	Excel 导入	ERP 系统
22	设备点检内容	结构化	静态	Excel 导入	ERP 系统
23	设备保养内容	结构化	静态	Excel 导入	ERP 系统
24	设备保养详情	结构化	静态	Excel 导入	ERP 系统
25	设备保养计划	结构化	静态	Excel 导入	ERP 系统
26	托盘	结构化	静态	Excel 导入	ERP 系统
27	工位	结构化	静态	Excel 导入	ERP 系统
28	工装	结构化	静态	Excel 导入	ERP 系统

2.9 本 章 小 结

制造过程的海量异构数据融合技术包含了面向制造过程数据的规范化技术、海量异构数据转换与组织技术、制造工艺的海量异构数据转换与组织技术、工艺执行的海量异构数据组织与转换技术、产品工艺和执行过程中的海量异构数据融合技术,其典型应用为船舶制造过程海量异构数据管理系统,该系统在国内某骨干船厂落地应用,效果显著,基于制造过程的海量异构数据融合技术所开发的船舶制造国产海量数据异构数据管理系统,具有以下意义。

(1)系统实现船舶制造过程海量异构数据管理业务全覆盖,成果涵盖船舶设计、工艺和工艺执行等业务数据规范、组织转换和融合,初步建立船舶制造过程海量异构数据管理业务全覆盖的数据管理平台,为数字化技术的深入应用奠定了基础。

(2)系统具备进一步推广应用的能力。目前船厂示范应用的船舶制造过程海量数据异构数据管理系统效果显著,具备行业进一步推广应用的能力。

(3)船舶制造过程海量异构数据管理系统已经进行了实船应用,应用结果表明该系统具备良好的数据融合管理能力,数据覆盖较为完整,通过运用大数据分析和智能决策等技术,对提高船舶制造生产效率、缩短设计和制造周期,应对日益激烈的造船市场竞争,具有重要意义。

(4)船舶制造过程海量异构数据管理系统针对目前国内外船舶制造过程数据管理系统中存在的不足,逐一加以解决,并在船舶设计、工艺和工艺执行等海量异构数据组织转换、融合、分布式存储和索引等方面作了大量的研究和突破。以船舶制造过程海量异构数据管理系统数据库作为管控平台核心,为上下游信息系统提供可靠的数据来源。

参考文献

[1] 自动化技术、计算机技术[J].中国无线电电子学文摘,2011,27(6):166-241.

[2] 闫媛媛,张博,冯志祥.多源数据融合与协同管控方法的研究与应用[J].电子技术与软件工程,2020(20):183-185.

[3] 赵丽莉,周彤.以CPS为核心的工业互联网安全风险及监管控制[J].北京科技大学学报(社会科学版),2021,37(1):48-55.

[4] 王建勋,陈宝峰.船体零部件数字化制造车间物流标准及其试验验证[J].中国标准化,2021(17):145-149,153.

[5] 姚雪梅,李少波,璩晶磊,等.制造大数据相关技术架构分析[J].电子技术应用,2016,42(11):10-13.

[6] 戴忠,金亮,姜晓平,等.基于三维几何模型的可制造性评价技术研究[J].计算机仿真,2019,36(4):137-141.

[7] 刘建康,郝尚华,王树华,等.数据驱动的数控加工生产线实时监控与优化控制技术框架[J].计算机集成制造系统,2019,25(8):1875-1884.

[8] 金风明,曹新朝,谭小野,等.造船车间海量数据定向分类传输技术[J].造船技术,2018(2):71-74.

[9] 王建勋,金风明,李军,等.船体零部件制造数字化车间物流标准试验验证研究[J].船舶标准化与质量,2018(3):41-45.

[10] 石磊,马强,陈华达,等.船舶智能制造标准体系构建研究[J].中国标准化,2020(3):105-114.

[11] 许敏.三维网格模型压缩技术研究[D].郑州:中国人民解放军信息工程大学,2011.

[12] 彭晓川.异构协同无线网络中若干关键技术的研究[D].北京:北京邮电大学,2012.

[13] 田富君,田锡天,耿俊浩,等.基于轻量化模型的加工特征识别技术[J].中国机械工程,2010,21(18):2212-2217.

[14] 宋燕芳,牛秦洲.基于特征的三维模型识别技术研究[J].制造业自动化,2014,36(14):72-73,97.

附 录 A[①]

Q/SM

企 业 标 准

Q/SM 00002.1—2020

基于三维模型的海量数据传输技术规范

General technical specification for massive data transmission based on 3D model

2020-06-01 发布   2020-07-01 实施

北京中船信息科技有限公司　　　　发 布

---

① 为保证与相关文件的一致性，本附录原则上不对标准文件内容进行修改。

前　言

本标准按照 GB/T 1.1—2009《标准化工作导则 第 1 部分:标准的结构和编写》的规定编制。

本标准由北京中船信息科技有限公司提出并负责起草。

本标准由北京中船信息科技有限公司负责解释。

本标准主要起草人:王建勋、陈宝峰。

本标准为首次发布。

标 准 名 称

1 范围

本技术规范规定了船舶制造现场基于三维模型海量数据的主要来源分类、三维模型的轻量化技术要求、面向制造现场的数据流传输技术要求、事件触发的动态数据传输技术要求、海量数据定向分类传输技术要求、面向移动终端的数据传输技术要求和面向现场作业的消息推送技术要求。此外,本技术规范还规定了基于三维模型的海量数据传输平台功能要求。

本规范适用于船舶制造企业基于三维模型的信息资源传输体系的建设、规划、设计和实施。

2 规范性引用文件

下列文件中的条款通过本技术规范的引用而成为本规范的条款。凡是注日期的引用文件,其随后所有的修改单(不包含勘误的内容)或修订版均不适用于本技术规范,然而,鼓励根据本标准达成协议的各方研究是否可使用这些文件的最新版本。凡是不注日期的引用文件,其最新版本适用于本标准。

GB/T 22033—2008 信息技术 嵌入式系统术语

GB/T 25486—2010 网络化制造技术术语

GB/T 18725—2008 制造业信息化 技术术语

GB/T 20720.1—2006 企业控制系统集成 第 1 部分:模型和术语

GB/T 19902.1—2005 工业自动化系统与集成 制造软件互操作性能力建规框架

GB/T 7408—2005 数据元和交换格式信息交换日期和时间表示法(ISO8601:2000)

3 术语和定义

下列术语和定义适用于本文件。

3.1 接口 interface

两个或多个实体之间的关系。这些实体依据这种关系共享、提供或交换数据。

3.2 网络 network

对各个实体及其互联所作的一种安排。

3.3 数据交换 data exchange

船舶产品全生命周期内,按照约定的数据格式在软件系统之间进行的产品数据发送、传输、接收的过程。

3.4 数据传输平台 data transimission platform

特指专用于为互相之间联网的不同计算机系统集中分发、中转、传输、接收数据的计算

机网络信息系统。

3.5 发送者 data sender

在一次数据传输过程中,交换的初始发起机关或者发送方。

3.6 接收者 data receiver

在一次数据传输过程中,交换的最终接收机关或者接收方。

3.7 传输流程 transmission process

按照特定规则,由组件编排组合并完成特定数据交换任务的工作顺序。

3.8 中间服务端 intermediate server

数据传输平台的交换管理中枢,管理传输节点和传输流程,实现船厂生产制造相关信息资源的交换及监控管理。

3.9 终端 terminal

船舶制造企业生产现场能够进行数据采集,并具有数据处理、远程通信以及控制管理的功能单元。

3.10 数据 data

一种形式化的信息表达,它适合于人或计算机进行通信、解释和处理。

3.11 车间 workshop（shop floor）

指具有适度规模,承担一个独立的产品或一个独立部件的加工、装配、检验和交付任务的部门,是企业生产的基本实施组织。

3.12 系统 system

硬件和/或软件的集合,被分配到一个或多个物理位置,所包含的所有成分都需要适当的操作,没有单一成分能够独立运作。

3.13 制造执行系统 MES（Manufacturing Execution System）

是一套面向制造企业车间执行层的生产信息化管理系统。可以为企业提供包括制造数据管理、计划排程管理、生产调度管理、库存管理、质量管理、人力资源管理、工作中心/设备管理、工具工装管理、采购管理、成本管理、项目看板管理、生产过程控制、底层数据集成分析、上层数据集成分解等管理模块,为企业打造一个扎实、可靠、全面、可行的制造协同管理平台。

3.14 流媒体 streaming media

是指将一连串的媒体数据压缩后,经过网上分段发送数据,在网上即时传输影音以供观赏的一种技术与过程,此技术使得数据包得以像流水一样发送;如果不使用此技术,就必须在使用前下载整个媒体文件。流式传输可传送现场影音或预存于服务器上的影片,当观看者在收看这些影音文件时,影音数据在送达观看者的计算机后立即由特定播放软件播放。

3.15 WebSocket

在单个 TCP 连接上进行全双工通信的协议。

3.16 流数据 streaming data

一组顺序、大量、快速、连续到达的数据序列,一般情况下,数据流可被视为一个随时间延续而无限增长的动态数据集合。应用于网络监控、传感器网络、航空航天、气象测控和金融服务等领域。

3.17 装配 assembly

指将零件按规定的技术要求组装起来,并经过调试、检验使之成为合格产品的过程,装配始于装配图纸的设计,对于船舶制造,装配通常指焊接工艺前的点焊操作。

3.18 磁盘 disk

计算机主要的存储介质,可以存储大量的二进制数据,并且断电后也能保持数据不丢失。早期计算机使用的磁盘是软磁盘(Floppy Disk,简称软盘),如今常用的磁盘是硬磁盘(Hard disk,简称硬盘)。

3.19 数据库 database

数据库是"按照数据结构来组织、存储和管理数据的仓库"。是一个长期存储在计算机内的、有组织的、可共享的、统一管理的大量数据的集合。

3.20 产业链 industry chain

产业链是产业经济学中的一个概念,是各个产业部门之间基于一定的技术经济关联,并依据特定的逻辑关系和时空布局关系客观形成的链条式关联关系形态。

3.21 压缩 compression

压缩是一种通过特定的算法来减小计算机文件大小的机制。这种机制是一种很方便的发明,尤其是对网络用户,因为它可以减小文件的字节总数,使文件能够通过较慢的互联网连接实现更快传输,此外还可以减少文件的磁盘占用空间。

3.22 感知层 perception layer

感知层是物联网的核心,是信息采集的关键部分。感知层位于物联网三层结构中的最底层,其功能为"感知",即通过传感网络获取环境信息。

3.23 网络层 network layer

网络层位于物联网三层结构中的第二层,其功能为"传送",即通过通信网络进行信息传输。网络层作为纽带连接着感知层和应用层,它由各种私有网络、互联网、有线和无线通信网等组成,相当于人的神经中枢系统,负责将感知层获取的信息,安全可靠地传输到应用层,然后根据不同的应用需求进行信息处理。

3.24 嵌入式系统 embeded system

由硬件和软件组成.是能够独立进行运作的器件。其软件内容只包括软件运行环境及其操作系统。硬件内容包括信号处理器、存储器、通信模块等在内的多方面的内容。

3.25 同步传输 synchronous transmission

该方式是在一块数据的前面加入 1 个或 2 个以上的同步字符 SYN。SYN 字符是从 ASCII 码中精选出来供通信用的同步控制字符。同步字符后面的数据字符不需任何附加位,同步字符表示字符传送的开始,发送端和接收端应先约定同步字符的个数。

3.26 封装 encapsulation

是隐藏对象的属性和实现细节,仅对外公开接口,控制在程序中属性的读和修改的访问级别;将抽象得到的数据和行为(或功能)相结合,形成一个有机的整体,也就是将数据与操作数据的源代码进行有机的结合,形成"类",其中数据和函数都是类的成员。

4　缩略语

(1)HTTP 超文本传输协议(Hypertext Transfer Protocol)

(2)HTTPS 安全超文本传输(Secure Hypertext Transfer Protocol)

(3)FTP 文件传输协议(File Transfer Protocol)

(4)TCP 传输控制协议(Transmission Control Protocol)

(5)CRC 循环冗余校验(Cyclic Redundancy Check)

(6)MD5 信息摘要算法(Message-Digest Algorithm)

(7)SHA 安全散列算法(Secure Hash Algorithm)

(8)UDP 用户数据报协议(User Datagram Protocol)

(9)Ajax(Asynchronous Javascript And XML)

(10)JSON (JavaScript Object Notation)

(11)XML 可扩展标记语言(Extensible Markup Language)

(12)STEP 产品模型数据交互规范(Standard for the Exchange of Product Model Data)

5　数据来源分类要求

船舶制造海量数据根据数据类型划分包括但不限于视频、音频、图片、文本等。根据业务范围划分,数据类型包括但不限于产品研发设计数据、产品生产制造数据、产品运维服务数据和经营管理数据,其来源包括但不限于研发设计类信息系统、生产制造类信息系统、运维服务类信息系统、经营管理类信息系统。

(1)研发设计信息化系统可细分为:产品设计类、工艺流程设计类、过程控制设计类、产线设计与实现类、仿真类及试制试验类。

(2)生产制造信息化系统可细分为:生产计划管理类、生产作业管理类、物料管理类、设备管理类、工装管理类及质量管理类。

(3)运维服务信息化系统可细分为:数据收集监控类、预测性维护类、应急处理类、节能服务类、健康评价类及售后服务类。

(4)经营管理信息化系统可细分为:采购管理类、产业链协同类、风险管控类、销售管理类、物流管理类、安全管理类、认证管理类、项目管理类、人才管理类、组织管理类、辅助决策类、企业资产类及过程优化类。

6　船舶三维模型的轻量化技术要求

船舶产品三维模型的轻量化技术要求包括船舶三维模型几何信息轻量化技术要求、船舶三维模型非几何信息轻量化技术要求、三维模型传输及应用轻量化技术要求和船舶三维数据模型轻量化接口技术要求。

6.1　船舶三维模型几何信息轻量化技术要求

（1）船舶制造相关三维模型在表达上，应对几何信息进行简化，使数据交换文件体积较小。三维模型文件应以产品三维结构显示数据为主，以精确几何信息为辅，在实现几何模型快速显示的基础上，提供详细的几何模型信息。

（2）船舶三维模型几何信息轻量化应实现零部件模型轻量化、装配结构获取、轻量化模型装配等。

6.2　船舶三维模型非几何信息轻量化技术要求

（1）船舶三维模型属性及工艺等非几何信息应通过标准数据格式表达，并且该格式应具有良好的扩展性和轻量化等特点。

（2）属性及工艺等非几何信息轻量化应实现对原始模型属性、装配、工艺等信息的提取，针对各种业务的需要对数据进行分类。

6.3　三维模型传输及应用轻量化技术要求

（1）在传输方面，船舶智能制造系统运行过程中，涉及大量三维数据模型，应对需要传输的三维模型进行压缩处理，降低文件大小。

（2）在存储方面，三维模型引擎应具有较高的快速读写能力，三维模型的压缩存储既应满足文件读写时的快速数据获取，还应满足用户感官体验。

（3）显示轻量化技术要求：三维模型的显示，要求降低文件大小、提高数据显示效率，以提高船舶三维模型数据的处理性能。

6.4　船舶三维数据模型轻量化接口技术要求

（1）设计系统的数据转换和解析要求

①对于含有预留独立数据导出接口的船舶设计系统，建议采用该系统的二次开发以及数据导出工具获取三维模型数据。

②对于无预留独立数据导出接口的船舶设计系统，建议根据 STEP 标准，通过 STEP 中间格式文件的方式从设计系统获取三维模型数据。

③对于已与数据管理类系统对接的船舶设计系统，建议通过接口与数据管理类系统交互，获取三维模型数据。

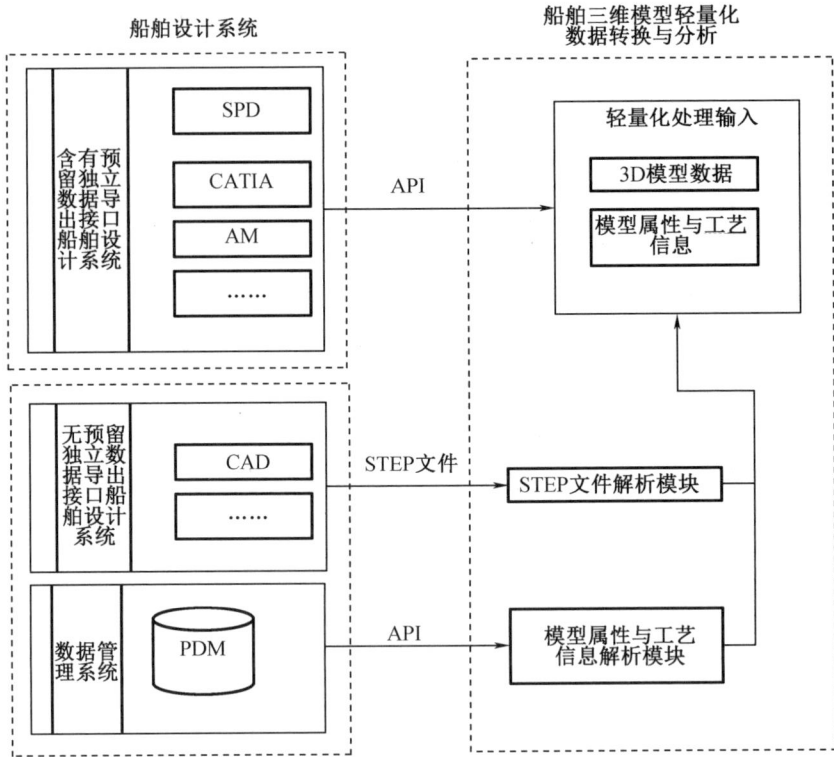

图1　设计系统的数据转换与解析

（2）轻量化模型应用接口设计要求

为了便于船舶轻量化模型显示，应设计提供相应的应用接口，方便第三方软件能进行轻量化模型显示。应用接口应包括但不限于以下三个功能：模型选择功能、模型属性与工艺信息选择功能、模型与属性工艺信息传输或存储功能。

7　面向制造现场的数据流传输技术要求

现场数据在生产计划、生产节拍的驱动下按照工艺过程有序流动形成现场数据流。面向船舶制造现场的数据流传输技术要求包括基于时间标签的船舶现场数据流传输技术要求、船舶现场数据流传输过程中的数据压缩技术要求、船舶制造现场数据流传输校验技术要求。

7.1　基于时间标签的船舶现场数据流传输技术要求

时间标签应明确规定船舶建造主要工艺过程的关键时间节点和建造总周期，具体包括但不限于所建船舶的开工、分段建造、总段搭载、下坞、出坞、试航、交船等工艺过程的生产计划时间节点和生产进度时间节点。船舶建造时间标签涉及的工艺过程节点见下图。

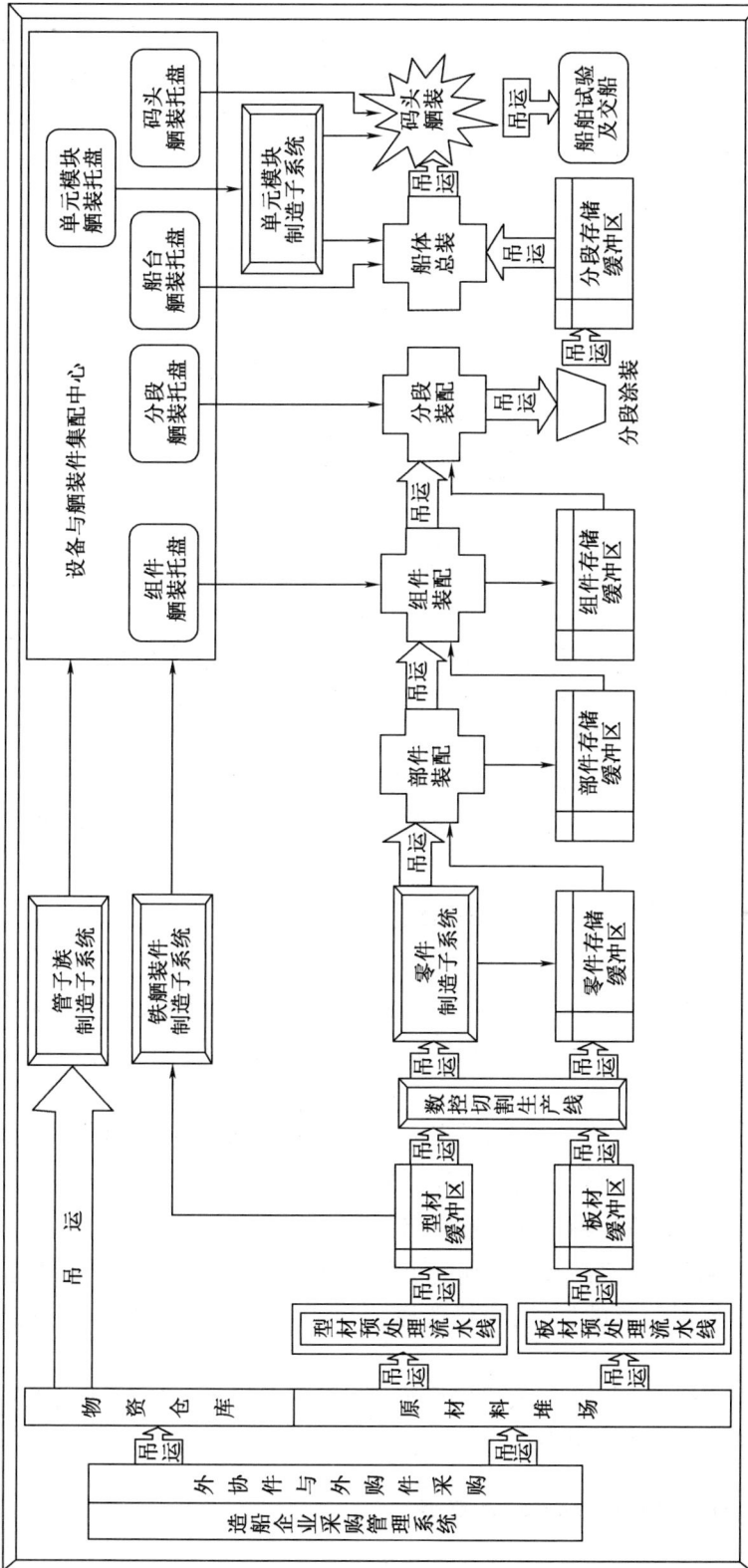

图 2　船舶建造时间标签涉及的工艺过程节点

（1）时间驱动的数据流传输要求

在对按照生产计划节拍进行流动传输的数据加入时间标签后,对于数据流传输来说,主要是对数据传输的实际过程实施有效的时间控制。面向制造现场的数据流传输时间标签应包括但不限于生产计划时间、生产进度时间、数据发送端发送数据时间、数据接收端传输完成时间四个时间节点,四个时间节点间的关系见下图。

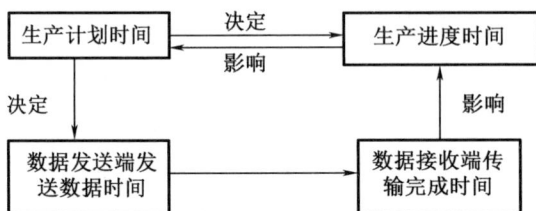

图 3　数据流传输相关时间节点间的关系

①若作业按时完成,应要求按生产计划进行下一阶段作业的数据流传输。

②若作业超时,应要求进行生产计划调整,保证各阶段作业正常衔接。

（2）数据传输策略建议

①船厂设计、工艺、采购、质量、调度、制造等部门在计划节点到来前指定一段时间时,将工作输出的多种类型的数据文件存入指定位置;通过信息化监控技术手段定时扫描指定位置,当指定位置有文件时,将文件按要求发送至指定工位/部门。

②船厂设计、工艺、采购、质量、调度、制造等部门完成工作时,将工作输出的多种类型的数据文件存入指定位置;在计划节点到来前指定一段时间时,通过信息化的调度技术手段,将文件按要求发送至指定工位/部门。

7.2　船舶现场数据流传输过程中的数据压缩技术要求

（1）数据无损压缩技术要求

对于船舶生产现场数据流中的工艺文件、作业指导、现场质量反馈数据等,应采用无损压缩技术,以确保解压后的数据与压缩前的数据完全一致,不能出现变形。

（2）有损压缩要求

对于船舶生产现场的照片、视频、录音、模拟动画视频等数据,为提高数据传输效率,减少存储空间的占用,建议采用比无损压缩的压缩比更高的有损压缩技术。

7.3　船舶制造现场数据流传输校验技术要求

对于通信中的传输数据,为提高数据传输的可靠性,应对数据传输进行差错校验控制。

（1）对于船厂采集数据信息的传输,建议选择 CRC32 作为传输过程中的数据校验方法,以保证数据传输的完整性。

（2）对于船厂生产数据、工艺文件、派工信息等,建议采用 SHA-256 算法用于实现数据保密、防止数据更改和身份验证等功能。

8　事件触发的动态数据传输技术要求

事件触发的动态数据传输技术要求包括车间计划外事件分类要求、计划外事件自动侦测技术要求、计划外事件多维评价要求和事件驱动的数据动态集成技术要求。

8.1 车间计划外事件分类要求

(1)船舶制造过程中计划外事件包括但不限于如下类别:环境因素、临时调度、设计配套、设计修改、生产资源、完整性、物资配套、意见、质量和精度。

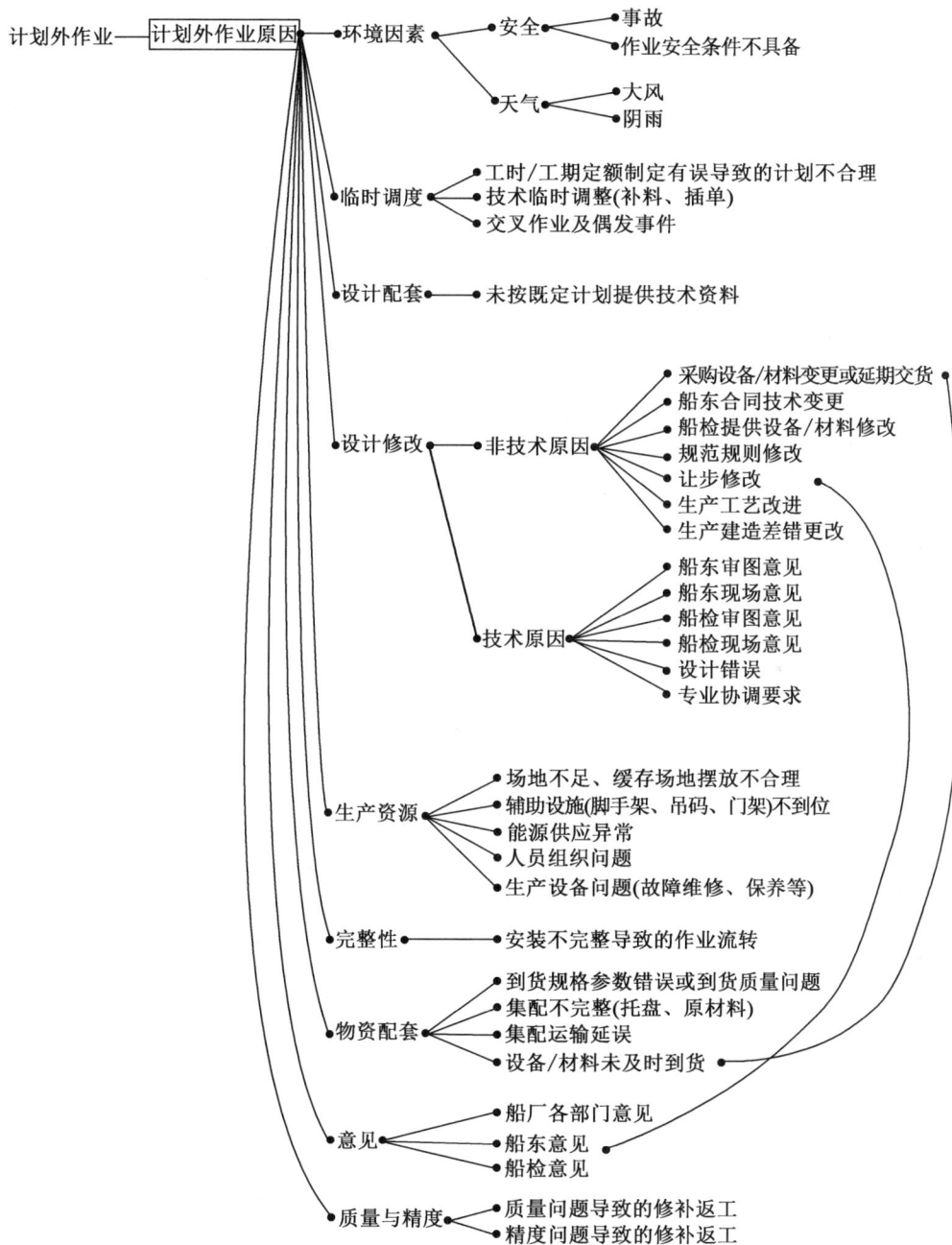

图 4 计划外事件成因及分类

（2）建议构建车间感知数据与动态事件关联关系，为计划外事件的触发机制提供依据。

8.2 计划外事件自动侦测技术要求

（1）基于船舶制造车间感知触发的计划外事件：建议通过聚合制造车间物联网数据，感知车间动态变化，实现车间计划外事件自动侦测。

（2）基于信息系统数据触发的计划外事件：建议通过集成平台，搜集各信息系统的计划外反馈信息，实现车间计划外事件自动侦测。

8.3 计划外事件多维评价要求

建议基于影响度、发生频度、时效性等多维度评估计划外事件对生产、调度等决策的影响。

（1）影响度：基于计划外事件成因及分类，确定每类计划外事件对生产的影响程度。

（2）频度：基于已发生的计划外历史事件数量，确定每类计划外事件发生的频度。

（3）时效性：基于计划外事件发生的时间，以及事件处理的时间，分析每类计划外事件的处理的响应程度，通过对事件处理时效性分析，有效评价事件响应效率。

8.4 事件驱动的数据动态集成技术要求

（1）建议构建动态数据集成体系，为数据传输和决策提供数据基础。

（2）由于不同类型的计划外事件，其数据来源与表达形式均存在较大差异，所以一方面应与船厂业务集成系统建立广泛的数据接口，另一方面应建立描述事件的标准数据结构，建立相关多源数据与事件描述数据之间的匹配关系，通过数据的转化、合成，实现计划外事件的自动侦测与分类归集。

（3）对侦测到的意外事件进行评价的同时，应及时对事件做出响应，即在事件发生时及时定位事件相关数据源，并对相关多源异构数据进行转化、合成、封装。

（4）事件处理应包括事件产生、事件处理、事件（处理）反馈、事件检查（验收）等四个标准流程。

9 海量数据定向分类传输技术要求

海量数据定向分类传输技术要求包括海量数据定向分类传输流程要求、船舶制造现场数据供需分类要求和数据传输方式选择要求。

9.1 海量数据定向分类传输流程要求

（1）数据供给方生产数据，应将数据进行分类，生成标准格式的供给清单。

（2）数据需求方提出数据需求，应生成标准格式的需求清单。

（3）数据供给方供给清单和数据需求方需求清单应进行匹配，生成匹配结果。

（4）对完成匹配的数据应进行封装，并通过合适的传输方式由供给方传输至需求方。

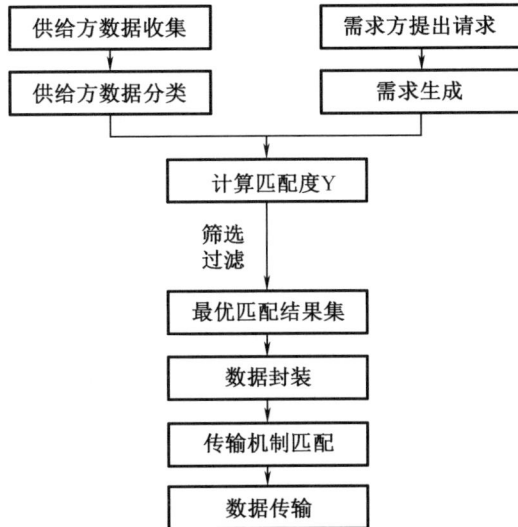

图 5　海量数据定向分类传输流程

9.2　船舶制造现场数据供需分类要求

为便于船舶制造现场数据定向分类传输,应明确数据特征,将数据基于特征进行聚类,并将船舶现场传输的数据进行分类,具体见下图。

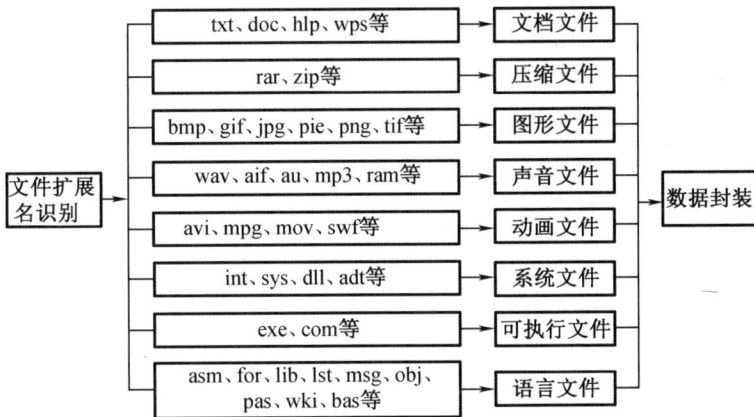

图 6　船舶制造现场数据基于特征的分类

9.3　数据传输方式选择要求

(1)对于文档和压缩文件、系统可执行文件、模型文件、数控文件和语言文件等,建议采用 TCP 协议(HTTP、HTTPS、FTP、WebSocket 等)进行数据传输。

(2)对于视频和音频等,建议采用流媒体技术进行数据传输。具体见下图。

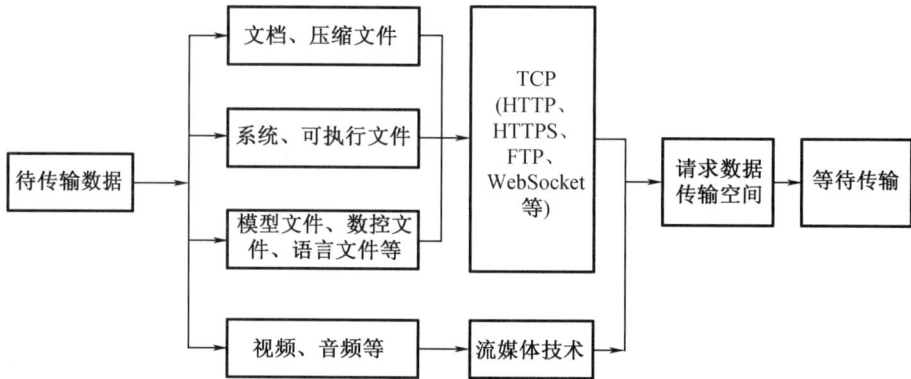

图 7 传输机制选择流程

10 面向移动终端的数据传输技术要求

移动终端的数据流传输技术要求包括移动终端数据传输许可技术要求、移动传输过程中数据同步传输技术要求、移动传输过程中数据容错技术要求和移动事务处理技术要求。

10.1 移动终端数据传输许可技术要求

（1）船舶制造现场应用的移动终端应具备身份认证功能。

（2）船舶制造现场应用的移动终端应具备权限管理功能。

10.2 移动传输过程中数据同步传输技术要求

面向船舶制造现场移动终端的数据传输，建议只在数据有实际变化时才进行数据传输，避免无用或冗余数据的传输，加快移动端的响应速度。

10.3 移动传输过程中数据容错技术要求

（1）面向船舶制造现场移动终端数据传输应具备一定的抗信号干扰能力。

（2）面向船舶制造现场移动终端数据传输应具备断点续传功能。

（3）面向船舶制造现场移动终端数据传输应具备对接收的数据进行完整性校验的功能。

10.4 移动事务处理技术要求

（1）船舶制造现场移动终端应具备缓存与恢复功能。

（2）船舶制造现场移动终端应具备失败事务处理功能。

（3）船舶制造现场移动终端应具备脱机事务处理功能。

11 面向现场作业的消息推送技术要求

面向现场作业的消息推送技术要求包括面向现场作业的消息推送分类筛选技术要求、作业消息数据封装及动态生成技术要求、自适应消息推送技术要求。

11.1 面向现场作业的消息推送分类筛选技术要求

在船舶制造车间中，针对船舶建造作业阶段、工位工种、作业对象类型的不同，现场作业所需的数据也不相同,为了更好地增加船舶制造车间数据传输的快速性和准确性,应将船舶制造车间所涉及的消息进行分类,构建属于船舶车间自己的消息分类体系,从而达到分类传输目的。

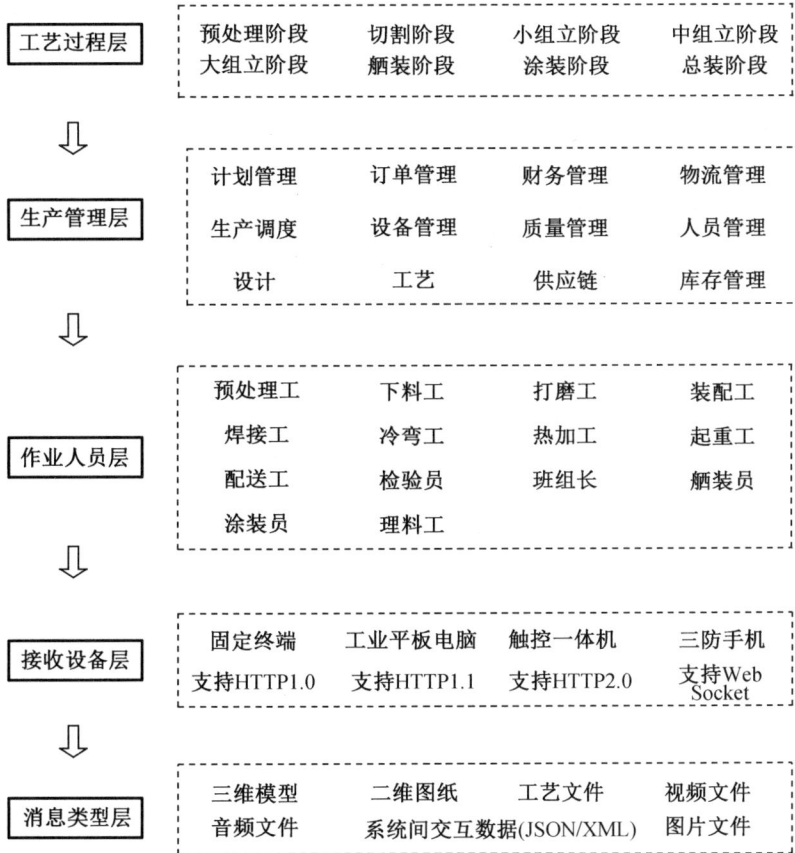

图 8 船舶制造现场消息分层分类架构

对推送至作业现场的消息数据应进行分层分类,层次由上到下依次为工艺过程层、生产管理层、作业人员层、接收设备层、消息类型层,以上大层次,还可细分小层次。推送至船体分段作业现场的任意一条消息都应按此架构分层分类。

11.2 作业消息数据封装及动态生成技术要求

(1)建议通过消息资源池媒介的方式,替代消息在两点间简单传输的方式,实现船舶制造相关信息系统间数据交互。

(2)建议面向现场作业的消息基于主题发布,以实现消息的一对多快速匹配。

(3)要求面向现场作业的消息基于标准通信协议封装传输,方便船舶制造不同信息系统间的数据交互。

(4)建议通过通用的调度技术手段实现计划内的及计划外的消息动态生成。

11.3 自适应消息推送技术要求

（1）面向现场作业的消息推送应具备根据动态生成的消息类别以及消息接收终端的运行参数，采用不同推送策略的能力，推送策略包括是否持久化、推送优先级、推送次数（至多一次、至少一次、只有一次）等。

（2）面向现场作业的消息推送应支持多种推送方式，对于支持 WebSocket 的终端，建议采用 WebSocket 方式推送，对于其他终端，建议采用 Ajax+ HTTP 方式推送。

12 基于三维模型的海量数据传输平台功能要求

船舶制造车间基于三维模型的海量数据传输平台（以下简称"平台"）是实现船舶制造相关信息资源的适配、转换和传输，并对传输过程进行配置、监控和管理的信息系统，平台功能要求及功能逻辑图见下。

（1）平台应具备获取三维模型并对模型进行压缩的功能。

（2）平台应具备对船舶生产相关数据进行按生产节拍压缩传输、传输结果校验的功能。

（3）平台应具备通过传输触发计划外事件的数据，响应计划外事件的功能。

（4）平台应具备对船舶现场基于三维模型的海量数据进行分类管理的功能，具体包括三维模型、二维图纸、视频文件、图片文件、音频文件、文档、系统间标准格式数据（JSON、XML 等）、流数据等。

（5）平台应具备点对点传输数据功能以及基于主题传输数据功能。

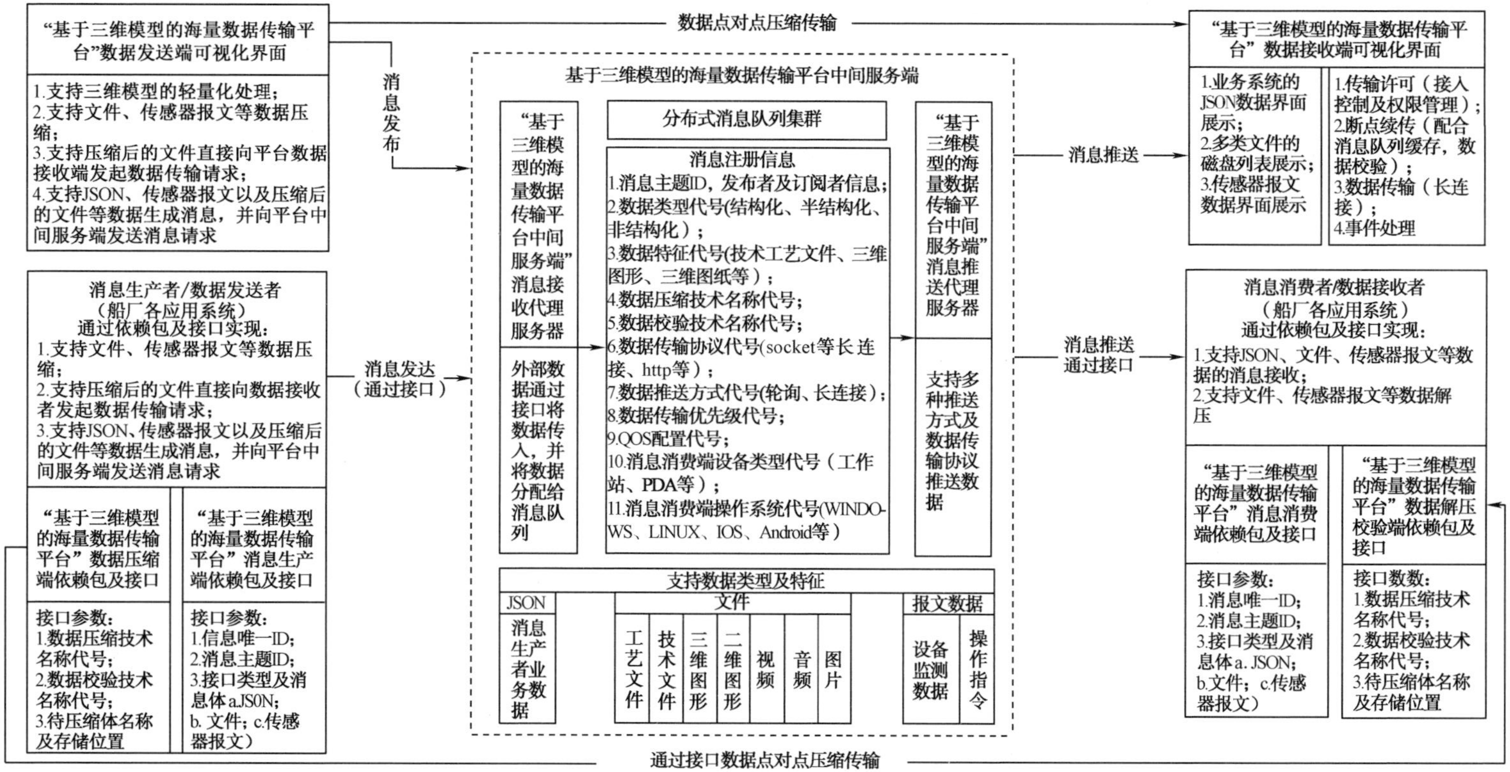

图 9 基于三维模型的海量数据传输平台功能

（消息注册、消息发布、消息推送、数据压缩、数据解压、数据校验等功能模块化设计，均对船厂各应用系统提供接口，支持计划内与计划外数据传输）